薄荷实验

Think As The Natives

生老病死的生意
文化与中国人寿保险市场的形成

陈纯菁 —— 著　魏海涛　符隆文 —— 译

Marketing Death
Culture and the Making of a Life Insurance Market in China

华东师范大学出版社

献给我的学生

目 录

推荐序 001

中文版序 001

导　　论 001

研究困惑："死亡禁忌"下的寿险营销 006 / 寻找答案 012 / 选择田野地点 017 / 中国文化与人寿保险 019 / 本书主要内容 022

第一章　人寿保险发展的一方乐土？中国的社会条件、市场与困惑 027

中国商业保险的历史背景 029 / 保险业的复兴 033 / 中国城市的经济与制度条件 036 / 有利于人寿保险的文化因素 046 / 文化障碍 053 / 关于上海个案的简要说明 062 / 三种理论假设 063 / 新兴市场与研究困惑 065

第二章　定义人寿保险及产品开发：迥异的制度逻辑　075

两难选择：企业利润还是本土偏好？　080 / 迥异的制度逻辑　084 / 中外阵营的对决　087 / 解读两种不同的发展模式　108

第三章　打造寿险代理人：文化资本与管理策略　111

寿险销售：脏活苦活和罪恶之源　116 / 具有中国特色的寿险代理人　118 / "老大哥"：A 公司　121 / "威权家长"：P 公司　132 / "温暖的大家庭"：T 公司　140 / "外国强人"：L 公司　148 / 管理层的文化资本和机构管理　157

第四章　促成业务：销售策略与销售话语　167

肇始　170 / 关系的局限和人情保单的减少　178 / 新战略：推销"自我"和建立关系　181 / 拉关系过程中的互惠关系、拟似亲缘和性别角色　191 / 关于寿险需求的话语　196 / 文化、制度和销售话语　207

第五章　购买人寿保险：一致的偏好和多样的动机　211

"为什么"与"是什么"的问题　215 / 投保动机的文化与制度基础　226 / 产品偏好、功能认知和产品选择　234 / 偏好与选择的文化逻辑　241 / 文化、制度与行动　247

第六章　文化如何影响经济：文化、市场与全球化　251

人寿保险市场形成中文化的多重互动过程　253 / 结构与能动性：多重互

动过程模型的一般性机制 259 / 人寿保险如何再造文化 265 / 文化与现代资本主义全球化 268 / 后记：变化与预测 274

附录一　研究方法 287

附录二　2009 年在中国的人寿保险公司名录 337

术语表 347

注释 349

参考文献 363

推荐序

在《生老病死的生意：文化与中国人寿保险市场的形成》一书中，陈纯菁教授依据在上海等地所做的深入细致的民族志访谈材料，以精当的笔墨描写了中国人寿保险市场的兴起过程。透过这个过程，经济社会学的一个重要的传统议题，即"文化与市场"的关系，得到了再度彰显。

在这部带有鲜明泽利泽风格的研究作品中，陈纯菁教授最为重要的理论贡献，就是提出了她的"文化多重互动模型"，并用以解释中国情境下人寿保险市场的形成过程。文化要素被分类为两个层次：作为共享价值观的文化和作为工具箱的文化。两类文化要素的交互作用，与人寿保险业开拓者灵活的策略行动相结合，使得寿险市场能够避开"忌谈生死"等文化阻力的作用而迅速创建起来。这种就市场起源具体而微的文化解释，对经济社会学的市场理论而言无疑是卓有贡献的。

陈纯菁教授对相关文化要素的辨析，看起来主要集中在"传统"和"当代"两个维度上。前者意指传统社会遗留的"生死观念"，后者则意指改革开放后中国社会的各种文化要素：人情礼仪、股市热等等。两者之间似乎忽略了一个维度，这就是几十年来共产主义文化的熏陶和影响，这种文化造就了整整一代"新人"。把这种文化要素辨析出来，探索其对寿险消费群体的影响，或许会凸显出某些不同的行为逻辑。

无论如何，陈纯菁教授的这一著作，是迄今为止我所看到的对中国情境下市场崛起最好的一个经验研究。无论是对于经济社会学，还是对于理解中国的市场转型，这部著作都具有不可低估的意义。

沈原

清华大学社会学系教授

中文版序

中译本能和读者见面令我倍感欣慰。本书的付梓主要归功于我的研究生，感谢他们以极大的热情和坚持完成翻译：魏海涛、符隆文、邓西里和彭桥杨分工合作完成翻译；在我通读译文初稿之后，孔淋漓完成了全书的审校工作；姚泽麟帮忙联系了华东师范大学出版社。我特别感谢魏海涛和符隆文在翻译过程中的组织协调。感谢香港大学当代中国研究组为本书提供的出版资助。特别感谢卜约翰（John Burns）教授、林初升（George Lin）教授、叶嘉安（Anthony Yeh）教授、胡伟星（Richard Hu）教授和宗树人（David Palmer）教授对我出版这本书的支持。

我在内地的几所大学做过学术报告，向研究生介绍本书英文原版的主要内容。到场学生反应积极，还有不少同学询问我如何在民族志研究中进行理论分析，这让我有了出版中译本的想法。中山大学的王宁教授第一个告诉我，他把本书的英文版作为阅读材料，向学生讲解如何做社会学的民族志研究。我在自己讲授的民族志课程上，也用它来介绍社会学民族志研究的基本过程，包括如何寻找研究问题、进入田野、理论抽样、应对田野困境和提炼理论观点等等。我的研究生认为这本书在方法论和理论方面能够启发更多的人文社科学者和研究生，所以他们在繁忙的研究工作中抽出时间进行翻译。

本书在三个方面可以作为民族志研究的范例，分别是寻找研究问题、理论抽样以及经验与理论的结合。本书只有一个经验问题和一个理论问题。本书的经验问题是：中国文化如何影响中国人寿保险市场。本书的理论问题是：文化以何种方式塑造市场的形成。这两个问题相辅相成，实际上是同一个问题的不同侧面。很多同学收集到的资料不够完备，却想要回答很多研究问题，这个误区很常见。我们应当谨记，所有伟大的社会学家（无论是韦伯、马克思、布迪厄还是戈夫曼）都只专攻一到两个研究问题，他们穷尽一生，收集尽可能多的案例和资料来回答这些问题。这些睿智的社会学家分析得深刻到位，我们常常为之折服。就算我们没有开创理论流派的雄心壮志，但是我们至少要清楚如何创造出一个好的理论。我坚信理论思考靠的是训练，而不是看天赋。我希望这本书能够让同学相信，回答一个研究问题就已足够。我在这本书里提出的研究问题是文化社会学和经济社会学的核心问题，也是全球化研究的焦点。我试图解释本土文化如何塑造国内和国外公司并存的新兴市场，从而了解跨国公司和商品如何能够在拥有不同文化传统的地方实现本土化。本书记录了跨国经济行动主体面对的障碍、采用的策略，以及它们与本土行动主体的互动及其结果。由此可见，我的研究问题也是全球化研究的焦点。

如果研究生想把这本书当作工具书，我建议他们在进入正文之前先阅读导论和附录一。导论介绍了研究问题和相关文献，呈现了我根据相互矛盾和令人困惑的研究发现来修改研究问题的过程。附录一记录了我如何进入田野、如何选择样本、如何收集无法通过直接观察获得的资料以及我在田野中的角色和困惑。最重要的是，它记录了我所犯过的错误。阅读附录一，读者能了解到我最初的研究问题、我的田野经历，以及我如何根据田野经历修改研究问题。发表是学者的使命。我们发表的文章和出版的书籍就像画廊中的艺术品一样。越来越多的艺术家用照片来记录他们的创作过程，然而鲜有学者会透露他们学术成果的产出过程。附录一就是研究背后的故事，我希望在这里展示本书的研究过程，特别是田野中的挫折、困惑和不安。

我经常跟学生讲，在做民族志研究的过程中，时常会感到困惑和迷惘，不知道能收集到哪些资料，也不知道能提出什么研究问题。其实这种感受是"正常的"，甚至可以说是一件"好事"。定量研究者有清晰的研究假设作为指引，而民族志研究者对田野中的情况只有一些印象、猜想和常识性的了解。这些初步的猜想往往与我们的田野发现南辕北辙。我们的田野发现可能相互矛盾，或者在彼时看来"没有意义"。在这个阶段，我们常常感到苦恼和不安。但是，正是因为这种困惑，我们才开始反思和质疑最初的假设和常识，充分修正我们的研究问题。我在导论中曾提到，田野中相互矛盾的发现让我捕捉到文化中的死亡禁忌对中国人寿保险市场的影响。

但是，我的研究不能止步于此。我还要思考，它能够和哪些社会学文献对话。它与文化和经济活动有关，但是文化社会学和经济社会学的文献汗牛充栋，我应该从哪里开始检索文献，又在哪里结束呢？这是民族志研究者所面临的另一种不确定性。我在附录一提到过，我曾两次短暂离开田野，就是为了寻找理论框架。我阅读了大量文献，有精读，也有略读。检索的过程就是不断"过滤"不相关的文献，直到剩下的文献加上你的想法能够解释田野中的发现为止。从进入田野算起，我的"困惑"和"不安"持续了整整九个月。直到田野调查的最后三个月，我才最终确定了自己的理论问题和分析框架。

本书第一章勾勒了研究的宏观背景，第六章讨论理论观点，并回答第一章提出的研究问题。其他章节（第二章到第五章）都可以单独拿出来阅读。但是，这些章节之间联系紧密，共同解释文化如何影响市场形成。第二章到第五章是根据资料的分析层次来安排的。第二章和第三章从组织层面分析，第四章从互动层面分析，而第五章是从个人层面分析。因此，将本书视作社会学民族志研究范例的读者，在阅读完附录的研究方法部分后，最好能从第一章开始循序渐进地阅读全书。

我相信本书也同样面向学术圈外的读者。对人寿保险公司、经理和代理人来说，本书能帮助他们理解中国文化观念对寿险产品的抗拒，教会他们如何跨越这些文化障碍。跳出人寿保险产业，有些跨国公司计划在中国开展业务，也有很多国内公司也想要拓展海外业务，而这些海外地区的文化和中国文化截然不同，本书也能为这些公司的员工管理实践和市场营销策略提供一点浅见。不少商界人士关注文化对商业活动的促进和阻碍作用，我想本书也能在这方面提供一些帮助。最后，在商界之外，任何希望了解中国文化内涵，了解文化是如何影响我们思想和行为的读者都能从本书中获得一些启迪。

陈纯菁
2018年12月于香港

导论

研究困惑:"死亡禁忌"下的寿险营销

寻找答案

选择田野地点

中国文化与人寿保险

本书主要内容

寿险公司在宣传材料中毫不留情地使用"死亡"这个字眼来加强宣传效果。"死亡"就像是它们的"辩护律师",让那些犹豫不决的顾客也意识到人生苦短……(寿险代理人)的出现就是在提醒你,死亡"阴郁黑暗,令人愁烦"。

——维维安娜·泽利泽(Viviana Zelizer),《道德与市场》(*Morals and Markets*)(1979)

在维多利亚时代,第一次接触人寿保险的人,就像《圣诞颂歌》(*A Christmas Carol*)里的斯库格一样,预见到死亡的幽灵就徘徊在不远的将来。寿险代理人能为你生动地描绘出那些拒绝投保的客户临终前的悲惨画面,让你对死亡望而生畏。更重要的是,他们会告诉你,悲剧的降临总是毫无征兆。

——蒂莫斯·阿尔本(Timothy Alborn),《被管控的生活》(*Regulated Lives*)(2009)

设想您突遇不幸,您的配偶是否负担得起操办丧事的费用?……如果您明天就不幸离世,您的配偶是否有足够的经济实力,让你们的孩子过上你期望中的美好生活?……如果今天就是您的大限……您配偶的经济实力是否能应对这样的不虞之变?……欢迎购买人寿保险,应对意外死亡,为您的挚爱减轻经济负担。

——《时代周刊》广告，2006 年 9 月

我们不谈生死。生死是禁忌……（中国人）不想听到任何灾厄之事，他们根本不往那方面想，他们也不想谈那种事情，所以我们的工作难度非常大！

——上海某寿险代理人，2002 年

20 世纪 80 年代以来，西欧和北美的人寿保险市场日渐饱和，商业人寿保险公司开始将自己的业务版图扩张到亚洲、拉丁美洲和中东欧地区。中国拥有庞大的人口基数，经济发展令人瞩目，成为寿险业全球扩张的主要目标。截至 80 年代末，已有数十家跨国人寿保险公司在北京设立了办公室，急切地等候获批经营许可证。1992 年 9 月 25 日，美国国际集团（American International Group, Inc.）旗下的友邦人寿保险有限公司（American International Assurance Company, Ltd., 以下简称友邦保险）在占领中国市场的竞争中拔得头筹，成为第一家获准在上海经营的国外人寿保险公司。其他国外人寿保险公司也紧随其后，获得经营许可，以合资企业的方式在中国开设分部。到了 90 年代末，中资的人寿保险公司也陆续登场。然而，尽管寿险公司繁多，在中国开辟人寿保险市场却困难重重。

一开始，中国民众对人寿保险表现出明显的抗拒。在 90 年代中期，你甚至可以在上海的商店和办公室的门窗上，读到这样的告示："谢绝寿险代理人！"[1] 1998 年，时任安泰保险公司

（Aetna Insurance Company）董事长和执行总裁的理查德·胡贝尔（Richard Huber），在谈到中国的人寿保险业务时曾说过："（中国人）对保险没有任何概念。"² 胡贝尔认为，中国人的文化观念阻碍了寿险业务的发展，它是比官僚体系更凶猛的拦路虎。在 2000 年的一次访谈中，中德合资的安联大众人寿保险有限公司（Allianz-Dazhong Life Insurance Company, Ltd.，以下简称安联大众）的总经理曾经抱怨过，中国人在谈业务的时候，千方百计地避开死亡的话题。他评论说这是"一种愚蠢的迷信观念"。2000 年到 2004 年，我在中国进行田野调查期间发现，这种观念也令中国的寿险代理人垂头丧气。他们发现中国民众"不想讨论死亡，也不想听到任何灾厄之事"。在美国，有广告把人寿保险定义为"应对未来意外的预备方案"（a plan for if）³。可是，这种"意外"对中国人来说却是"不可想象"的。

有趣的是，虽然中国文化中的"死亡禁忌"让寿险代理人怨声载道，导致人寿保险的理念宣传困难重重，但是人寿保险业务却在 20 世纪 90 年代中期的中国稳步增长。从 1995 年到 2004 年，人寿保险业务的保费收入年平均增长率高达 30.7%，远超财产保险业务的 9.1%⁴。人寿保险业务的收入占保险业整体收入的比例，从 1995 年的 34% 飙升至 2004 年的 75%⁵。人寿保险占国内生产总值的比例［寿险渗透度（life insurance penetration）］也从 0.34% 提升到 2.02%，尽管这和成熟的欧美市场相比还有一定差距。在这段时间里，上海市场的增长更为显著。上海市的寿险保费收入年增长率高达 33.6%，而人寿保险占全市生产总值的比例也从 0.68% 飙升至 2.87%。中国人寿保险市场在90年代中期强劲的发展势头在图1和图2中一目了然。然而，在死亡和不幸属于禁忌话题的中国，人寿保险市场如何得以飞速发展？这一现象令人困惑。

显而易见，中国文化背景和商业保险诞生地的文化背景截然不同，部分中国文化价值观排斥人寿保险的概率性逻辑（probabilistic logic）。本书记录了中国人寿保险市场在文化阻碍下的发展历程及其背后的微观政治。在不利于其发展的文化障碍面前，商业人寿保险如何在中国开拓出一个崭新的市场？同时，本书以人寿保险为例，试图回答更广义的理论问题：文化在经济行动中起到了什么样的作用？本土文化如何影响了资本主义商业的跨国传播？具体来说，本书的研究问题包括如下几个方面：某个行业如何在不利于其发展的文化条件下开拓市场？文化观念如何塑造了这个市场的发展路径？在何种程度上，文化观念的力量足以使本土市场接纳或排斥一些现代资本主义的观念和实践？

研究困惑："死亡禁忌"下的寿险营销

保险业的全球扩张，赶上了中国经济和体制改革的春风。1979年，大刀阔斧的经济改革极大地推动了中国的经济增长。中国人的购买力直线上升，催生了新的中产阶级。经济发展为商业人寿保险市场的萌芽奠定了重要基础。与此同时，中国的城市化进程造就了大批快速崛起的大都市（Yan et al., 2002）。

从农村社区走向城市社会的转变背后是一系列制度和社会结构的变迁，基本上和格奥尔格·齐美尔（Simmel,［1903］1971, 1950）对现代生活兴起过程的描述相吻合。中国城市化进程飞速，企业私有化循序渐进，劳动关系迈向契约化，国家福利缩减，家庭规模减小，这些变化让城市人口承受了来自各方面的社会风险和经济风险。再加上官方对商业保险持鼓励和支持态度，可以说，20 世纪 90 年代早期的制度环境为人寿保险市场的萌芽提供了有利的条件。

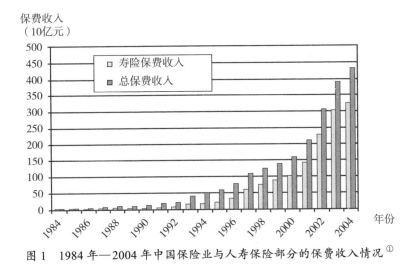

图 1　1984 年—2004 年中国保险业与人寿保险部分的保费收入情况[①]

---

① 数据来源：1984—1996 年的数据引自 Wang et al.（2003）；1997 年—2004 年的数据引自《中国保险年鉴 1998—2005》。

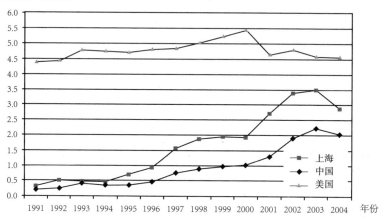

图 2　1991 年—2004 年中国，美国以及上海市的寿险渗透度[①]

当时的文化背景似乎也有利于人寿保险市场的发展。改革开放政策为外国文化的传播创造了空间。从洋快餐到基于契约的现代商业活动，西方文化的产物纷纷进入中国（参见 Yan, 1997；Guthrie, 1999）。跨国人寿保险公司跟随其他现代资本主义商业公司一起进入中国市场：1990 年，上海证券交易所正式成立（Hertz, 1998）；1992 年，世界最大的麦当劳餐厅在北京

---

① 数据来源：（1）1991 年到 1996 年间寿险保费收入数据引自 Wang et al.（2003）；（2）1991 年到 1996 年上海市的寿险保费收入数据由海尔纽约人寿保险有限公司（Haier New York Life Insurance Company, Ltd.）上海分部市场调研部门提供；（3）1997—2004 年中国和上海市的寿险保费收入数据引自《中国保险年鉴 1998—2005》；（4）中国国内生产总值数据引自《中国统计年鉴 2005》；（5）上海市生产总值的数据引自《上海统计年鉴 2005》；（6）美国的寿险保费收入数据引自《人寿保险公司数据集 2009》（*Life Insurers Fact Book 2009*）；（7）美国国内生产总值的数据由美国商业部经济分析局提供。

开业（Yan, 1997）；1995年，直销企业安利（Amway）正式进入中国市场（Jeffery, 2001）。这些公司在中国受到热烈欢迎。在同样的文化背景下，商业人寿保险作为一种现代的人身风险管理模式从外国引进中国，理应受到中国城市居民的追捧。

然而，事情并没有那么简单。无论是寿险公司高层还是寿险代理人，大家都在抱怨中国人很难接受人寿保险的概念。我将在第一章里指出，中国的文化环境并不像看起来的那样有助于推广人寿保险。首先，中国人传统的风险管理模式以储蓄和亲属支持为主要手段，历史积淀下来的习惯很难在短期内改变。其次，在中国人的生死观中，无论从道德意义上还是从精神意义上看，突然死亡都令人畏惧。因此，中国文化逐渐形成了避谈死亡的文化禁忌。尤其是关于意外身亡的话题，人们既不想去谈论它，也不愿想到它。如此根深蒂固并且普遍存在的文化禁忌，构成了一股文化抗拒力，阻碍了寿险产品的市场推广和营销。再次，中国人生死观里"善始善终"的含义也和寿险的逻辑有所不同。所谓"善始"指的是衣食无忧地生活到生命终结，而"善终"意味着在度过圆满的一生之后死去。"善始善终"的观念规定了不同代际的家庭成员之间抚养或赡养的经济义务，塑造了人们对重大风险的选择性忽视。这些文化价值观与人寿保险"对死亡投保"的概念背道而驰。

当然，并不是只有中国文化抗拒人寿保险的理念。现代保险业基于概率论的逻辑，试图让不可控的风险变得可计算并且可管理，可谓颇有野心。商业人寿保险进一步推进这种观念，假定个人寿命或身体的损失是可以通过金钱来补偿的。这种离奇的、极端的理性化将原本不可通约的事物变得可以相互通约（Espeland and Stevens, 1998）。因此，在人寿保险的整个发展历史中，这种极端理性化的假设，注定了人寿保险要遭遇来自文化的抵抗（Zelizer, 1979; Clark, 1999; Alborn, 2009; Murphy, 2010; Post, 1976）。例如，在美国，由于人们反对用金钱来衡量生命，人寿保险业花费了几乎一个世纪的时间才站稳脚跟（Zelizer, 1979; 1985）。

维维安娜·泽利泽在其开创性的著作《道德与市场》（1979）一书中，为人寿保险市场的发展提供了独到的见解，挑战了传统的经济学解释。经济学将人寿保险市场的发展归结为经济增长、城市化、购买力提升以及技术知识和统计理论的广泛应用。泽利泽认为，要是经济学解释成立，那么为什么人寿保险市场没有出现在19世纪中期经济条件优越的美国社会？泽利泽强调文化对市场形成的作用。她指出，19世纪40年代以前的美国，整个社会的文化价值观和人寿保险的理念针锋相对。其中，最关键的一点是，当时盛行的社会观念认为人类的生命是神圣的、是无价之宝。这种看法与人寿保险为生命定价的逻辑相互排斥。在当时，购买人寿保险会被认为是在用生命做赌注，换取"肮脏的银子"。然而，19世纪40年代以来，人们热衷于理性计算经济风险，逐渐意识到死亡所带来的经济损失。文化价值观的变迁使得人们逐渐接受人寿保险，将它视为一种人身风险管理模式。泽利泽认为，当人们意识到了死亡所承载的经济价值，他们也就开始接受保险公司的说辞。在这套说辞里，购买商业寿险并从中受益才算是"善终"，才称得上是"负责任的死亡"。因此,19世纪中期以前,人寿保险业在美国社会的低迷归因于特定的道德观念,而保险业在之后的历史时期里实现了突破性的增长,这很大程度上也同样可以归因于文化价值观的变迁(Zelizer, 1979: 34—39)。

泽利泽的论证表明文化有可能抑制人寿保险市场的形成。由于人寿保险嵌入在特定的意识形态之中,只有在理性化思潮兴起的文化背景下,人寿保险才具备较为有利的发展条件。杰弗里·克拉克(Geoffrey Clark)跟随泽利泽的理论脉络,在《生命的赌注》(Betting on Lives)(1999)一书中,分析了人寿保险是如何发展为一个以生命做赌注的行业。克拉克认为,英国的人寿保险业在17世纪末到18世纪初的快速增长,反映了现代性的基本特征,代表了一种控制不确定性的大胆尝试。这需要人们首先在观念上接受"以经济价值来衡量人类生命"的文化逻辑(Clark, 1999: 5)。在同样的思路下,研究台湾人寿保险市场的学者发现,亚洲的文化价值观对人寿保险市场的发展有弊无利(Li, Duberstein-Lindberg, and Lin, 1996)。想要在中国或是其他亚洲国家推销人寿保险,首要任务是改变它们的社会文化价值观。

"文化价值观影响经济"这一观点论证有力,令人信服。然而,这一视角也留下了许多有待探讨的问题。既然文化价值观会抑制市场发展,那么发源于西方文化的现代商业模式又是如何扩散到其他文化中去的?中国大陆突然出现的人寿保险市场就是这样的一个例子。市场又是如何在不兼容的文化价值观里生根发芽的?

寻找答案

我最初的分析框架假定，保险从业者要想开拓人寿保险市场，就必须要制造出一种危机感：厄运可能会随时降临，令人措手不及。只有这样，他们才能激发出人们对人寿保险这种新产品的需求。所以在田野调查初期，我期望观察到寿险代理人费尽口舌向潜在客户兜售"惨淡的未来"。他们应该反复絮叨着悲惨不幸的生活故事，让人们意识到生命的脆弱，由此心生恐惧。在美国（Zelizer, 1979）和英国（Alborn, 2009）的寿险销售过程中，这样的情景可谓是司空见惯。

然而，我发现中国的寿险代理人很少会用"死亡"、"事故"、"厄运"这样的话题来说服他们的潜在顾客，这令我十分惊讶，同时也给我的访谈造成了一定困难。因为我原本设计的访谈问题包括"如果您因为突发事故而不幸身亡，您认为您的子女会受到怎样的影响？"。在对客户和潜在客户的访谈中，我发现这个问题实在是难以启齿。为了避开诸如"死"和"死亡"这样的字眼，我转而将问题的表述改写为"如果一些不好的事情发生在您或者您的配偶身上，导致您或者您的配偶丧失经济能力，您认为您的子女会受到怎样的影响？"。即使如此，还是很少有人愿意在访谈中回答这个问题。受访者一般都会这么回答："我从来没有想过这样的问题。"如果我稍加引导，让他们思考这个问题，他们要么回答说"我凡事都往好处想，不会往坏处想"，要么说"这种事情不会发生在我头上,我没那么倒霉吧!"他们对我的访谈问题如此回避,我对此十分好奇。已有的研究指出,认知上的认同可以从话语中的沉默来推断,而规范上的认同却通常表现为无法设想其他的可能性(Schneiberg and Clemens, 2006)。中国的寿险代理人不采用风险作为销售话语,中国的客户也拒绝思考意外变故,这些现象引导我去思考文化禁忌的关键作用。通过初步的参与观察,我发现了中国人避谈死亡的文化禁忌,这属于一种大家认为理所当然而又不便明说的默会知识。我想知道这种文化禁忌从何而来。

我在早期的田野调查中还发现了一个令我百思不解的矛盾现象,让问题变得更加复杂。一方面,寿险代理人声称中国人重视家庭,愿意为了家庭牺牲一切。另一方面,他们又抱怨中国人自私自利,连购买能让家人受益的保险都犹豫再三。随着田野调查的展开,我收集到的资料越来越丰富,我也逐渐意识到是中国文化中的生死观造就了避谈死亡的文化禁忌,也正是生死观让人们拒绝选择那些在死后才理赔给受益人的寿险产品。第一章将详细阐述生死观与文化禁忌的关系,而第五章将讨论生死观如何塑造了人们对不同类型寿险产品的偏好或抗拒。

田野调查的发现表明,一个社会的世界观和价值观对其成员的行为偏好和习惯会产生强大影响。我参阅了马克斯·韦伯的代表作《新教伦理与资本主义精神》([1904-5] 1991),试图探究文化如何通过(社会)共同的观念和价值理念影响经济行为。在韦伯看来,观念或理念(如基督教的"天职观"和"命定论")具有导引行动的作用:通过特定的心理特征(例如恐惧)和精神动力(例如侍奉上帝)驱动共享这些观念或理念的人的行为。这一古典传统中的"文化"指的是由某一社会群体共享的、自洽的意义系统(Geertz, 1973)。该系统经由社会建构而成,产生出共享的主观意愿,不仅影响经济行动,同样影响非经济行动。韦伯有个著名的隐喻,他将人们脑中的共享观念比喻为"扳道工"。"扳道工决定了行动轨道,而利益驱动人们沿着轨道前进"([1922—23]1946:280)⁶。泽利泽及其他学者在寿险研究中提出的"文化价值观影响经济"(cultural values matter)的论断继承了韦伯对文化的经典定义。

韦伯的经典定义强调社会文化能够支配社会行动和经济行动。后来的学者指出,韦伯的定义忽视了个体能动性。其中,主张符号互动论的学者首先发起批判。他们着重分析文化的实践面向,强调个体创造力。个体能够创造性地运用文化,改变文化符号的普遍意义(Goffman, 1959; Blumer, 1969; Fine, 1979)。不过,符号互动论并没有完全抛弃韦伯的洞见。事实上,只有首先接受了共享的文化规则和假设,个体之间的互动才能够通达顺畅。

当代文化社会学家继承了符号互动论的基本思路,将文化的实践性质发扬光大。其中最有名的当属安·斯威德勒(Ann Swidler),她从根本上挑战了文化的传统定义。斯威德勒在1986年发表的论文《行动中的文化》具有开创意义。她在论文中将文化比喻为"工具箱"(tool kit),认为文化的作用就像是一个行动剧目库(repertoire)。人们从中取用各种文化资源,以构建他们的行动策略,解决各式各样的问题。皮埃尔·布迪厄

（Bourdieu, 1977）曾提出关于实践的理论以及强调身体惯习的文化资本概念。沿着这一理论脉络，斯威德勒（Swidler, 1986, 2001）关注文化中的实践面向，例如实践技巧、惯习和知识。她认为，相比于文化中的共享价值和信念，文化中的实践面向更直接地影响了人类的行动。不同于布迪厄的理论，在斯威德勒的理论中，文化中的个人是具有行动意志的主体。文化本身也不再是一个完整的意义系统，而是包含了各种碎片化的成分——其中不乏"相互矛盾的符号、仪式、故事和行动指南"（Swidler, 1986：277）。保罗·迪马乔对这种不连贯和碎片化的文化概念提出了大胆的比喻，把它们比作一个"装满了零碎物品的百宝袋"（DiMaggio, 1997：267）。从"文化作为工具箱"的角度来思考，便不难理解为什么人们的观念和信仰如出一辙，行为举止却各不相同，因为人们的行动取决于行动当下的紧迫程度、个人文化素质以及制度要求。

我发现文化作为工具箱或"行动剧目库"的概念，能够帮助我们更好地理解中国人寿保险市场形成过程中文化的作用。它完善了"文化价值观影响经济"的理论视角。当一个社会的共享价值观与人寿保险背后的意识形态相互抵触的时候，经济主体借助文化的工具箱，巧妙地绕开了阻碍市场发展的文化观念。我在本书的其他章节记录了许多这样的事例。寿险代理人聪明地利用他们所掌握的本地文化知识、符号和实践，用当地人能够接受的方式描述人寿保险，最终顺利和客户达成交易。因此，工具箱视角扩展了我们对于文化的认识，它可以解释为什么跨国资本主义企业能够在其他文化传统的国家和地区生根发芽。

不过，工具箱或行动剧目库的分析范式并不足以解释中国人寿保险市场的特征。共享的文化价值和观念**确确实实**引导着市场发展的方向。在欧美等西方社会，人寿保险起初是一种人身风险管理产品，后来才逐渐发展为兼有人身风险管理和理财两项功能的产品（Zelizer, 1979；Ransom and Sutch, 1987；Quinn, 2008；Alborn, 2009；Murphy, 2010；Pearson, 1990）。与之相反，人寿保险在中国首先就是以理财产品的形式出现的，而后才加入了人身风险管理的内容。在中国，人们购买人寿保险是为了储蓄和投资，而不是应对意外事故。我认为，人寿保险在中国之所以会形成这样的发展历程，是受到了中国文化中的生死观的影响。我在第二章会谈到，把人寿保险做成理财产品并不符合跨国保险公司的本意，因为理财产品收益低。然而，这些跨国保险公司却不得不这么做。① 由于遭到地方文化观念的抵制，它们也没有办法在中国创造出专营人身风险管理产品的市场。由此可见，由民俗、价值观、道德观等构成的集体意识，塑造了民众相对稳定的偏好，进而影响了市场形态。文化价值观就像"扳道工"一样，限定了社会行动可能的路线，也构成了市场发展的障碍，并规限了保险公司的行动范围。

本书将以上观点融会贯通，结合文化社会学的传统视角和当代视角，为中国人寿保险市场的形成提供更为全面的解释。

---

① 因为大部分的合资公司都由外资主导，本书将合资公司归类到跨国公司而不是本土公司。

我反对将两种文化视角及理论对立起来，这种对立将不利于文化社会学领域的健康发展（Chan, 2009a）。文化社会学研究并非要在两种视角里优先选择一种，而是要在实证研究中探究两种视角的互动关系（Sewell, 1999）。沿着这个思路，我构建了"文化的多重互动模型"（interactive multiple-process model of culture）。文化的作用源于共享价值观和工具箱的相互作用，它不只具有限制作用，同时也具有建构作用[7]。在本书中，我将展示这两种意义上的文化如何相互影响，从而限制或促成不同的经济行为。受到文化影响的行动主体包括：公司高管、寿险代理人以及消费者。共享价值和观念构成了文化障碍，只有借助文化工具箱才能将此类文化排斥转变为新的经济实践。换句话说，文化的作用是双向的：社会的共享价值观**组成**了文化障碍，而文化工具箱**规避**了文化障碍，一个具有中国特色的寿险市场就此诞生了。这一过程还体现了社会结构与个体能动性之间的互动关系。纵观全书，我在强调经济主体借用文化资源的能动性的同时，也同样重视文化价值观念所构成的结构性限制。

选择田野地点

我选择上海作为民族志研究的主要田野地点，以深入探究新的经济实践引入新的地区的微观过程，揭示宏观动力形塑微观过程的机制。除了上海，我在北京也访问了十多位保险从业人员，以检验上海个案的普遍性。另外，我在美国芝加哥也访谈了五位保险代理人,以辨别中国个案的特殊性。

上海成为本研究最理想的田野地点,主要基于以下三点原因。第一,上海的商业实践受中国文化的影响最少。上海在19世纪60年代到20世纪30年代开辟了外国租界,特殊的历史背景使得上海特别擅长接纳外来事物。到了20世纪90年代,上海已然成为一座实验性的城市,城里现代资本主义的新鲜事物令人目不暇接:时尚(Chew, 2007)、玩具(Davis, 2000)、性开放的话语(Farrer, 2002)、股票市场(Hertz, 1998)等等。这座城市以及它的居民接纳和品鉴西方事物的能力可谓是全国领先。上海是一座相对西化,还急切想要更西化的城市。如果我们在上海都可以发现中国文化要素对经济行为的影响,那么我们就可以肯定,在中国其他城市,文化的影响只增不减。第二,上海也是国际元素和本土元素互动"最多"的城市。2000年,共计七家跨国人寿保险公司进入中国大陆市场,其中六家都选择从上海开始开展业务。上海可以说是商业人寿保险公司的"奥林匹克竞技场"。在这个"中国的保险中心"里,跨国企业和本土企业之间的竞争最为激烈。这样的竞争为我们提供了丰富的材料,用于分析国际资本和国内资本之间的互动。最后,大部分跨国保险公司都选择在上海设立总部,先在上海经营,再进一步渗透到中国大陆的其他城市。其他城市争相借鉴它们在上海的运营经验。

2000年的夏天,我在上海进行了六个星期的初步调查,开启了这项关于上海的个案研究。其间,我初步接触受访者,得到了两项重要发现,锁定了未来两年内民族志研究的重点。第一，我发现无论管理层还是代理人，第一家外资保险公司 A 公司和新晋的中资企业 P 公司之间关系尤为紧张。第二，虽然 T 公司和 L 公司这两家合资企业几乎同时成立，然而，它们的保险销售团队的士气和业务规模却截然不同。这四家保险公司体现了保险从业者的多样性。因此，我选择上述四家保险公司作为深入研究的对象和主要的田野调查地点。我的资料来自正式和非正式的访谈、参与观察、问卷调查、政府的公共档案以及保险公司的出版物。我大部分时间都在进行参与观察，每天访问不同保险公司的代理办公室。我参加过各公司的代理人培训，定期出席各代理办公室的早会，并且经常参加销售小组的讨论会。在寿险代理人的许可下，我也曾陪同他们会见潜在客户、推销产品或拜访现有客户。这项经验研究关注的焦点是人寿保险市场的形成过程，以及在这个过程中人们如何宣扬和争论人寿保险的理念[8]。（附录一记录了田野调查和资料收集的具体过程）

中国文化与人寿保险

毫无疑问，保险是社会和文化的产物（Baker, 2000, 2002）。社会学家尤其对人寿保险兴味盎然。人寿保险背后的工具理性假设经常挑战社会文化的运转逻辑。寿险销售不仅是贩卖一种商品，更是传播一种理念。想要在不同的社会文化条件下做人寿保险生意，保险公司必须想方设法让当地群众相信购买寿险的必要性。他们是如何做到这一点的？来自不同文化背景的保险公司有不同的策略。

中国人寿保险市场刚刚萌芽，分析它的发展历程特别有助于我们厘清这其中文化的运作机制。当寿险还未形成制度化的市场，文化"活跃"（living）在市场形成过程的前沿；当市场已经制度化后，文化则变得"僵化"（dead）（Jepperson and Swidler, 1994）。换句话说，我们可以在制度化之前的实践、事件、活动和组织中发现文化的"活跃"模式。研究文化在新兴市场形成过程中的作用，能够将多样态的文化及其细微差别从幕后推上前台。另外，我们可以捕捉到全球化背景下的市场制度化的微观政治和动态过程。跨国人寿保险公司如何在某个国家或地区立足，获得法律和社会认同？本土公司作为市场的新手，又是怎样建构自身合法性的？跨国公司和本土企业之间在组织场域形成过程中是如何竞争和合作的？在市场制度化的过程中，经济行动者间会不可避免地产生激烈冲突，以及进行频繁的协商、妥协和合作。也正是在这个过程中，市场成长为一个"社会场域"（societal field），而商业组织更多地表现出"商议秩序"（negotiated order）的特征（Swedberg, 1994; Strauss et al., 1963; Fine, 1984）。在这个舞台上，经济行动者的旨趣（interest）和他们的能动性（agency）表现得淋漓尽致（DiMaggio, 1988）。

经济社会学家经常采用社会建构论的视角来分析商业市场，本书也不例外。不过，不同于其他的经济社会学作品，本书同时考察了人寿保险市场中的供给侧和需求侧。经济社会学家通常认为生产活动在市场形成和经济制度方面扮演了更为重要的角色，把目光聚焦在经济组织和管理模式上（例如 White, 1981；Fligstein, 1990，2001；Van Maanen and Kunda, 1989；Martin, 1992；Smith, 1990；同样可见 Zelizer, 1988 的评论）。至于需求侧和市场交换行为，他们则留给经济学家和人类学家去研究。在他们的研究里，消费者被掩盖在抽象的术语之下，或者根本无迹可寻。经济社会学家同样对生产和消费之间的动态联系所知甚少，他们也不怎么关心市场上的生产者、经销商和消费者之间的互动关系[9]。不可否认，市场的生产端非常重要，因为生产商能创造出产品需求（Fligstein, 2001；White, 1981，2002）。然而，我认为，如果生产商想要获得商业上的成功，他们必须要契合消费者的生活经验（Bourdieu, 1984；Zelizer, 2005b；Beckert, 2009；Aspers, 2009）。生产商如何将新的理念和商业实践介绍给本地群众？本地群众又如何接受和响应生产商宣传和营销的新事物？我们可以从中国人寿保险这个新兴市场中寻找这些问题的答案。在市场初创时期，对人寿保险这样复杂的商品的评价标准必然是五花八门，评价标准的确立会受到政治和社会状况的影响（Beckert, 2009；Krippner, 2001）。研究中国人寿保险市场需要对其中的组织策略、人际互动以及个人动机和行动准则进行多层次的综合分析。跨国公司和中资公司是如何与消费者沟通的？保险公司如何管理中国的寿险代理人？怎么和这些代理人打交道？寿险代理人如何与潜在客户展开策略性的互动，让客户购买寿险产品？中国人购买寿险的动机是什么？他们如何挑选寿险产品？他们购买寿险背后的意义是什么？以上这些问题都是本书关注的重点。

本书推进了文化社会学和经济社会学相关领域的研究，同时也为全球化背景下的中国研究提供了社会学的视角。本书详细记载了中国消费者同跨国公司进行沟通并了解他们理念的过程，以及寿险这款概念上全新的产品打开中国大陆市场的过程，并从"全球 / 本土"互动的角度，予以细致的分析。我尝试回答以下几个问题：外资公司通过什么样的方式，在中国消费者的观念里建立起保险的概念？这些公司在这方面下了多少功夫？中国消费者又如何应对这一过程？进一步地，该研究试图捕捉中国剧烈的社会文化变迁与其文化传统之间的动态过程。

本书主要内容

本书的中心问题是，**为什么人寿保险市场能够在面对文化抵制的情况下在中国萌芽和发展？** 在学术研究中，我们通常无法直接通过观察得到"为什么"的答案，只能通过归纳一系列的"如何"来间接回答"为什么"的问题（Katz, 2001，2002）。我把本研究最核心的"为什么"问题拆解为若干描述动态过程的"如何"问题。我首先逐条分析了商业人寿保险进入中国城市地区时中国的经济、制度和文化条件，剖析文化对中国人寿保险市场的影响。接着，我将展示新兴人寿保险市场的特征，以及其中不同层面的经济活动。这些活动主要包括三大类：一是以保险公司为分析单位，关注它们的经济活动；二是探索管理层、销售层和潜在客户之间的互动;三是挖掘客户购买人寿保险的动机。为了保护受访者的真实身份,我在书中使用的姓名均为假名[10]。

  第一章为整个民族志故事的展开搭建好舞台。首先,我简述了中国的商业人寿保险的历史,从计划经济时代结束一直追溯到 19 世纪早期。随后,我具体介绍了 20 世纪 80 年代末到 90 年代初中国城市地区的经济、制度和文化条件,并讨论它们对人寿保险市场发展可能存在的正面和负面影响。我会把讨论的重心放在探究人寿保险发展面临的文化障碍上,包括中国文化中的死亡禁忌等。死亡禁忌深植于中国哲学和民间宗教传统中。最后,我将把制度和文化条件与本书的理论问题结合起来加以讨论。第一章最后剖析了中国人寿保险市场的特征,包括不均衡的增长模式、中资寿险公司的主导地位以及它们对寿险产品理财面向的过分重视。我将论证,单独依靠共享价值观或文化工具箱的理论,都没有办法解释上述三种特征。

  我在第二章到第五章展示了丰富的民族志资料,来反映市场形成过程中的微观政治和动态过程。第二章和第三章侧重于分析保险公司的组织策略。第四章和第五章讨论市场交易。第二章分析了跨国公司和中资公司在市场策略选择上的差异。在设计保险产品的时候,无论是中资公司还是跨国公司都面临着迎合消费者偏好和获得利润之间的矛盾。然而,他们的处理方式却截然不同。跨国公司坚持将人寿保险定位成一种现代的风险管理产品,它的功能是为未来可能发生的意外事故提供预期管理。中资公司则恰恰相反,将保险定位为理财工具,推出主打储蓄和投资的产品。前者采纳的是利润导向的经营模式，并试图改变中国客户的产品偏好；后者采纳的是市场份额导向的经营模式，方法是迎合中国客户的产品偏好。我从人寿保险市场沉浮起落的编年史中，对本地的文化逻辑与利润导向的制度逻辑之间的紧张关系进行详述。中资公司与跨国公司之间的这场商业战争，正是源于它们对文化障碍不同的处理方式，以及迥异的公司运作逻辑。

第三章讨论各家保险公司之间的差异。人寿保险业务的成败，往往有赖于寿险代理人的能力。因此，组建一支强大的销售团队就是人寿保险公司的首要任务。不过，有的公司更擅长于培养忠诚、斗志昂扬的销售团队。中美合资企业 T 公司是四家公司里最擅长培养销售人员和鼓励员工士气的公司。相反，最不擅长这些的是 L 公司。中资企业 P 公司的员工管理带有家长式管理的色彩。美资公司 A 公司的管理模式混合了专业主义和传教士精神。为什么不同公司之间的员工管理模式会有那么大的差异？我将不同公司的劳资管理技巧进行对比，得出如下结论：公司管理模式的差异与不同公司高级管理层在文化资本上的差异有关。他们的文化资本来自原生社会的制度和文化环境，以及他们的工作经历和组织文化。

第四章主要探究寿险代理人如何向民众推销人寿保险。这一章记录并分析了寿险代理人为了达成交易所使用的互动策略、拟剧化表演，以及各种各样的推销话语。中国的寿险代理人在卖保险时，常用的一个策略是动员自己的**关系**和**人情**。除了利用关系中的互惠规范，寿险代理人还会借助关系的等级结构以及刻板化的性别角色。这一章进一步探讨了中资公司和跨国公司的寿险代理人在销售话语上的细微差别。在本章的结尾,我集中分析了不同形式的文化和制度,如何影响保险销售话语的种类及其效用。

第五章讨论人们购买人寿保险的目的和偏好。通过分析客户的意图并对他们的选择进行解读,我从客户的角度解释了购买人寿保险的意义。数据显示,中国消费者购买人寿保险的目的五花八门,而且随着时间会不断变化,但是他们普遍保持着对于理财产品的偏爱。此外,尽管寿险客户来自各行各业,他们对人寿保险却有着相同的定义,他们都将人寿保险视作一种理财产品。我会探究中国社会共享的民俗、价值观、道德观和认知偏好如何形塑消费者对保险的定义和购买偏好,同时分析制度变迁如何改变人们购买保险的普遍动机。

第六章集中阐述了我的理论观点,也就是文化如何影响市场形成。这一章包括三部分。首先,我回应了导论中提出的研究问题:一方面,中国社会所共有的生死观和价值观,排斥以人身风险管理为定位的寿险产品;另一方面,保险从业者借助本土的文化符号和文化实践,成功地避开了由生死观构成的文化障碍。我在本章建构的理论框架,能够将文化的两种不同的表现形式(文化作为完整的意义系统和文化作为工具箱)与新的经济活动联系起来。人们在两种形式的文化作用下,创造和接受了新的经济实践。其次,第六章引入了比较分析视角,以香港和台湾的人寿保险市场为例,考察两地的民众及其本土文化如何另辟蹊径,开创"另类模式"(alternative models)的资本主义商业运作。我发现，无论是在内地，还是在香港和台湾，如果人寿保险市场上出现了个别有竞争力的本土企业，那将会大大加强整个本土保险业的力量。最后，第六章还介绍了几家保险公司近几年来的变化，并讨论中国客户如何扭转了他们对人身风险管理产品的态度。全书最后展望了人寿保险市场未来的发展。

第一章

人寿保险发展的一方乐土？
中国的社会条件、市场与困惑

中国商业保险的历史背景

保险业的复兴

中国城市的经济与制度条件

有利于人寿保险的文化因素

文化障碍

关于上海个案的简要说明

三种理论假设

新兴市场与研究困惑

为了研究文化在市场形成过程中的作用，我们首先必须描绘出商业人寿保险被引入中国时的社会条件，特别是那些在理论上能够推动或阻碍人寿保险市场发展的条件。首先，我将简要介绍商业保险，特别是人寿保险在中国的历史，以及改革开放时期国内保险公司的复兴和跨国保险公司的进入。随后，我将具体分析影响当代中国人寿保险市场发展的经济、制度和文化因素。由此出发，我将提出三个假设，讨论文化是否影响及如何影响了人寿保险市场的形成。厘清这一新兴市场的基本特征之后，我将考察这些假设的优劣，以及它们留下的悬而未决的困惑。

中国商业保险的历史背景

在中国，商业保险是一个外来的概念。英国人在19世纪初期首次将它引入中国。在邓小平提出经济改革以前，中国保险业的发展可以分为1949年前后两个时期。

1949 年以前

早在 1805 年，一家英国海运保险公司就已入驻广东省，这也是第一家在中国开门营业的保险公司。1846 年，英国标准人寿保险公司（Standard Life Assurance Company）进入华南地区，是国内最早出现的人寿保险公司，主要向居住在中国的外国人推销人寿保险[1]。随后，从 19 世纪中叶到 20 世纪上半叶，大批外国保险公司进入上海、广州等大城市（Wu and Zheng, 1993）。

本地商人发现外国保险公司收入不菲，便模仿外国公司的运作，纷纷摩拳擦掌想要成立自己的保险公司。与此同时，知识分子领导的洋务运动（1861—1895）鼓励官办企业和商办企业积极向西方学习，保险业务正是学习的内容之一。国内第一家保险公司是一家小型海运保险公司，于 1865 年在上海成立。然而，国内第一家人寿保险公司直到 1894 年才诞生，此时距离第一家外国寿险公司进入中国已经将近 50 年（Wu and Zheng, 1993）。

在 20 世纪 20 年代晚期和 30 年代，中国保险业的发展迎来黄金时代，然而整个保险市场被外国公司占领。到 1929 年，中国已有超过 30 家的外国保险公司，而国内公司的数量不足 20 家。虽然后者的数量在 1935 年增长到 45 家，然而前者的增长速度更快。截至 1935 年，已有来自 16 个国家、共计 166 家外资保险公司进入中国，这些公司主要来自英国、美国、日本和德国。与此同时，保险业的管理部门也处在外国人的控制下，因此超过 80% 的保险业务都落入了外国公司的手中（Xu, Cao and Zhou, 2001）。

1925 年，中国第一部保险业手册《保险学》出版，其中大量引用了英美两国的保险业书籍。在介绍人寿保险的一章里，作者指出当时大多数人仍然不能理解人寿保险的含义及益处。作者引介了美国和日本学者对于人寿保险的定义和解释，并辅以中国格言来帮助读者理解人寿保险"规避风险"的概念（Wu and Zheng, 1993）。作者在第一章开头就引用了中国格言"天有不测风云，人有旦夕祸福"。这本国内出版物第一次将人寿保险作为风险管理手段的观念引入中国，然而当时这本冗长的手册只在知识精英之间传阅，人寿保险的概念尚未广为人知。

中国保险业在这段黄金时期里发展迅猛，但人寿保险的业务份额依旧很少（Huebner, 1930），只有五分之一的保险公司提供人寿保险服务。华安合群寿险公司（China United Assurance Society Ltd.）成立于 1912 年，是当时中国最大的国内寿险公司。然而，它和其他规模较小的国内公司一样，主要出售团体保单（Wu and Zheng, 1993），售出的绝大部分保单和传统寿险不同，它们主打储蓄功能，而不是人身风险管理功能（Huebner, 1930）。相比之下，外资公司提供更多个人保单服务，但它们的顾客绝大多数是在中国工作的外籍人士。因此，即便保险业在20 世纪二三十年代发展迅速，当时人寿保险尚未普及中国本地居民（Wu and Zheng, 1993）。

随着抗日战争爆发以及随后的第二次世界大战，大批保险公司退出中国市场。很多外国保险公司在战后又重返中国，再一次主导市场，全面控制保险业的管理机构。美国友邦保险率先重新开业，逐渐成为新中国成立以前上海规模最大、影响力最强的保险公司（Xu et al., 2001）。

1949 年以后

1949 年新中国成立时，上海仍然有 63 家国内保险公司和 42 家外国保险公司。由于当时外国公司不看好中国的商业前景，外国保险公司到 1952 年全部退出中国市场。几家国内公司合并重组为两家大型公司，这两家公司均属公私合营企业，经营直至 20 世纪 50 年代。1949 年 10 月，中国人民保险集团（People's Insurance Company of China，以下简称人保集团）正式成立。它由几家区域性的国有保险公司合并而成，是第一家全国性的国有保险公司。1951 年，人保集团推出团体和个人寿险产品，两类保单均带有储蓄功能。截至 1952 年底，全国范围内仅售出 10 万份保单，其中 80% 为团体保单[2]。

1958 年，全国开展"大跃进"运动，奉行激进主义的农业和工业现代化，人保集团自此停滞不前。1959 年—1964 年期间，人保集团的生意大幅下降，业务范围基本上只散见于上海、天津、广州和哈尔滨。随后在 1966 年—1976 年"文化大革命"期间，保险业可谓是彻底销声匿迹（Xu et al., 2001）。

保险业的复兴

保险业在中国的复兴可以分为两个阶段。1979年—1991年期间,国有企业人保集团重新开业。彼时中国的保险市场尚未向外国公司开放,可以说人保集团垄断了保险生意。自1992年以后,整个保险业的图景发生了翻天覆地的变化。美国友邦保险带来了新的理念和技术,国内市场出现了新的私营保险公司和一大批中外合资企业。

国内保险的复兴

商业保险市场重建被视为市场改革的一部分,得到了积极推动。1979年4月,国务院授权中国人民银行重新启动人保集团的保险业务。1982年,雇主开始为员工购买团体人寿保险和意外伤害保险作为员工福利。同年,国有企业和集体企业员工可以买到个人寿险保单[3]。当时出售的个人保单称作简易人寿保险(simple life insurance),兼有终身寿险和定期寿险的特点。若被保险人在保障期间健在,保险金将支付给被保险人本人。相反,若被保险人不幸逝世,则保险金将理赔给受益人。我的受访者中有一位50多岁的妇女,她说她在1984年购买了简易寿险,不过她购买寿险是为了人情,也就是履行人际义务。她的工作单位没有任何一个同事想要投保,然而20%的人最后却碍于单位领导的面子买了保险,因为领导和人保集团的销售员相熟。普通百姓对人寿保险这一新兴商品毫无概念,而人保集团没有为自己的销售人员提供正式培训,也没有对大众进行宣传教育,所以人寿保险在人保集团独占市场期间未曾普及开来也就不奇怪了。

1987年11月,交通银行上海分行成立了保险部门。该部门于1991年4月从交通银行独立出去,成立中国太平洋保险有限公司(China Pacific Insurance Company Ltd.,以下简称太平洋保险)。太平洋保险的总部设于上海,是第一家在全国范围内开展业务的私营保险公司。1995年,太平洋保险开始出售人寿保险。1988年3月,平安保险公司(Ping An Insurance Company,以下简称中国平安)于深圳成立,是继太平洋保险之后的另一家国内保险公司。起初,中国平安只在深圳和少数几个城市出售财产保险。1992年9月,平安保险公司更名为中国平安保险公司,开始把生意的版图扩张到全国。1993年10月,中国平安上海分公司成立。1994年7月,中国平安开始出售人寿保险。1997年,中国平安转型为股份制,并改名为中国平安保险股份有限公司。2003年1月,中国平安再次更名为中国平安保险(集团)股份有限公司,成为控股公司。2002年12月,中国平安成立中国平安人寿保险有限公司,负责集团下的人寿保险业务。随着国内私营公司和外国保险公司的涌现,激烈的竞争形势迫使人保集团改革其组织结构。1996年,人保集团重组为三家独立的股份制公司,三家公司专营的业务不同。中国人寿保险有限公司（China Life Insurance Company Ltd.，以下简称中国人寿）负责人寿保险业务；财产保险股份有限公司负责财产保险业务；中国再保险（集团）股份有限公司负责再保险业务。

外国保险公司重返中国

1992年以来，因着改革开放政策和世界贸易组织主要成员国的压力，中国逐渐允许国外资金进入新兴的保险业。官方从外资力量手中夺回对保险业的控制权，对外国保险公司加以严格管控，对寿险公司尤为如此，使它们只能在指定区域销售保险。1992年，只允许外国公司在上海销售保险，三年后许可区域扩大到广州。1999年，天津、大连、重庆和深圳列入许可销售区域。2001年11月，中国加入世界贸易组织，包括首都北京在内的十几个城市向外国公司开放。2004年，中国政府取消销售区域限制，向外国企业开放全国市场。不过，外国人寿保险公司在中国主要以合资企业的形式运营。除了友邦保险外，所有外国寿险公司都必须与一家国内公司合资经营。

1992年，美国国际集团（American International Group）名下的两个子公司友邦保险和美国美亚财产保险公司（American International Underwriters Insurance Company，以下简称美亚保险）成为首批在中国获得经营许可的外国保险公司。美亚保险出售各类保险，友邦保险则专营人寿保险业务。自20世纪90年代后半叶起，大批外国公司以合资企业的形式进入中国，其中包括加拿大宏利金融集团（The Manulife Group）、英国保诚集团（Prudential）、德国安联集团（Allianz Group）、美国安泰保险金融集团（Aetna Life Insurance）、法国安盛集团（AXA Group）。1993年—2000年，共有六家合资企业成立。截至2004年底，外国保险公司的数量急增至20家（附录二提供了一份截至2009年中国市场上所有的人寿保险公司的名录）。国内民众是否做好了迎接这些保险公司的准备？中国的经济、制度和文化因素可能会影响人们对商业人寿保险的接纳程度，接下来我将在本章依次讨论上述因素。

中国城市的经济与制度条件

经济增长与购买力的提升

若人们的收入只能勉强维持生计，鲜少有人会将人寿保险视作生活的必需品。人寿保险的发展需要坚实的经济增长和人们购买力的提升。泽利泽（Zelizer, 1979）注意到，当美国经济环境向好，储蓄存款增加时，寿险业也随之迅速发展。彼时的中国显然具备这些必要的经济条件。

20世纪八九十年代，中国的经济发展速度惊艳全球。中国在1978年还是全世界最贫穷的国家之一，2000年竟跃居全球第七大经济体。在此期间，中国的人均国内生产总值（GDP）翻了5.2倍，城乡居民人均收入分别增长了3.6倍和4.7倍（Bian,

2002）。国民经济自20世纪80年代中叶起增速惊人，其中以20世纪90年代初的增长最为显著。1985年—1990年，中国国内生产总值年平均增长率为8.8%，这一数字在1991到1993年间升至12.3%[4]。

中国老百姓口袋里的闲钱越来越多，这一点尤其表现在国内居民的高储蓄率上，个人储蓄率和家庭储蓄率均是如此。储蓄率即存款与可支配收入的比率。中国城市家庭的储蓄率从20世纪80年代中期的10%上升到20世纪90年代中期的20%左右（Kuijs, 2005）。上海城市居民的存款从1978年的155亿元飙升至1990年的5188亿元。换句话说，上海城市居民的存款量增长了33.5倍。1990年至1994年，这一数字再翻三番变成1.6万亿元[5]。毫无疑问，20世纪90年代的中国居民，特别是沿海城市的居民，具有很强的购买力，他们的可支配收入足以负担像人寿保险这样的新产品。

新中产阶级的诞生

社会阶层分化与新兴中产阶级的兴起，是促使人寿保险市场出现的另一个必要的社会经济条件。世界各地的寿险公司通常将中产阶级视为它们的主要客户。中产阶级有闲钱来购买人寿保险，同时他们也很容易在突发性经济低迷或家庭不幸事故中受到严重的经济损失（Murphy, 2010）。

中国经济的飞速发展伴随着新中产阶级的诞生。20世纪90

年代,这一新兴阶级通常由白领构成,例如办公室职员、经理、专业人士和私人企业家(Bian, 2002)。虽然新中产阶级还未形成固定的生活方式和价值观,不过他们通常追求物质享受,乐于接纳国外商品,思想观念开放(Davis, 2000)。除了部分中产阶级在改革开放以前属于国家干部之外,现在大部分中产阶级不是前国有企业员工就是国企员工的子女。他们经历了财政、物质、象征地位的向上流动。同时,与自己的父母辈相比,他们更少依赖国家提供的福利。这些中产阶级最有可能购买人寿保险,并将其作为人身风险管理的手段。

工作稳定性的下降

经济增长与新中产阶级的兴起仅仅是人寿保险市场萌芽的最基本条件。倘若人们风险意识并未增强,强大的购买力并不会自然而然地转变为对人寿保险的需求。

中国经济繁荣和百姓财富积累的代价是持续下降的工作稳定性。过往的国有企业职工获终身聘用,他们的工作被称为"铁饭碗",而新的市场经济打破了这种终身制。1986年10月,国有企业开始施行劳动合同制,新员工签订3年—5年的定期合同,不再享受终身职位和各种各样的福利待遇(Tomba and Tomba, 2002)。私营企业同样采用合同制,可随时解雇员工。上海的生产性公司中合同工的比例在改革开放前为5%,这一比例在1995年飙升至85%(Davis, 1999)。20世纪80年代下半叶掀起一阵下岗潮,大批国有企业和集体企业的老员工下岗,不再享有原有的终身雇佣地位。起初下岗职工还可以领取部分工资,继续享受单位的福利待遇。然而,从 1992 年开始,市场化步伐加快,大量国有企业破产,下岗潮愈演愈烈,下岗职工拿到的工资只够糊口,福利待遇也在不断萎缩。据估计,仅 1994 一年,上海、重庆和沈阳就有 17%—28% 的国企职工下岗(Rawski, 1995)。

由此可见,中国各个年龄段的职工在改革开放时代面临着一系列的就业危机。工作环境的剧变理应提升人们的风险意识,使得他们更容易接受保险和人寿保险的概念。同时,制度变迁严重地削弱了原有的风险管理机制,人寿保险因此可以成为人们新的选择。

国家福利的萎缩

在 1949 年前的中国社会,要是一个人遇到难处,他的家庭和亲属会团结起来帮他,这是一种非正式的公共援助。1949 年以后,国家通过"单位"系统,建立起比较完善的社会保障制度。单位是计划经济时代的一种独特的经济和社会组织。一个单位就像是一个"微观社会"(microcosm society),单位里的经济生活和社会生活不可分割(Lu, 1989)。近 50 年来,单位为职工提供"从摇篮到坟墓"式的社会福利,包括住房、医疗、教育、儿童保育、退休福利等。人们的生活主要围绕着单位而展开。早在1953年，隶属于单位的职工就可以获得免费的医疗服务，退休员工还可以获得相当于工资70%的退休金（Li, 1993）。然而，20世纪90年代以来，市场化改革快速推进，侵蚀了以单位为核心的社会保障体系。

为了在市场化改革中提高竞争力，国有和集体企业大幅缩减员工福利（Davis, 1999；Guo, 2003）。享受免费医疗和住房福利的员工比例下降[6]，医疗费用和住院费用却水涨船高。1995年，戴慧思（Deborah Davis）在上海和许多其他城市都发现医院要求病患在大手术前提供单位的结算保证书，或者缴纳5000元—10000元的预付款（Davis, 1999）。自1994年7月起，越来越多的单位不再提供这样的证明，不少病患和他们的家人没有别的办法，只能向亲戚借钱。

养老金改革和国企改制齐头并进。全国范围的养老金改革早在1986年已经展开，养老金不再以单位为基础实行现收现付制度，而是转变为以行政市为基础的"三支柱"体系（Zhao and Xu, 2002）。第一支柱是政府主导的基本养老保险计划，实行固定收益的分配模式；第二支柱是企业补充养老保险计划，强制要求企业为每个员工缴纳一定的养老金；第三支柱是个人储蓄型保险计划，个人自愿向保险公司购买养老保险产品。第三支柱显然为商业保险打开了大门。现收现付制度和"三支柱"体系之间不仅在实践上存在差异，而且在概念上也大相径庭。在原有体系下，就业人口养活退休人口，由一个社会群体养活另一个社会群体。在新的体系下，一个人能拿到多少养老金，取决于他为养老基金付出了多少。新的方案带有个体化的意义，它强调自力更生和个人责任。

新的强制养老金制度理应通过第一及第二支柱，覆盖国有部门和私营部门的所有员工，然而私营部门广泛存在逃避责任的现象（Zhao and Xu, 2002；Lee, 2007）。此外，"三支柱"体系的可持续性令人担忧，目前尚不清楚该系统能否为未来的退休人员提供足够的支持。

国家提供的社会保险缩水，人们承受着越来越高的经济风险和社会风险。随着城市贫困人口的增加，政府开始鼓励家庭和本地社区服务机构提供援助和救济（Croll, 1999）。在计划经济时代曾经被试图削弱地位的家庭文化，如今却转而被强调其在养老中的核心角色。然而，城市化快速推进，生计模式发生改变，家庭规模日益小型化，这些因素都极大地阻碍了家庭和社区照顾模式的重建。

城市化和日渐式微的民间互助

中国城市化以大城市的出现为特征。从 1980 年到 1990 年，特大城市（非农业人口多于一百万）的数量从 15 个翻倍增长到 31 个（Yan et al., 2002），各大城市出现农村人口进城打工的大潮（Lee, 2007）。农民工没有办法支付高额的保费。虽然他们面临着极高的经济风险和自然风险，但是商业保险公司却从未将他们视为潜在客户。因此，我在讨论城市化的影响时，将重点关注商业寿险公司认定的潜在客户群体，而不再讨论农民工问题。

城市化不仅导致大规模的迁移,往往也伴随着家庭规模的锐减。从 1980 年到 1988 年,只不过八年时间,城市家庭户均人数就从 4.4 人减少到 3.6 人(Davis and Harrell, 1993)。如今,年轻人结婚后往往离开父母,独自居住。数代同堂的扩展型家庭在城市地区愈加少见。1996 年的一项调查显示,上海的 800 个家庭样本中,只有 20% 属于扩展型家庭;而在内陆城市成都,扩展型家庭所占比例同样少于 30%(Shen, Yang, and Li, 1999)。上海家庭户均 3.26 人,与成都家庭的 3.31 人不相上下。1979 年开始实施的计划生育政策除了导致扩展型家庭数量减少和家庭规模缩小,更是造成亲属网络萎缩。越来越多人不再拥有兄弟姐妹、堂表兄妹、姑姨叔伯。到 20 世纪 90 年代早期,亲属人脉对很多城市人口来说是稀缺资源(Davis and Harrell, 1993)[7]。亲属网络萎缩,家庭规模缩小,人们不可能再通过亲属支持来获得传统意义上的"保险",核心家庭现在更多地要靠自己。

同时,城市化也带来了居住方式的改变,从礼俗社会(Gemeinschaft)转向法理社会(Gesellschaft)。改革开放以前,同一社区的邻居通常来往甚密。他们的住房由单位提供,邻居往往就是自己的同事。在计划经济时代的上海,人们把自己住的地方叫作"石库门"。"石库门"的公共和半公共空间是人们日常交往的场所。德博拉·佩洛(Pellow, 1993:421)这样描述"石库门"居民之间的亲密关系:"尽管他们会为公共厨房的使用产生争执,但是他们彼此熟识,相互照顾。你在饭点带着碗,随便走进一个邻居家里,都能饱餐一顿。你生病了,也完全可以仰仗你的邻居来照顾你。"可见,邻里之间的互助是当时人们应对风险和意外的重要资源。20世纪70年代到20世纪80年代早期,许多"石库门"变成了"新村"。"新村"在布局上比较接近"石库门",还是可以促进居民之间的往来互助。

然而,到了80年代后期,拔地而起的高层公寓逐渐取代了"石库门"和"新村"(Pellow, 1993)。1998年,上海高于八层楼的居民住宅楼从1990年的959栋剧增至4498栋。新的居住形式限制了居民之间的互动。1993年的一项调查发现,上海的邻里互助已经变得罕见(Logan, 1999)。此外,80年代末开始,入室抢劫案增加,以至90年代初,很多公寓居民开始安装铁栅门和防盗锁(Pellow, 1993)。在我进行田野调查的2001年—2002年期间,防盗设备已经升级到一体化的防盗门,类似于牢房的铁门。每一个铁门上都有一个直径一厘米出头的"猫眼",用于查看门外的情形。我在北京也曾观察到这种变化[8]。邻里之间不怎么接触,自然也就谈不上社区认同了。每一个家庭都变成了一个孤岛(Wu and Li, 2002)。这就不难理解,为什么绝大多数受访者都表达了对以前邻里关系的怀念:

> 七八十年代我们住在新村里。弄堂是我们的公共活动空间。我们邻居几个经常在一块儿聊天,互通有无……到了九十年代,家庭变得相对独立了。现在的邻居彼此之间也不讲话了,你连向邻居借个鸡蛋都不会去。变化实在太大了。要是你有困难,不要指望邻居来帮你。[9]

这位受访者生动地描述了社区衰败和个体化的兴起(Yan,

2008）。

政府试图重建传统的民间互助体系，然而亲属网络和家庭规模萎缩，邻里之间关系疏远，这一尝试无疾而终。此外，计划生育政策重塑人口结构，中国人口快速老龄化。家中独苗的收入要赡养父母二人，也许还要赡养祖父母四人。且不说年轻一代是否愿意承担赡养老人的责任，养儿防老的传统经验显然不再适用了。

19世纪中期，当人寿保险在美国萌芽之时，尚有许多宗教慈善组织能够为遭遇不幸的人们提供社会支持。相比之下，20世纪90年代的中国则缺乏这样的条件。国家不再提供社会福利，民间互助体系面临解体，这为商业人寿保险创造了一个非常有利的发展环境。

政府支持与法制化

除了社会经济环境的变化，政府对商业人寿保险的立场一直都是决定其生死存亡的重要因素（Zelizer, 1979; Clark, 1999; Alborn, 2009）。随着大门向外商敞开，保险行业法律基础的搭建，官方与商业人寿保险的姻缘也悄然展开。

1992年是中国经济改革的一个里程碑，引领着经济改革的新方向。这一年，"社会主义市场经济"的说法被正式采纳。官方声明指出，经济改革不应该被抽象的意识形态问题绑住手脚（Chen, 2000）。政府开始允许现代商企进入中国，欢迎外国资本、技术和人力资源，商业人寿保险正是其中的一员。

商业人寿保险的发展缓解了财政负担。上海一家保险公司派发的一份宣传册介绍了医疗改革和保险业，上面引用了据说是官方为推广商业保险所说的一段话：

> （国家提供的）基本医疗服务属于基本保障，在其之上的任何医疗需求都应该通过商业保险来解决。我们现在要抛除陈旧的观念，对自身的健康投资是每个人应尽的义务。没有谁可以完全依赖社会，我们要积极参加商业保险。[10]

参加商业保险被视为对新近实施的养老保险制度和医疗保障体系的补充，这也是政府的养老保险制度改革和医疗体制改革的一部分。

为了推动国内保险行业的发展，中国政府首先向美国国际集团开放市场，以期引进商业保险的相关技术和管理模式。与此同时，中国政府加快推进保险行业规章制度和法律法规的制定。1995年10月，全国人民代表大会颁布了第一部保险法，以监管保险行为，规范保险经营。中国人民银行获得授权，监管保险行业，享有颁发从业执照的法定权利。1998年，中国保险监督管理委员会（以下简称保监会）正式成立，成为独立的官方管理机构，取代了原先中国人民银行所扮演的角色。保监会的职能包括制定和实施保险行业的法律法规，监管保险业的商业活动，保障投保客户的权益，维持市场秩序，确保公平竞争，促进中国保险业的发展。尽管商业保险的法制化仍在进行中，不过它已经构成民众对保险这一新兴产业的信任基础。

综上所述，20世纪90年代中国的经济和制度状况有利于商业人寿保险市场的发展。相比之下，当时的文化背景则要复杂得多。20世纪90年代中国的文化氛围呈现为祛魅（disenchantment）和复魅（reenchantment）的交织。一方面，理性化的趋势引人注目。另一方面，面对着一个日趋理性化和现代化的中国，传统文化重新浮出水面。改革开放后中国城市的文化背景可以说是市场理性和新传统主义的融合（King, 1991）。一些文化因素有利于人寿保险市场的发展，而另外一些文化因素则成为市场发展的阻碍力量。

有利于人寿保险的文化因素

改革开放之后的中国，促进寿险市场发展的文化因素多不胜数。市场化深入发展，逐渐步入消费社会，人们积极接纳甚至狂热追捧新的国外产品。家本位观念复兴，以孩子为中心的"孩本位"社会风气盛行，中国式关系倡导互惠原则。这些都构成了商业人寿保险发展的文化推动力。

市场化的深入推进与消费社会的诞生

大胆的经济改革推动了工具理性精神的增长。在20世纪

90年代,"无论白猫黑猫,抓到老鼠就是好猫"逐渐成为社会共识。20 世纪 90 年代早期,无数的大商场平地而起,消费社会初具雏形(Li, 2006; Dai, 1999)。

经济改革启动后的数年之内,电冰箱、电视机和洗衣机等家电就开始进入城市家庭。到了 20 世纪 90 年代初,城市里几乎每家每户都有这些家电(Davis, 2000)。这些家电成为个人财富的标志。"努力赚钱努力花"变成一种时髦的生活方式,这也得到了媒体的广泛报道(Lu, 2000)。消费文化的形成伴随着人们对生活需求和必需品的重新定义和对个性化生活方式的重视(Simmel, [1903] 1971)。杂志和广告在教导人们如何通过大量消费来获得"良好的品位"(Dai, 1999)。公众对需求和必需品的新定义表现出极高的接纳度,新兴的中产阶级更是如此。这种新定义恰恰迎合了消费主义的核心宗旨(Li, 2006)。如果人们认可生活需求的新定义,那么他们也就更愿意将人寿保险纳入生活必需品之列,以应对社会环境中日益增加的风险。

追新求异的消费观

从 19 世纪中叶到 20 世纪中叶,古老的中国就已经尝试过引进西方技术和某些经济实践,不过他们却抵制西方的政治和文化观念(Calhoun, 1994)。"中学为体,西学为用"的观念,促使国人在维持民族认同和抵抗帝国主义侵略之间寻找平衡。然而,在长达一个世纪的帝国主义侵略和割据之后,是与西方世界长达 30 年的沟通受阻。没有谁能比中国人更渴望看到、接触到、得到新鲜事物，以追赶上其他国家的步伐。1979 年开始的经济改革在根本上不同于其他历史时期，它鼓励人们从西方世界引进技术和文化观念。各个年龄层的人对新鲜事物都抱有开放的态度，年轻人如此，老一辈也同样如此。

何爱莲（Ellen Hertz）的民族志研究考察了上海本地群众对股票市场的态度。她发现人们普遍对股票交易有"非比寻常的热情"（Hertz, 1998:3）。1990 年 12 月，上海证券交易所正式成立。1992 年，"股票热"风潮席卷而来。炒股人群横跨了各个社会阶层，这令何爱莲惊讶不已。无论是农民、工人、街头混混、知识分子，还是公务员，上海几乎人人都加入了这场股票市场带来的狂欢（Hertz, 1998）。我在 2000 年—2002 年的研究期间观察到，下岗工人甚至都在炒股[11]。中国人对新型经济活动的热情当然不限于股票市场。在琳恩·杰弗里（Jeffery, 2001）对传销（direct selling）的研究中同样可以发现人们对新型营销模式的高度热情。事实上，传销热潮骗得许多人血本无归，促使政府在 1998 年 3 月将传销认定为非法经济活动。

也许最能凸显中国城市居民对新型生活方式接纳程度的，要数他们对新型理财方式的大胆尝试。在住宅商品化的过程中，个别家庭开始用抵押贷款的方式来购买房产。到 1992 年夏，有 500 万城市居民向中国建设银行申请了 12 年的房屋贷款（Davis, 2000）。到 2001 年，上海成为房屋贷款和信用卡借贷数最高的城市。上海居民在房屋贷款和信用卡消费方面在全国遥遥领先[12]。对于大多数中国人而言，靠贷款生活还是一种新型的理财方式和消费体验。这反映出中国人对新鲜事物异乎寻常的开放态度。不过，倘若家庭中的经济支柱失去工作能力，贷款会让整个家庭面临比以往更高的经济风险。抵押贷款这种新型消费行为应该会提高人们购买人寿保险的意愿，让家属免于巨额债务或是流离失所。

此外，阎云翔（Yan, 1997）对北京麦当劳的民族志研究，形象地捕捉到了中国民众对现代生活方式的渴望。90年代，中国本地人认为能够在麦当劳用餐是很"洋气"的。本地人并不认可麦当劳食物的质量，人们对这些洋快餐店的接纳更多地是出于它们所象征的现代性和美式风格。戴慧思和森森布伦纳（Davis and Sensenbrenner, 2000）也持类似观点，他们发现西方玩具已经成功打入中国的儿童市场。上海城市地区流行的玩具酷似1995年的迪士尼动画片《玩具总动员》中的玩具造型，而芝加哥公牛队的队服在8岁—18岁的男孩当中相当流行。当时，美国电影《闪舞》和《霹雳舞》在上海引领了迪斯科舞蹈的新潮流（Farrer, 2000）。刘雅格（James Farrer）发现，上海的迪斯科文化有20世纪中叶美国文化的影子。年轻人在迪斯科舞蹈中欣然接受了这些价值。

上海成为第一个向外国人寿保险公司开放的城市绝非偶然。上海曾是通商口岸，并有多国租界，一向非常青睐西方文化。上海人的身份认同与全国其他地区相比就像纽约人在美国的情形。上海人尤其喜欢新潮的事物。好几次，我在上海购买诸如夹克、裤子、日记本或笔等基本用品，销售人员向我推荐某一特定款式的时候，总是说它比其他款式更加"洋气"。坚持选用

"落伍的东西"就是落后、不合时宜。中国老百姓欢迎任何新潮现代的洋货,商业人寿保险就是新潮的代表,理应广受欢迎。

"家本位"和"孩本位"观念

19世纪,人寿保险市场于英美两国兴起,保险公司借用了"家庭责任"的观念来大力推广人寿保险,游说一家之主购买人寿保险,履行其家庭义务。他们把人寿保险描绘成"家庭急救黏合剂",因此一家之主负有购买人寿保险的道德义务,来保障家人的生命安全,避免家庭瓦解(Zelizer, 1979:100—101; Alborn 2009:47—153)。直至今日,美国的保险公司仍然在使用这套关于"家庭责任"的道德说辞,来宣传购买人寿保险的必要性。中国社会有着"家本位"的传统,家庭延续是个人的首要责任(Fei,[1947]1992),家庭利益超越个人或社会利益(Lau, 1982)。从这个角度来说,人寿保险在中国应该有一个很好的市场环境。

20世纪五六十年代,全国兴起各种运动,试图打破"家本位"的生活方式,转向公社组织。在计划经济时代的中国,城市地区建立了医疗服务体系和养老金计划,政府对此提供慷慨补贴,这在一定程度上成功削弱了以亲属关系为基础的互助系统(Davis, 1993)。一些传统的文化习俗虽然受到约束,但却从未根除。家庭依然是人们生活的重心,一个人在家庭中的角色仍然决定了这个人的身份(Evans, 1997; Whyte and Parish,

1984；Stacey, 1983）。社会福利在 80 年代逐渐不再被包办，家族主义随之复兴（Davis, 1993）。正如之前所说，政府也乐意看到家族观念的回归。家族内部自行赡养老人，能够有效地缓解人口老龄化对国家的压力。保险公司把购买商业人寿保险塑造成一种家庭义务，与国家政策方向不谋而合。

与此同时，中国实施独生子女政策，家长把所有的精力和情感都倾注在这唯一的孩子身上，想要培养一个完美的孩子，这催生出一种"孩本位"的生活方式。城市里的独生子女，或者说"小皇帝"、"小公主"，成为商业活动的目标群体，许多广告直接将消费群体锁定为小学生。例如，在上海，我们可以从家庭财政收支中明显地看到"孩本位"的社会风气。戴慧思和森森布伦纳（Davis and Sensenbrenner, 2000）提到上海家庭中的父母在他们独生子女身上花的钱，比花在自己身上的钱还多。他们每月的支出有将近一半花在孩子的玩具、服饰、娱乐和教育活动上。人们将人寿保险视作一种对家庭成员表达关爱的方式，对于"无助"的孩子来说更是如此。因此，人寿保险应该受到"孩本位"的中国父母追捧。

关系、人情和人际信任

因为商业人寿保险是一种无形商品，涉及跨时间的金钱交易，所以信任一直以来都是这个商品的重要问题（Carruthers, 2005）。每当人寿保险进入一个新的市场，接触到新的消费者，信任问题就变得尤为突出。泽利泽（Zelizer, 1979）发现，为了解决信任问题，美国的人寿保险公司常常把自己的代理人包装得慈善博爱，比如扮成牧师或传教士。然而，中国寿险代理人可以借助另外一种信任来源——关系和人情——来推销寿险这种新鲜而陌生的商品。

"关系"渗透中国商界，主导各类商业活动，为解决新产品销售过程中的信任问题提供了有利条件。著名社会学家费孝通（Fei,［1947］1992）将中国式关系描述为层层嵌套的同心圆。圆心代表自我，不同的圈层代表不同类型的关系。从内圈到外圈，自我和他人关系的亲密程度逐渐下降。王达伟（Wank, 1996）的研究指出，中国人之间最亲密的是血缘关系（blood ties），然后到熟识关系（acquired personal relations），最后才是生意关系（business relations）。中国社会的信任基础是建立在人际关系之上的。信任程度、情感浓度和义务类型在不同的关系中具体表现不同。1990年和2000年世界价值观调查（World Value Survey）数据显示，中国社会虽然少有独立的民间社团，但却有高度的人际信任和制度信任（Tang, 2005；Yang and Tang, 2006）。这一结果与政治学家的理论相悖，他们的理论强调信任和民主的关系。唐文方（Tang, 2005）深入探究了这一意外发现，认为这是因为中国人的制度信任扎根于人际信任，而人际信任的产生是社会互动的结果（同样可以参见 Hamilton, 1985；Wong, 1996）。换句话说，社会互动和人际关系是中国社会信任的来源。信任在中国社会的特殊形式，极有可能启发人寿保险公司采纳人际销售的策略。

同时，人情在很大程度上支配着关系，这可能会进一步推动人寿保险的销售。人情是互惠原则的实施，由人际关系中的义务原则构成，而义务原则是中国社会关系和社会互动的基础。从定义上看，人情涉及赠予方和接受方，受人情的一方亏欠送人情的一方，有义务偿还人情。阿尔文·古尔德纳（Gouldner, 1960）指出，由于个体施恩和他者报恩之间存在时间差，所以才有了亏欠（indebtedness）这个说法。这种亏欠是一种"道德黏合剂"，生产并稳固社会关系。人情礼仪和礼物交换具有同样的功能，让社会关系在无穷无尽的互惠和亏欠之间变得牢不可破（Mauss,［1950］1990）。中国人所说的关系强调的是不图回报的人情往来（Lin, 2001）。两人若是关系要好，就应该相互帮扶，不求回报，唯此才能让关系更加牢固（Hwang, 1987; Lin, 2001; Peng, 2004; Gold, Guthrie and Wank, 2002）。因此，在中国，亲戚朋友之间通常有一些小规模的经济交易。他们这么做一般是为了帮忙，出于人情，而不是为了赚取经济利益（Lin, 2001; Hwang, 1987）。因为大多数中国人都讲人情事理，亲戚和朋友或将成为寿险销售的切入点。

文化障碍

即使存在上述有利的文化因素，中国人所具有的许多根深蒂固的信念和习惯，并不利于人寿保险市场的萌芽。其中最强大的首要文化障碍，是谈论和想象死亡的禁忌，尤其是对意外死亡或意外早逝的回避。不仅老一辈人拒绝讨论这些话题,20到30多岁的年轻一代也同样如此。我将具体讨论这样一个文化禁忌是如何根植于中国人的生死观之中的。

生死观与早逝禁忌

比较伦理学家指出,一直以来东西方哲学在如何看待死亡这个话题上有明显的分歧(Hui and Xu, 2000)。死亡在西方传统的文学和哲学中从来就不是禁忌,反而一直是西方哲学的核心主题。历史学家菲力浦·阿利埃斯(Aries, 1974)发现有时候死亡和濒死的讨论尤其流行。一直到20世纪上半叶,死亡在西方文明中才逐渐演变成禁忌,这源于宗教信仰的转变,医疗技术的提升,以及暴力死亡的增加(Gorer,[1965]1976)。自20世纪60年代以来,美国社会科学家又把死亡这个话题带回到学术对话中(Aries, 1976)。

另一方面,中国哲学一直对死亡和濒死缄口不言。世俗化被公认为中国文化传统的一部分(Weber, 1951)。确实,死亡在儒家思想经典中鲜有踪迹。孔子教导他的弟子,人生在世需要学习如何举止得体,因为这方面需要学习的东西数不胜数,所以人需要关心的是生的问题而不是死的问题。死亡是不可知的,人不应该花费太多时间和精力来预测或分析死亡。儒家格言有云:"未知生,焉知死?"更何况,儒家思想不同于基督教思想,死亡并不代表死后可能永生。死亡是"终结",没人能知道终结之后是什么（Hui and Xu, 2000；Hou and Fan, 2001）。死亡对一般人来说就是一个谜，回避死亡让这个谜更加神秘。正如杰弗里·戈勒（Gorer,［1965］1976）所述，死亡若是变得"难以启齿"，民众自然会对它感到"惶恐不安"了。

死亡原本属于"不可知物"，在民间佛教的影响下，却演变成一派恐怖骇人的景象。人死后进入黑暗的阴间和残酷的地狱，这些想象加深了中国人对死亡的恐惧。根据佛教思想，大多数生前没有犯过严重罪行的平民死后将进入阴间，等待转世。阴间潮湿寒冷，悲惨阴森，到处游荡着孤魂野鬼。犯下严重过错的人会因作孽多端而下地狱，十八层地狱遍布着酷刑和折磨[13]。阴森恐怖的阴曹地府成为一种民间信念，一直延续至现代社会（Hou and Fan, 2001）。

建国伊始，国家试图消灭民间的死亡迷信，教育普通群众无须害怕死亡，死后也并不会重生。然而，关于死亡的传统观念从未被根除。在改革开放后，关于死亡的民俗很快就重新出现（Whyte, 1988）。此外，道教提出，死亡可不可怕要取决于**什么时候**死和**怎样**死。不同的死法意涵不同，其恐怖程度也不尽相同。道教（和儒家）思想强调生死一体，死亡对老人来说是自然法则的一部分，没什么好害怕的（Hui and Xu, 2000），但如果是年轻人意外早逝，或是因为意外事故或带病而亡，这样终了就显得悲惨而可怕。在民间道教思想中，死于不测的人通常没有做好准备，死得不情不愿，这就是中国人所谓的"死不瞑目"。如此终了的死者，灵魂不愿安息，通常会变成孤魂野鬼，在人间痛苦徘徊。意外早逝是危险的，死者"被骗走生命"，会变成"饿鬼"[14]。民间佛教信仰里把意外早逝看作对罪孽的惩罚。武雅士（Arthur Wolf）于 20 世纪 60 年代在台湾的研究发现，若婴儿或小孩夭折，人们便认为他有邪恶的灵魂。在 1949 年以前，婴儿夭折被解读为"上辈子的人回来向你讨债"（Wolf, 1974:147，引用自 Bryson, 1900）。

关于意外早逝的恐怖想象和中国社会关系的组织形式有关。人人按辈分排序，每一个人都是自己家族血脉延续的象征（Fei,［1947］1992）。大家认为，去世时无子无孙或在孩童时早夭的人，他们的灵魂心怀怨恨，最终变成恶鬼（Wolf, 1974）。死亡的分量因辈分大小而不同，也因死者对家族血脉延续的贡献大小而异，这个现象通过死亡仪式和祖先崇拜的等级秩序得以放大。怀默霆（Martin Whyte）发现，在 1940 年以前的中国，只有尽享天年、子孙满堂的人才有幸享受最隆重的葬礼。相比之下，若是一个孩子夭折，换来的只是非常简单的仪式。而且，长辈不会为辈分小于自己的晚辈穿丧服服丧（Whyte, 1988）。20 世纪 70 年代和 90 年代，我分别在内地和香港居住过，长辈参加晚辈的葬礼，也就是俗话说的"白发人送黑发人"，在当时仍是禁忌。同样地，只有由晚辈祭奠长辈的道理，反之则有违礼数。所以，先于自己父母去世的青年人，背负了无法尽孝的罪名，他们的父母也因此无人敬拜。如果青年人是家里的独生子女，那更是罪加一等。同时，青年人若没有子嗣，也就没有人会祭拜他们，奉他们为祖先（Wolf, 1974）。可见，意外早逝不但在精神上恐怖骇人，道德上也会遭受谴责。

不过，中国文化中的死亡也不是一边倒地令人感到消极和害怕。如前所述,道教将死亡视为自然规律的一部分,或者说是对自然的回归。佛教认为,人死后能重生,生死之间通过转世形成延绵无尽的轮回。道教和佛教的这部分观点接近于基督教和基督教创立以前的一些观念。尽管这些观念直面死亡,但是中国哲学长久以来对死亡话题保持"沉默"。这一方面导致老百姓普遍对死亡心怀"恐惧",另一方面给民间解读死亡留下了空间。

哲学、宗教和文化传统催生了思考和谈论早逝的禁忌,如今这一禁忌本身已经具备塑造人类行为的力量。换句话说,一个人即使不相信地狱、阴间、鬼魂、邪灵,他也会遵守这个禁忌。当人们已习惯遵守某个禁忌,违反禁忌不仅显得冒犯无礼,更违背了作为一个"正常人"应该遵守的礼仪(Durkheim,[1915] 1965)。所以,遵守禁忌带来的是对意外早逝这个话题的集体回避,进而产生"主观免疫"(Douglas, 1985),把早逝排除在大多数中国人的认知框架和规范框架之外[15]。

"善始善终",道德义务与风险感知

生死观不仅催生了关于早逝的禁忌,同时还界定了何为"善始善终",规定了生者与死者之间的义务关系。儒道两家共同认为,生活质量随着年龄增长而得到提升就是美满的生活。假如有两个人,第一个人年轻时生活困苦但晚年安乐自在,第二个人年轻时生活舒适但晚年贫困潦倒,中国人会认为第一个

人更幸运、更幸福。也即是说，生活美满是指在晚年求得幸福美满，这与个人积累的福泽有关。"善终"和美满的生活紧密相关，它意味着一个人能活到晚年，一生圆满。生时享有尊严，身后留有子嗣，这才是圆满的一生。

英美两国的人寿保险公司都强调，人对家庭的经济义务不会因死亡而终止，死者临终要为遗属规划好家庭财政，这才算是尽到生前责任，这样离世才可称之为"善终"（Zelizer, 1979；Alborn, 2009）[16]。这一观念和中国文化中的"善终"不相协调。在中国文化里，只有当一个人的子女长大成人、经济独立，他自己度过圆满的人生，才可以说他得到了"善终"。此外，通过遗产实现"经济永生"不契合中国情境，中国文化对生者死者之间的权利义务分配不同于英美国家。中国传统文化里，代际之间的权利和义务遵循一个简单的逻辑：父母有义务抚养年幼子女，反过来子女也有义务赡养年迈的父母和祖辈。这一逻辑在中国人看来是自然规律，大家自然而然应该这么做。祖辈和父母去世后就成为祖先，带有一定超验而神圣的力量。他们的"在天之灵"有护佑家族生者的义务。他们要保护生者，并且不时借助他们的神力帮助生者解决世俗生活中的问题（Wolf, 1974）。反过来，生者要像孝顺长辈一样孝顺祖先，给他们上供、烧纸钱，以供他们在"另一个世界"使用，不管这"另一个世界"是地狱、阴间，还是天堂（Stockman, 2000）。这种义务关系一直延续至今[17]。在中国文化里，生者要为死者料理后事，定期祭奠他们，而不是人寿保险公司所倡导的那一套，由死者为生者提供经济支持。

中国人把"善始善终"定义为一辈子生活圆满直至离世，这部分解释了为什么中国人那么在意养老问题。养老是成年子女对父母的回报（Yan, 2003：172）。解放前，只有那些年老时有子女可以依赖，不需要担心养老问题的人，才可以说是生活圆满。到了计划经济时代，国家全面的福利体系覆盖城市居民，解决了他们的养老问题，但在农村地区，老人还是主要靠子女来赡养。这个福利体系在计划经济时代结束后发生了转变。此外，中国迈向城市化，又已出台独生子女政策，解决养老问题迫在眉睫。城市居民逐渐意识到，靠独生子女来照顾他们的晚年生活不再可行，他们开始关注自己退休所带来的风险。中国人对晚年的生活质量非常重视，这和中国文化里的生死观有关，制度变迁和人口结构的变化对此也有影响。中国人最常担忧的是他们没有足够的经济条件支持自己安享晚年。

可见，正是由于中国人集体回避对早逝的想象和讨论，再加上人们对退休后生活质量的过分关注，造成中国人对某类风险的选择性关注。退休以前可能遭受的致命意外，远不是人们关注的重心。中国人对风险的选择性关注，使得本土的寿险产品违背了利润导向原则，这一点我在第二章也会有所讨论。

传统的人身风险管理实践

传统人身风险管理方式的存留，是阻碍中国人寿保险市场发展的另一个文化因素。传统方式包括个人储蓄和子女赡养。

在中国，储蓄作为一种人身风险管理方式，已有几个世纪的历史渊源。即便是在改革开放后萌芽的消费社会中，储蓄也仍然是中国家庭风险管理策略的首选（Croll, 1999）。1995年，中国国民储蓄率和城市家庭储蓄率已经分别达到40%和21%（Kraay, 2000; Horioka and Wan, 2007）。无论是和发达国家比，还是和发展中国家比，中国的储蓄率都很高。为什么中国会有如此高的储蓄率？经济学家们试图回答这个问题，然而他们仍然没有达成任何共识。经典的经济学假设一般认为，发展中国家通常有较高的储蓄率。然而我认为，急速的经济发展和上述假设并不能完全解释中国异乎寻常的高储蓄率。中国国民储蓄率的中位数在1965年—1973年间高达25%，位列所有发展中国家和地区之首（Loayza, Schmidt-Hebbel and Serven, 2000），然而中国经济在这期间因受"文革"影响而蒙受损失。在中国经济腾飞之前的1974年—1984年这十年间，中国的国民储蓄率中位数已经超过了30%，远远大于其他任何国家和地区的国民储蓄率的汇总中位数（Loayza et al., 2000）。2000年以来，中国在经济投资和消费渠道增多的情况下，国民储蓄率仍居全球第一（Horioka and Wan, 2007）。现有数据显示，中国的家庭储蓄率同样位居全球第一。2001年，中国的家庭储蓄率为25.3%，同年墨西哥的家庭储蓄率仅为9.8%。相比之下，2002年韩国和美国的家庭储蓄率也不过7.4%和6.4%（Kuijs, 2005）。2005年由经济学家主持的一项调查表明，中国的储蓄盈余在未来几年内不会出现下滑趋势[18]。因此，中国的高储蓄率是一种持久而一贯的现象，贯穿各个历史时期和各个阶层。我认为，这是因为储蓄不仅仅是一种经济行为，同时也是一种文化实践。

从 1995 年到 2004 年，中国实际国内生产总值的年增长率维持在 7.1%—10.5% 之间。另外，除了 1995 年和 1996 年，每年的通货膨胀率都不高于 3%[19]。尽管如此，在这段时期内，中国年家庭储蓄率从 1995 年的 16.96% 增加到 2004 年的 27.86%（Horioka and Wan, 2007）。我认为，家庭储蓄之所以能够在经济相对稳定和繁荣的背景下保持增长，是因为储蓄仍然是中国家庭最普遍采用的人身风险管理方式。伊丽莎白·克罗尔（Croll, 1999）发现，20 世纪 90 年代国家不再像以前包办福利，国民消费支出也随之缩减。也就是说，人们一旦觉得不能只依靠国家，会转而选择个人储蓄的老办法，来应对生活中的不确定性。解释中国人储蓄偏好的历史渊源，超出了本书的研究范围。简单来说，中国本是农业社会，儒家学说将节俭视为社会美德，老百姓又都希求能够安享晚年，这些都有助于储蓄偏好的形成。我想再次强调一点，中国人习惯用储蓄来应对生活中的变数。储蓄即使不是最有效的应对方式，但是它不会轻易为商业人寿保险所取代。

中国文化传统认为"养儿防老"是最可靠的"保险"。许布纳（Huebner, 1930）就把家庭亲属之间的互助，视为人寿保险于 20 世纪二三十年代在中国发展的主要障碍之一。在计划经济时代，这种"区别对待"的社会结构曾遭到削弱。人民公社的建立，一度将人们从亲朋好友所构成的社会网络中抽离出来。然而这种尝试并不是很成功，人们仍然选择向亲朋好友寻求帮助，以应对充满风险和变数的政治运动，改善自己的生活机遇

（Whyte, 1974；Gold, 1985）。如前所述，亲属和社区互助因为城市化进程和独生子女政策日渐式微，但是亲属支持并未就此销声匿迹。在田野调查期间，我观察到一些核心家庭中的夫妇事实上与父母同住，仰赖父母来照顾他们的孩子，以夫妇两人负担父母的生活费作为回报。不难发现，尽管基于代际关系的抚育和赡养日趋困难，但它始终是许多家庭防范人身风险的主要方式之一。

关于上海个案的简要说明

本章记录了促进和阻碍人寿保险市场在中国发展的各种社会条件。因为本研究的分析背景限定在中国城市，特别是上海市，所以我们有必要弄清楚这些社会条件在多大程度上代表了上海市的情况，又在多大程度上代表了中国整体的情况。我认为，虽然各个城市之间社会条件有所差别，但是上海在很大程度上确实符合我们所描述的情况。举个例子，"股票热"的文化潮流在20世纪末到21世纪初席卷上海，第一家证券交易所就是在上海宣布成立的，消费主义风潮和对新潮洋气的商品的渴望也风靡上海。此外，上海高速的城市化进程和不断增多的公寓住宅，会让亲友间的守望相助与其他城市相比更困难。另一方面，20世纪90年代的上海，和中国其他城市地区一样，或多或少都经历过类似的制度变迁；死亡的文化禁忌和对"善始善终"的价值追求，也和中国其他城市地区大同小异。总的来说，上海可以说是中国现代城市的先驱。本书所呈现的民族志资料主要来自上海,因此在大多数情况下,书中所指称的"本地"指的是上海市。我相信本书的结论在很大程度上能够推广到普遍意义上的中国城市地区。

三种理论假设

考虑到其独特的经济、制度和文化条件,中国是否是人寿保险事业的"一方乐土"呢?改革开放以来的经济和制度变迁,看起来毫无疑问有助于人寿保险市场的发展,而文化因素的作用则要复杂得多。这里的关键问题是,文化在人寿保险市场的形成过程中,到底有没有发挥作用?如果答案是肯定的,那么文化究竟如何塑造了人寿保险市场?下面我将提供三种可能的理论假设。

第一,**文化并不影响市场形成**,只有经济因素和制度因素会影响市场形成。倘若如此,商业人寿保险作为崭新的人身风险管理方式,应广受欢迎。中国国民经济快速增长,人口购买力持续提升,中产阶级登上舞台,这些都满足了人寿保险市场发展最基本的要求。同时,快速的城市化,家庭规模趋于小型化,传统互助式微,人口迈向老龄化,工作福利和社会福利缩水,这些无一不意味着个人要承担更多的经济和社会风险。此外,中国政府支持商业寿险,颁布法律规范市场。20 世纪 90 年代的中国城市在经济条件和制度条件方面完全可以说是商业人寿保险发展的"一方乐土"。

第二，文化在韦伯主义的理论层面上影响市场形成，也就是说，中国文化中的生死观对商业人寿保险市场起到一定的抑制作用。在这种假设下，中国文化中的价值观和人寿保险背后的意识形态逻辑南辕北辙。文化就像是一个扳道工，提前划定了经济行为的可能性范畴，对行为加以引导和限制。假如文化的作用是通过一个连贯的共享意义系统来塑造人寿保险市场，那么根植于中国文化中的早逝禁忌、对"善始善终"的追求和对风险的选择性关注会显著阻碍人寿保险市场的发展。

第三，文化就像"工具箱"一样，为行动策略提供资源和技能，影响了市场形成的过程。精明的经济主体总有办法克服生死观和其他文化价值观的阻碍，在中国开创一个盈利的人寿保险市场。如果文化是经济行为的工具箱，那么人寿保险从业者必然会积极调动有助于人寿保险市场发展的文化因素（例如新消费主义、对新潮洋气的事物的偏好、"家本位"和"孩本位"的社会风气和关系互惠原则等），来推广他们的产品。保险公司和经销商通过行动策略，应该能够将人寿保险推广开来。文化价值观念并不会直接影响寿险市场的运作。

接下来我将介绍中国人寿保险市场的主要特征，以实证资料来检验上述三种理论假设。

新兴市场与研究困惑

1991年底,友邦保险尚未进入上海。此时,中国保险市场的保费总额只不过是178亿人民币,仅占国内生产总值的0.85%。其中,只有不到四分之一的保费总额来自人寿保险。截至2002年底,保费总额飙升至3053亿人民币,占国内生产总值的2.98%,人寿保险所占的份额也上升到四分之三(Wu, 2004)。当上海向外国人寿保险公司开放市场之后,人寿保险业务仅仅用十年时间就在整座城市普及开来。截至2002年底,人寿保险有效保单数和上海总人口数的比例达到107%。因为人寿保险销售主要针对城市地区,所以如果我们只计算城市人口,这一数字会上升到165%。这个数字表明,上海城市居民人均持有1.65份人寿保险保单[20]。

从初步的分析来看,人寿保险在文化阻碍下,仍然有高度的增长,这似乎支持了前述的假设一或假设三。换句话说,文化在整体上,或者至少在韦伯主义理论框架下,对人寿保险市场并没有起到什么作用。那么我们因此能简单地拒绝假设二么?答案是否定的。中国人寿保险市场有几个有趣的特征表明,仅靠单纯的经济和制度分析,或者文化的"工具箱"概念是无法解释的。

特征一：特别的市场增长模式

经济学家通常把中国人寿保险业务的突然扩张，归因于中国的经济环境，具体来说就是国民经济增长和国民财富持有量相应的提高[21]。然而，当我们把目光投向人寿保险业务在市场萌芽阶段的增长模式，就会发现人寿保险业务的增长既不稳定，也不是线性增长。更重要的是，它和这些经济指标并不吻合。从图1.1可见，1994—1995年上海市的人寿保费增长率领先于全国增长率，而在1996年—2004年间，上海市的增长模式和全国的增长模式出现重合。上海市场的第一次急剧增长是在1995年—1997年，而全国在1996年—1997年也跟着出现了惊人的增长。全国市场和上海市场在1998年—2000年共同经历了一次衰落，并在2001年—2002年重新达到另一次发展高峰。2002年，上海市场的增长率开始出现下滑。2003年，全国市场增长率开始下滑。我们要如何解释这样的增长模式，特别是前后两次出现的增长高峰？

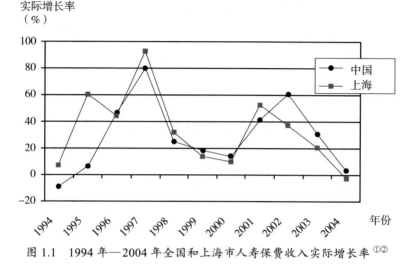

图 1.1　1994 年—2004 年全国和上海市人寿保费收入实际增长率 [1][2]

经济增长只是保险业和人寿保险业务发展的必要不充分条件。从上海个案来看，图 1.2 说明人寿保险销售额和国内生产总值或人均可支配收入的增长，并没有显著的直接关联。1995 年—1997 年和 2001 年出现了两次人寿保险市场增长的高峰，然而同年国内生产总值和人均可支配收入均表现低迷。居民收入的增加并不能完全解释人寿保险业绩的兴衰沉浮。如果说 1995 年—

---

[1] 数据来源：（1）1994 年—1996 年期间全国人寿保险保费收入数据引自 Wang et al.（2003）；（2）上海市 1994 年—1996 年人寿保费收入数据由海尔纽约人寿保险有限公司营销与调研部提供；（3）1997 年—2004 年全国和上海市人寿保费收入数据引自《中国保险年鉴（1998—2005）》；（4）全国消费者价格指数增长率引自《中国统计年鉴 2005》；（5）上海市消费者价格指数增长率引自《上海市统计年鉴 2005》。
[2] 1994 年全国寿险保费的负增长是因为人民币贬值，导致 24.1% 的过高通货膨胀率。

1997年的高速增长是因为起点比较低，那么为什么寿险保费收入增长率会在1998年突然下跌？同样，为什么在2001年保费收入增长率会再次上涨，并在几年后重新下滑？

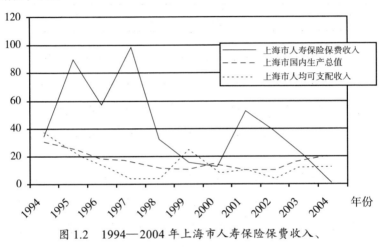

图1.2　1994—2004年上海市人寿保险保费收入、国内生产总值和人均可支配收入增长率①②

---

① 数据来源：（1）上海市人寿保费收入的数据来源与图1.1一致；（2）上海市国内生产总值和人均可支配收入引自《上海市统计年鉴2005》。
② 由于上海市国内生产总值平减指数数据暂缺，本图展示的是名义增长率而非实际增长率，所幸本图显示的名义增长率和图1.1中的实际增长率高度相似。

特征二：国内寿险公司主导市场

中国寿险市场的另一个特征是国内企业占主导地位。中国保险市场不再像 19 世纪一样处于外国公司的控制之下。在 1997 年—2004 年间，在外国保险公司最为活跃的上海，国内保险公司仍占据了超过四分之三的市场份额，这一现象令人困惑。中国平安的出色业绩则更令人不解。中国平安是国内一家新成立的民营保险公司，经验不多，却能占据最大的市场份额。1996 年，中国平安刚刚进入上海市场，市场份额就立马攀升到 33%。三年后，这个数字进一步巩固为 42%。到 2001 年，中国平安已经占领了上海人寿保险市场的半壁江山。中国平安的迅速增长并不局限于上海。2001 年，中国平安在北京同样占有多达 48% 的市场份额。成立不到十年，中国平安已经成长为享有国际声誉的大公司。2001 年 12 月，中国平安的总经理马明哲先生被美国的"寿险营销调研协会"（Life Insurance and Market Research Association），也就是今天的"寿险营销调研协会国际股份有限公司"（LIMRA International, Inc.）任命为董事会成员[22]。2007 年 3 月，中国平安（集团）在上海证券交易所上市，成为当年全国股价最高的金融股，同时也是世界上首次公开募股规模最大的保险公司[23]。

许多记者将中国平安的成功和国内商企增长归因于国家的优惠政策。这样的解释未免过于简单。国家在 20 世纪 90 年代确实推行了两项针对外国保险公司的约束政策。这两项政策分别是：（1）外资保险公司只准予在指定城市开展业务；（2）外资保险公司只准予开展个人寿险业务，团体业务限由国内公司提供。然而，单单是这两项约束性政策并不能解释国内保险公司为什么能够占据市场主导地位。本研究限定在一个城市，且不讨论团体业务，也就是说，在本书呈现的数据控制了约束性政策所涉及的两个变量。即使如此，我们可以通过图 1.3 看到，在上海的国内外公司的市场竞争中，经验丰富的外国公司仍然输掉了超过 80% 的个人寿险业务。此外，如果中国平安的成功真是得益于国家的优惠政策，那么中国人寿作为占据优势地位的国有企业占据的市场份额应该不相上下，但是中国人寿的市场份额却比中国平安逊色许多。图 1.3 显示，中国平安在 1998 年—2002 年占有至少 40% 的个人寿险业务，而中国人寿的平均占有率徘徊在 30% 左右。

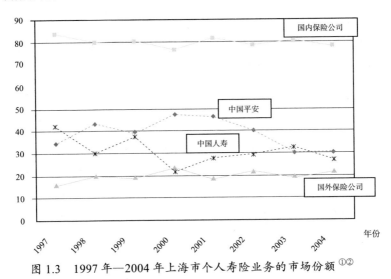

图 1.3　1997 年—2004 年上海市个人寿险业务的市场份额①②

特征三：市场以理财产品为主

中国的人寿保险市场以销售理财产品为主，而不是人身风险管理产品。这构成了国内人寿保险市场另一个有趣的特征，用经济和制度因素难以解释。到 1999 年末，带有理财功能的产品才开始进入市场。2001 年，该类产品已经占寿险保费总收入的 38%。2003 年，这一数字上升到 58%。这类产品包括分红险

---

① 数据来源：（1）1997 年—1999 年的数据引自《中国保险年鉴 1998—2000》；（2）2000 年—2004 年的数据引自《上海市保险年鉴 2001—2005》。
② 表中"国内保险公司"的数据是所有国内公司市场份额的累计。为了方便比较，特将中国平安和中国人寿的数据单独陈列。

（另一个名称是参与险，投保人能够以分红的形式获得保险公司盈余的利润）和投连险（投资连结保险，即保额依保费的投资回报而变动）。另一方面，具有人身风险管理功能的产品销售遇冷。个人意外险仅仅占寿险保费总收入的 2% 左右[24]。由于意外险的保费收入要远远低于投连险或分红险，比较不同险种所售出的保单数才更能说明问题。可惜，这方面的数据还比较缺乏。我根据田野调查中的客户所购买的每类险种的平均保费率[25]，估算出一组数据（参见图 1.4）。从图中不难发现，投连险和分红险的保单数，总是远远高于个人意外险的保单数。举例来说，2003 年的估算数据中投连险和分红险售出超过 300 万份保单，而个人意外险只有不到 70 万份保单。理财类寿险产品并非只在上海市流行。2003 年，投连险和分红险一起贡献了 65.2% 的全国寿险保费收入，远超在全国寿险保费收入中贡献了 2.5% 的个人意外险。

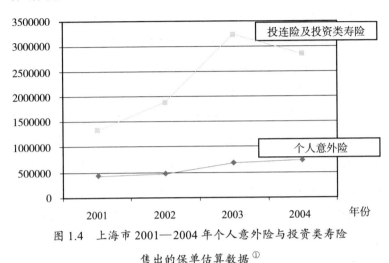

图 1.4 上海市 2001—2004 年个人意外险与投资类寿险
售出的保单估算数据①

为什么人身风险管理产品不如理财产品畅销呢？一个假设是，当人寿保险进入中国市场的时候，中国社会不缺乏有效的风险管理工具，而相应的理财工具却仍然付之阙如。不过，前述的制度性因素已经表明现实并非如此。首先，股票交易作为一种新的理财工具，早在 90 年代就已经引进上海并广受追捧。其次，长期以来偏好储蓄的中国人，习惯将银行储蓄视为重要的理财工具。另一方面，从风险管理的角度来看，在计划经济向市场经济转型的过程中，个人所负担的经济和社会风险成倍增加。即使传统的人身风险管理方式（如储蓄和代际赡养）仍

---

① 数据来源：笔者参考了《上海市保险年鉴 2002—2005》中每类险种的保费收入，通过问卷和访谈获得客户购买每类险种的年平均保费率，再估算出以上数据。

然普遍存在，城市化、独生子女政策和邻里关系的变迁，大幅度削弱了亲属支持和邻里互助的强度。除了商业人寿保险外，没有任何新的人身风险管理方式，能够填补传统方式衰落所留下的空缺。那为什么中国这个新兴的人寿保险市场，不是以人身风险管理的产品为主导的呢？

另一个假设是，保险公司在中国出售理财产品能够获取更大的利益，所以它们刻意创造出这样一个以理财产品为主的市场。然而，在一个新兴市场中，销售人身风险管理产品才能够为保险公司带来更多的利润。我将在第二章对这一点进行讨论。在新兴市场中主打理财产品，其实是违背了保险公司利润导向的原则。

因此，上述的三种理论假设（文化价值观无用论、文化作为共享意义系统和文化作为工具箱）都无法就中国人寿保险市场的形成及其特征提供满意的解释。我认为，单纯讨论文化对市场的抑制或促进作用都不能准确地把握文化和市场之间复杂的关系。本书试图为前述的各种困惑，寻求一个更合理的解释。在接下来的章节里，我将通过实证材料来论证，文化的两种形态（文化作为共享意义系统和文化作为工具箱）和制度环境是如何相互影响，并共同塑造了具有中国特色的人寿保险市场。

第二章

定义人寿保险及产品开发：
迥异的制度逻辑

两难选择：企业利润还是本土偏好
迥异的制度逻辑
中外阵营的对决
解读两种不同的发展模式

第二章　定义人寿保险及产品开发：迥异的制度逻辑

郑英云是 A 公司的一位寿险代理人，她正皱着眉头，烦躁地在她的办公室里来回踱步。她刚刚结束和一位潜在客户的漫长通话。显然，她的推销并不顺利。"该死的 P 公司，"她咒骂着，"他们只想着回报、回报、回报！买保险应该是买保障。那该死的 P 公司却总是跟客户讲回报，讲利润。他们误导了我们的客户！他们真可恶！"英云非常愤怒，她刚刚失去了一笔生意——被 P 公司抢走了。那位 P 公司的代理人让客户相信他们的产品才更合算。

——在上海 A 公司代理人办公室的参与观察，2002 年 1 月

P 公司的寿险代理人感到愤愤不平，垂头丧气，因为上海一家当地报纸批评他们的投连产品。他们认为这篇报道的作者必定和 A 公司关系密切。在这之前，另有一篇报道说他们的投连产品让客户亏损，这已经让他们恼怒不已。戴红是一位 P 公司的代理人，她抱怨道："A 公司根本不遵守职业道德。他们眼红我们业绩好，为了攻击我们无所不用其极。"

——在上海 P 公司代理人办公室的参与观察，2002 年 3 月

以上皆摘自笔者的观察笔记。在调研期间，上海最大的外国保险公司 A 公司和上海最大的国内保险公司 P 公司，不时发

生类似矛盾。当一家企业想要冒着风险为新产品开创市场时，控制不确定因素、掌握主动权和建立新秩序尤为重要（Fligstein, 2001；White, 2002；Beckert, 2002；Guseva, 2008；Bandelj, 2008）。在市场秩序还未完全成形的时候，该领域最大的公司最有可能拥有新产品的话语权，掌握对竞争的控制权（Fligstein, 2001）。观察笔记中所描述的A公司与P公司之间的矛盾，不仅是一场商业战争，也是一场中外企业的文化冲突。本章节将按照时间顺序展示上海保险市场形成中的波动起伏，进而探索中外保险公司应对不确定性和巩固控制权的不同路径。

本章将主要探讨生产市场。哈里森·怀特（White, 1981, 2002）构建了一个关于生产市场的角色结构模型，该模型假设企业会根据所有生产者的位置寻找自己在市场中的领地。在这个假设中，当一个企业面对不确定因素时，它会观察对手的情况，会根据市场中其他生产者的位置来决定自己的角色。依照怀特的理论，消费者的喜好与需求对企业的战略决策影响甚微，"市场并不是由一群消费者决定的"（White, 1981：518）。然而，本章所呈现的民族志资料并不完全支持他的假设。保险公司在规划自己的产品发展时，的确会非常密切地关注其他同行。然而，某些公司会比他们的同行更积极地响应消费者的喜好。实际上，在响应消费者的需求上，国内公司与外国公司的模式有明显的不同。外国保险公司的策略和怀特的理论吻合，在寻找自己的市场定位时对于消费者偏好的响应较为冷淡；另一边，国内保险公司则宁可亏损也要照顾消费者的偏好。国内公司这种对消费者需求的响应，不能简单地用"它们在市场结构下对自身角色的定位"来解释（White，2002）。因为，台湾和香港地区寿险市场即使没有外国保险公司参与，那里的中资保险公司在产品发展规划上对消费者的响应也同样积极（Chan，2012）。我们该如何解释这种中外保险公司对消费者需求响应的明显分化呢？

要回答这个问题，我想应从中外保险公司运作的不同制度逻辑出发。外国保险公司严格遵循利润导向的制度逻辑，国内保险公司则是想要占领更多市场份额。我认为这一分化反映了它们应对本土文化障碍的不同方式。中国人对于言说早逝的禁忌、"善始善终"的观念和对风险的理解构成了一系列的本土风俗与偏好，而这些风俗偏好与人寿保险利润导向的制度逻辑相矛盾。这种矛盾把保险公司置于两难的境地：它们到底是应该坚持利润最大化，还是占领更多的市场份额？解释 A 公司和 P 公司之间的战争，实际上是在剖析资本主义企业在多大程度上会屈服于本土文化惯性。接着我们继续探究，为什么两家公司的表现大相径庭？我的解释是，外国保险公司拥有成熟的保险从业经验和内化的理性选择传统，它们往往选择利润最大化的保守策略，而不是其他大胆冒险的模式。另一方面，国内保险公司是保险行业的新手，它们较有勇气跳出传统的利润导向模式，采用其他新模式。国内公司作为初学者，处于弱势。比起追求利润最大化，它们首先要解决生存问题。这种困境让它们更愿意去照顾潜在客户的偏好，以获得更多的市场份额。因此，它们令市场形成阶段比传统市场理论所预测的更加生机勃勃。

两难选择：企业利润还是本土偏好？

在英美两国，人寿保险中的人身保险最先开始流行，尤其是针对意外死亡的人身保险。在那之后，人们才逐渐开始关注理财型产品[1]。如今，欧美寿险市场充盈着各种风险管理产品和理财产品，但是人身风险管理仍然是寿险的主要功能。直到20世纪末，传统的终身寿险和定期寿险仍是在美国最受欢迎的保险产品[2]。由此可见，欧美寿险市场由风险管理产品起家，之后逐渐转型为兼顾风控和理财的产品。欧美寿险市场的发展轨迹和发展特征源于人身保险作为商品的特质。

人寿保险的盈利能力

商业人寿保险的运作遵循着资本主义的核心制度逻辑，即"资本积累与人类活动的商品化"（Friedland and Alford, 1991:248）。然而，保险属于一类特殊的商品，这类商品需要遵循特殊的运作逻辑才能获取利润，实现资本积累。保险公司和其他大部分商品的生产者相比，面临着更高的不确定性。因为保险是基于对未来某种预测而产生的交易。即使有先进的技术，也很难准确预测未来（Ericson, Doyle and Barry, 2003）。保险是用现在手头的钱，在未来某种特定情况下换来回报（Arrow,

1971）。一份保险如何定价，保险受益人具体在哪种情况下可以获得理赔，是不能够按照顾客的偏好来设定的（Ericson and Doyle, 2004）。保险运作的基本准则是风险的概率计算。但吊诡的是，对于保险公司来说，最理想的情况是将保险都卖给那些最不需要保障或面临风险最小的人。计算保险产品的利润率是一项相当复杂的工作，需要接受精算的专业训练。传统风险管理产品（主要包括定期寿险、终身寿险、意外保险、健康保险和重大疾病保险）的利润率主要由死亡率和意外发生的概率来确定。理财保险产品（主要包括一些具有储蓄和投资功能的产品，比如养老保险或者年金保险、分红保单和变额寿险）的利润则主要来自利用保费投资所得的收益，因此理财类保险产品获利更依赖于投资环境，而投资环境一时一变，更难预测。此外，人寿保险具有意外事故管理功能，这项功能为人寿保险独有。若将人寿保险作为一种理财工具，便弱化了它的优势。它不得不和其他现有的理财工具竞争，比如储蓄银行、政府债券和股票市场（Post, 1976）。为和这些理财工具竞争，保险公司只能推出一些低利润产品来吸引顾客。因此，按照利润最大化原则，保险公司应该主打人寿保险的人身风险管理功能，以体现其独特优势；其次才是推销财富管理功能，以保证产品多样性。

中国市场上的保险公司更应该主打人寿保险的人身风险管理功能，因为本地监管和投资环境并不利于理财保险产品的发展。针对商业人寿保险这种新兴事物，国家采取了一系列措施来限制人寿保险公司的投资渠道。一开始，在中国的人寿保险公司不能拿保费收入作海外投资，并且要把收入的20%进行再保险，剩下的保金可以存入银行，跨行借贷，购买政府债券或长期债券。但是，银行不良贷款损失和存款减息有可能让保险公司破产。针对这一问题，保监会授权保险公司投资某些国企债券。自1999年10月起，保险公司可以拿出5%的保费收入购买证券或共同基金，这一百分比上限之后提高到15%。政策上虽如此规定，但是具体到操作层面，每间保险公司的比例却不同，比例由保监会把控。在2001年3月之前，A公司和P公司可以将15%的保费收入投入股票市场，而中国人寿和中宏人寿保险股份有限公司（以下简称中宏保险）只能投资保费收入的5%（Xu, 2002）。即便股市对保险公司开放了，可供投资的渠道还是相当有限。保险公司大部分的保金还是存在银行。2002年，P公司将58.1%的收入用作银行定期存款，21.5%用于购买国债[3]。因此，保险公司的投资收益依赖于银行储蓄的利率。在这种制度管控下，保险作为人身风险管理产品比起理财产品更能保证利润，因为它只有在死亡、意外伤害或重大疾病等指定条件下才需要赔付。

本土偏好

第一章讨论了中国文化如何定义死亡和风险，在中国文化中怎样才算是生活圆满，而中国的文化逻辑和人寿保险利润导向的制度逻辑并不完全兼容。这种冲突可以从大众对于保险产品的选择偏好中略见一斑。无论一份保单条款如何，投保人在乎的是，它能否让他们活着的时候就能获得回报。某位投保客户在访谈中说道：

> 至关重要的一点是，那种保险产品属不属于有回报的那类。我认识的所有人，包括我自己，只会买这种有回报的保险。意外保险没有任何市场……为什么？如果你买的是意外险，保险公司只有在你快死或者死了以后才会赔钱，要不然就是你重残或者瘫痪，这也会理赔。不然你什么都没有。[4]

受访者在区分理财保险和风险管理保险时，"回本"和"不回本"经常挂在他们嘴边。理财保险在保单到期后会支付一定数额的回报给被保险人（若被保险人在保险到期前去世，则支付给保险受益人），而风险管理保险只有在保障年限内发生某些保单内写明的不幸事故时才会理赔。几乎所有受访者都明确表达他们对于"回本"保单的偏好，更确切地说，他们只偏爱那种能在自己活着的时候就获得回报的产品。他们并不想要他们口中的"死亡保险"，即那种理赔给受益人的保险。其实，受访者用"本金"来形容保费，已是相当有趣的现象。这代表他们都是按照财富管理的思维来理解和诠释人寿保险。

我们将在第五章更具体地讨论中国文化逻辑与理财保险产品的亲和性。这里的重点是，中国消费者对人身风险管理产品的抗拒显而易见。A公司和P公司之间的竞争，实际上是关于化解这些抗拒的不同制度逻辑之间的斗争。

迥异的制度逻辑

国内保险公司和外国保险公司追求共同的经济利益,它们都追求盈利,想要实现资本积累。正常来说,市场份额会带来利润。然而,如果受当地消费者欢迎的产品并不能盈利,那么庞大的市场份额并不会带来可观的利润。在中国,本土偏好和保险公司收益率有明显的矛盾,这逼着人寿保险公司在市场份额和利润之间做出艰难的选择。外国保险公司和国内保险公司的选择大相径庭,前者利润先行,后者看重市场份额。我认为,这一分歧源于它们在运营中采用的迥异的制度逻辑。根据罗杰·弗里德兰和罗伯特·R.阿尔福德的定义,制度逻辑是一套由"具体实践和符号结构"构成的"组织规范"(Friedland and Alford, 1991:248)。制度逻辑和文化逻辑一样,有其独特要素。它划定什么是理性的、合规矩的,组织日常运作,引导选择(Douglas, 1986; Biggart and Guillen, 1999)。在组织实践中,制度逻辑构成了一套隐性的假设体系和价值体系,来建构人们的组织生活。它就像一个滤镜,能过滤信息,指引组织中决策者的策略和行动(Thornton and Ocasio, 1999; Quinn, 2008)。因此,利润导向的制度逻辑很可能与市场导向的制度逻辑在组织策略和市场策略上产生巨大分歧。

外国保险公司：利润导向的运作模式

从 A 公司和其他外国保险公司在亚洲市场（尤其是香港地区和台湾地区）的表现来看，它们对中国文化和本地民众的偏好并不是一无所知。可是，它们却不愿意遵循本地群众对人寿保险的理解，它们拒绝根据本地偏好对它们的产品进行全面本土化。一位 T 公司的保险精算师解释了为什么他们公司坚持推广风险管理类产品：

> 对保险公司来说，最赚钱的产品是那种传统的人身风险管理产品，它们最符合保险的本质。保险公司可以计算这类产品包括了哪些风险，来设定合理的利润率。通常来说，这类产品的利润率比储蓄或投资性产品更高。为了满足潜在客户的偏好，我们已经在大多数产品里加入了养老保险的元素。但是，保障性功能应该还是主打功能，养老保险的元素应该是次要的，而且最好是附加的。[5]

这位精算师的话要放在当时的语境中去理解。人寿保险在彼时的中国仍然是新鲜事物，保险市场处于萌芽阶段[6]。传统的风险管理产品可以带来可观的利润，因为中国精算师在报表上填的死亡率通常高于真实死亡率。换句话说，这些产品的价格偏高并且利润率高。另外，尽管传统风险管理保险的平均保费要低于理财保险，但是如果保险公司能大量销售这类低保费高回报的产品，那么它们实际上可以收获更丰厚的利润。相反，在这个尚未饱和、对保险界投资渠道又有诸多限制的市场，理财保险保费高，但利润率低，盈利不如风险管理类保险。

因此，在华的外国公司只有在不牺牲产品利润率的前提下，才会尝试迎合本土偏好。当利润和市场份额冲突时，它们会选择前者。消费者的偏好实际上并不能决定它们的产品开发策略。

国内保险公司：市场导向的运作模式

面对同样的文化障碍，国内保险公司初涉市场，消费者想要什么，他们就推什么。P 公司是其中最积极响应本土需求与偏好的一个。在定义人寿保险和产品开发方面，P 公司在国内保险公司中扮演了领头人的角色。国内保险公司将人寿保险定位为"储蓄"，贴合中国本土风险管理的主要方式，而不是费力推广一种新的风险管理概念。它们设计产品的时候也利用了本地人对养老和孩子的重视。一位 P 公司的产品设计副经理回忆起公司起步初期，推出养老险和少儿险的策略：

中国人不想听到任何灾厄之事。他们根本不往那方面想，也不想谈那种事情。那我们该怎么办？我们做他们想要的产品。中国人喜欢存钱。他们最关心的是养老问题……现在家长都把自己的独生子女当作小皇帝……或者小公主。我们知道给孩子的保险会很受欢迎……有市场的产品就是好产品。[7]

P公司对于消费者品味与偏好的高度敏感，不符合怀特（White, 1981, 2002）市场定位的理论假设。P公司的产品发展策略激进冒险，快速扩张的野心一览无余，它们想要取代A公司成为行业领导者。这种策略只能用市场导向的制度逻辑来解释。唯有这种逻辑能够解释，它们为什么在公司起步初期宁可牺牲利润，也要换取市场份额。

中外阵营的对决

从1992年A公司进入中国市场，到2004年我完成田野调查，人寿保险行业在上海的发展可以分为六个阶段，每个阶段都有其鲜明的特征。（1）从1992年末到1995年中，A公司力图将风险管理这一新概念带入中国，并努力在中国打开人寿保险市场。（2）1994年—1995年间，三家国内人寿保险公司进入市场，A公司开始丧失对寿险的话语权。新成立的P公司带领其他国内保险公司把这种新型产品重新定义为理财工具，并推出储蓄保险和少儿保险。保险市场在当时经历了一次销售繁荣，以1997年最为显著。（3）1998年—1999年，越来越多的外国公司（以合资企业的形式）进入市场。它们和A公司一起，与国内保险公司争夺对于人寿保险的话语权。然而，市场在1998年—2000年期间经历了第一次低潮，彼时储蓄险和少儿险正逐渐丧失吸引力。（4）P公司推出新的投资型产品——投连险，创造了第二次销售繁荣，在2000年—2001年还出现了"投连热"。

（5）2001年中开始的股市低迷导致了"投连危机"，终结了人寿保险市场的增长。（6）2002年以后，P公司和中国人寿上市，开始紧跟外国保险公司的产品开发路径。虽然保险公司层出叠见，但市场仍旧停滞不前。

开拓者 A 公司和风险管理的新概念

在 A 公司进入市场前，国有企业中国人保主要将业务重心放在团体寿险上。至于个人寿险，中国人保只销售一小部分。其产品设计并不是基于商业考虑。比如，中国人保"简易人身保险"的保费和保额是按便利原则考虑的：客户每月支付1元保费，20年期满后就可以每天领到1元回报。推销产品的员工拿的是工资，而非提成[8]。

A 公司是中国第一家商业寿险公司，在进入市场时没有对手。但是，它面对的是一群对人寿保险毫无概念的民众。A 公司承担着"普及寿险知识"的使命。它将保险定义为一种新兴现代、行之有效的风险管理工具，是一种应对意外的保障。A 公司首先推出的两种产品都是个人意外险，涵盖了死亡、残疾和意外事故产生的医疗费用。两种产品都不具有现金价值，只有发生上述意外才会赔付。为了卖出这些产品，A 公司强调了人寿保险的保障功能。它们训练寿险代理人上门推销的技巧，让他们向人们讲述那些拒绝投保家庭的悲惨故事，来说明寿险的重要性。但是，这些代理人不仅仅遭到拒绝，还受到了轻视、怀疑甚至敌视。黄磊从 1993 年开始在 A 公司工作，两年后从 A 公司离职。他回忆起当时的情景道：

> 大部分人是第一次听到保险这个词。他们不明白是什么意思。我们用一些故事跟他们解释这个概念，但是我们又不能讲得太具体。你知道，我们中国人不谈生死或者意外……但是有些人误解了人寿保险的含义。在中文里面，"保"有两个意思，"保护"和"保证"。他们一听到保险，有些人就误解了，以为是"保证有风险"，冲我嚷嚷"什么？你要把诅咒卖给我？"⁹

保险一词本身带有矛盾的双重含义。险意味着危险、风险。保有两层不同的含义：保护或者保证。因此，保险放在一起就可以理解为"防范危险"或者是"保证有风险"。

A 公司很快推出了另外两款产品：一种定期寿险和一种终身寿险。得知中国人希望看到回报，A 公司修改了定期寿险的典型特征，令被保险人在保险到期后能领到一笔现金。但是，这两种产品现金价值的利率都比银行储蓄利息低得多，不受客户欢迎。为了突破这种销售困境，A 公司又推出了一种新的终身寿险，这种叫"LES"的产品曾在香港大受欢迎。这种保单只有被保险人死亡才赔付保险金，主要保障的是收益人。令人惊讶的是，这款产品在 1993 年—1995 年期间卖出了不少。沈星福是 A 公司的一位高级代理人，他解释了为什么这种保险会受欢迎：

"LES"有不断增值的红利……它保证最少3％的红利……我们刚开始推销这个产品的时候,会向潜在客户说明保障人身风险的重要性,但是我们发现客户不爱听我们说这些。然后我们开始强调分红。他们听到分红的反应通常是很开心的。他们把买这个产品当作一种投资。他们并不在乎它的风险管理功能。他们就是纯粹喜欢它有分红。家长甚至还喜欢给孩子买一份,觉得这个产品是个好东西。[10]

"LES"让 A 公司第一次进入公众视野。这个产品的分红特征为代理人与潜在客户的对话创造了一个吸引人的话题,也让他们得以使用某种语言框架来投客户所好。框架话术通常用于说服他人做一些符合其自身利益,但未必使其受益的事情(Fligstein, 1997)。寿险代理人强调保单的分红特征,并在推销中引入"理财"的元素,让这种新产品看上去更加合理。框架策略被商业组织广泛应用于新产品推广(Hirsch, 1986; Fiss and Zajac, 2006)。这一策略帮助 A 公司在 1993 年—1995 年获得了稳定的的业务增长。

因此,A 公司是开创个人寿险市场的领军人。1995 年,上海卖出 77 万份个人寿险保单,其中的 91% 就来自 A 公司(Sun, 2001)。另一方面,中国人保垄断了团体寿险业务。这两家公司,一家来自美国,一家是中国国企,各自都扮演着重要的角色,并各自有明确的市场定位。虽然如此,A 公司业务的增长,主要是因为消费者将其产品看作一种"投资"。它并没有完成普及人寿保险"风险管理"概念这一使命,这注定了 A 公司在 1995 年之后逐渐被新崛起的 P 公司抢走市场份额的命运。

国内保险公司入场和对人寿保险的本土解读(1995—1997)

1996 年—1997 年间,中国寿险业务爆发式的增长令 A 公司大为惊异。令 A 公司更为惊异的是,这些卓越的业绩是由一个新崛起的国内保险公司——P 公司创造的。

P 公司靠贩卖财产保险起家。总经理马先生之前没有任何商业保险公司的管理经验。1993 年,他去台湾参观了几个运营良好的台湾本土保险公司,震撼于这些本土公司的成功。返回大陆后,他决定将 P 公司的主营业务转向人寿保险[11]。1994 年 7 月,P 公司推出了第一款人寿保险产品。按照上海市保费总收入计算,在短短的两年间,这款产品就已抢占本市保险市场的一大块份额。由图 2.1 可见,P 公司刚刚进入人寿保险市场时,中国人保占据了 78% 的市场份额,A 公司占 12%,太平洋保险占 9%。但到了 1995 年年底,中国人保的市场份额被 A 公司和 P 公司吞并。1995 年,P 公司和 A 公司都经历了惊人的业绩增长,其中 A 公司占有人寿保费总收入的 23%。然而,A 公司的市场份额在这之后持续走低。1996 年,它的市场份额降至 13%,到了 1997 年只剩下 8%。A 公司市场份额下降的一个原因是,中国人保重组,成立了中国人寿,它原来专营团体寿险,现在也开始拓展个人寿险业务。但 A 公司真正的竞争对手其实

是 P 公司。P 公司的市场份额在 1994 年—1995 年期间，从 1%
飙升至 14%。1996 年，这一数字又增长到 33%。而到了 1999
年，它的市场份额已经超过 40%。截至 2001 年，P 公司牢牢占
据上海人寿保险一半以上的市场份额。它甫一进入市场就展露
的强劲势头令所有同行震撼。

  如图 2.1 所示，1996 年对 P 公司和 A 公司来说是关键的一
年，这一年两家公司在市场上的命运发生了转变。首先，1995
年年末，一起意外事件使得 A 公司名誉受损。解放前，A 公司
曾经在中国有业务，但它在 1949 年撤出了中国市场。现在时
过境迁，一位在上海的老人持有一份在 1949 年以前从 A 公司
购买的保单，要求保险公司按照条款赔付。A 公司拒绝理赔，
并且坚称当前的公司在法理上以及财政上独立于其前身。然
而，那位老客户并不买账。他将此事报给了当地媒体。媒体表
达了对这位老人的同情，并质疑 A 公司的信誉。A 公司决定用
司法程序捍卫自己的立场，但是它并不明白本地民众要的是它
承担起道德责任，表现出人文关怀。这正是中国语境下的公正
与西方语境下公正的不同之处（von Senger, 2000; Chen, 2000;
Stockman, 2000）[12]。由于对公正、道义等道德概念的本土含
义缺乏了解，1996 年—1997 年期间，A 公司的名誉受到严重
打击。

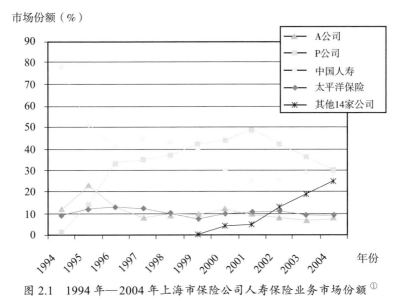

图 2.1　1994 年—2004 年上海市保险公司人寿保险业务市场份额①

与此同时，P 公司则对本地需求和偏好做出了快速、积极的响应。1994 年 P 公司加入寿险市场时，公司没有任何精算师或者受过训练的保险从业人员。P 公司缺乏经验，第一款寿险产品主要是模仿 A 公司的。这款产品是一款低保费的个人意外险，其保障范围与 A 公司的产品类似，但是这款意外险并不畅销。P 公司很快发现这款产品和普通民众的需求相悖，于是它推出了三款具有储蓄功能的保险："平安长寿终身保险"、"钟爱一生养老年金保险"、"少儿终身幸福保险"。前两个险种是养老险，是

---

① 数据来源：（1）1994 年—1999 年的数据引自《21 世纪经济报道》，2002 年 1 月 7 日；（2）2000 年—2004 年的数据参照 2001 年—2005 年《上海保险年鉴》中各家保险公司的保费收入估算得出。

为那些看重储蓄和退休生活的客户设计的。长寿险的被保险人从保障日期生效开始至死亡，每三年可以享受一部分"生活基金"。受益人在被保险人去世之后可以获得保险金。"钟爱一生"的被保险人可以获得年增长 5% 的年金，从 50 岁（女性）或 55 岁（男性）开始领取直到去世。如果被保险人在指定年龄之前去世，保险金归受益人所有。少儿险针对那些日渐兴起的"孩本位"家庭。这个险种年交保费 360 元，或一天一元。被保险人是从出生一个月到 15 周岁健康状况良好的孩子。该保单涵盖了被保险人不幸夭亡的赔偿金和其他一系列福利：生活基金、高中教育基金、大学学费基金、婚礼基金和一份被保险人去世才终止的每月津贴。这份少儿险被当成一份给孩子的储蓄。实际上，在推销养老险或者少儿险的时候，寿险代理人完全不用触及任何关于意外死亡或者不幸事故的话题。但这也带来了一个问题：为了吸引想买储蓄产品的客户，这些险种必须有很高的性价比。

事实证明，这三款产品都表现不佳，难以吸引客户。从被保险人能够领取保险金的数额来看，年利率仅为 7.8%，低于当时银行存款 10.98% 的利率。由于寿险代理人强调的是产品的储蓄功能而非保障功能，所以他们很难说服精明的上海人这是笔划算的买卖。然而，图 2.1 显示，P 公司 1995 年的寿险销售额占上海寿险销售总额的 13%。P 公司是如何打开局面的呢？

P 公司发展了一种人海战术。这种战术源于一种军事策略，指在装备劣势的情况下利用大规模兵力换取进攻优势的策略。有趣的是，P 公司也是用这个策略与来自美国的 A 公司竞争。

它招募了一大批寿险代理人，大部分是 30 岁到 40 岁的女性，让她们想尽办法动用自己的关系和人脉。这些代理人主动出击，巧妙地向自己的亲戚朋友推销保险。亲朋好友碍于人情不得不购买保险，这些人情往来就是中国习俗中的互惠。这一点我会在第四章中详述。事实证明，这个销售策略卓有成效。P 公司在 1995 年奇迹般的业绩增长让 A 公司刮目相看。然而，这一切才刚刚开始，P 公司之后势如破竹，业绩突飞猛进。

在推销少儿险的时候，P 公司的寿险代理人不需要太依赖于人情世故。他们利用盛行的"孩本位"观念，以"为孩子一天存一块钱"为口号，把少儿险打造成一种给孩子存钱的时髦办法。少儿险尽管利率不高，却也大受欢迎。许多家长购买一份或者几份少儿险作为礼物送给孩子。我在第五章中还会详细讨论这一现象。

当保险变成一种回报诱人的储蓄计划，越来越多的人将寿险看作一种新的理财工具。从 1996 年下半年开始，国家连续多次下调利率。两次重要的利率下调分别发生在 1996 年 8 月和 1997 年 6 月。然而，P 公司并没有跟风下调它们产品的利率。结果，1996 年—1997 年间，上海民众排起长队争相购买人寿保险，场面令人震惊。P 公司当时的一位寿险代理人石今如此描述这一历史性时刻：

> 那真是一个奇景……每次银行宣布要下调利率，人们就开始在 P 公司总部外面排队……有些人买养老险，但大部分都是想买少儿险。他们想把最好的给自己的独生子女。总部大楼外

面有很长的人龙。总部的员工招架不住那么多的顾客，所以把我们找来。很多寿险代理人都在那儿。当时场景非常壮观，有两条长队在大楼外面，一条是顾客，一条是代理人。寿险代理就站在顾客旁边，帮他们填表格、收钱。很多P公司的寿险代理人那个时候都发了财。[13]

人们害怕保险公司很快调整保险利率，蜂拥至P公司购买保险。由于这些寿险险种的利率保证在保障期限内（可以是20、30或者40年）高于银行利率，人们觉得这些产品确实"划算"。因此，P公司的"平安长寿终身保险"、"钟爱一生养老年金保险"和"少儿终身幸福保险"创造了它的第一个奇迹。

看到P公司突飞猛进，中国人寿也开始提供高利率的定额少儿险，但是它不提供教育基金和婚礼基金，并不像P公司的那么有新意、吸引人。尽管如此，这款少儿险还是让中国人寿在1997年扩张了市场份额。这是它在A公司和其他保险公司进入上海市场后的第一次增长（如图2.1所示）。尽管P公司和中国人寿是竞争对手，但它们都不约而同地将人寿保险作为理财概念来推广，这与外国保险公司使用的风险管理概念形成了鲜明对比。

定义寿险概念的竞争激化以及寿险市场的衰退（1998—2000）

1996年—1997年间，P公司和中国人保抢夺了相当一部分

A 公司的市场份额。为什么 A 公司不推出相似的产品呢？A 公司的一位高级代理人回应了 A 公司与 P 公司对于顾客偏好反应的差别："P 公司对于本地民众的需求更敏感。无论客户想要什么，P 公司都会给……A 公司坚信保险不是为孩子准备的，给孩子投保是不对的，但是 P 公司不管这些。反正客户想要什么它就给什么。"[14]A 公司的另一位高级代理人这样形容国内寿险公司的扩张："P 公司、中国人保和太平洋保险进入市场之后，它们提供的产品是想讨好它们的潜在客户……我们 A 公司坚持人寿保险的原义……所以我们努力推销个人意外险，努力向我们的客户宣传正确的保险理念。"[15] 直到 1998 年，A 公司才推出第一款养老保险。它花了两年的时间，才开始应对养老保险的流行趋势，因为它对任何可能造成利润亏损的产品都相当谨慎。A 公司根据过往经验预测中国的利率会下调，所以它等到利率足够低的时候才推出储蓄型产品。

许多外国保险公司在 1996 年—1999 年间进入中国市场。其中四家中外合资公司在当时成立：中宏保险成立于 1996 年 11 月；T 公司成立于 1998 年 10 月；L 公司成立于 1999 年 1 月；最后，金盛人寿保险有限公司（AXA–Minmetals Assurance Company, Ltd.，以下简称金盛保险）成立于 1999 年 6 月①。它们一进入市场，便与 A 公司连手捍卫寿险人身风险管理的定位。中外公司间关于如何定位寿险的斗争在彼时激化。外资阵营坚持寿险人身风险管理的定位，因为如果保险被当作理财工具，

---

① 译者注：金盛人寿已更名为"工银安盛人寿保险有限公司"。

它们的产品就没有竞争力。它们不愿意提供更有竞争力的储蓄型产品,这么做虽然会让它们失去一些市场份额,但也让它们避免了利润亏损。

国内公司在1996年—1997年间最热销的高利率产品让它们遭受严重亏损。从1996年中开始,中国进行了一系列降息。尽管国内保险公司确实着手调整了产品利率和相应条款,但它们为了扩大销售而将调整步伐放得十分缓慢。1999年6月,官方利率已经下调至2.25%,但是P公司许多产品的利率仍维持在5%。同样的情况也发生在中国人保和太平洋保险身上。A公司和其他合资公司要求保监会重视这个问题。保监会担心亏本生意会让国内公司破产,在1999年第二季度,出台了禁止销售高利率保险产品的规定,并限定了所有保险产品的利率范围(在2.5%—4%之间)。但是在这之前,P公司和其他国内保险公司已经开出了大量亏本保单。截至2000年6月,P公司因此损失共计十亿元。中国人保和太平洋保险也未能幸免。中国人保在全国范围内都有销售,亏损更严重,亏损总额高达20亿元[16]。

为了应对保监会出台的新规,P公司想出了新招数。它开始出售一种新产品,这种产品最低保证利率为2.5%,并且还有额外的"差额回报"。"差额回报"规定,如果储蓄银行未来将利率提到2.5%以上,P公司会支付两者间的差额,上限为7%。尽管如此,该产品并未成功吸引大批客户,因为此前寿险业务的增长是由高利率的产品驱动的。没有高利率的产品,市场的增长也就放慢了,其中以1999年—2000年的减速最为显著(参见第一章的图1.1)。

投连热：P公司的奇迹和寿险的新定义（2000—2001）

经历了作为保险行业菜鸟的起步期，P公司将自己重新定位为一家富于创新、反应迅速、雄心勃勃的企业。为了应对保监会的利率限制，P公司在1999年10月推出了一款全新产品：投连险。这款产品的每一单位保费都与一份投资收益相关。这种投资类保险和美国的变额寿险一样，能够获得的收益是在保期之内浮动的。在中国，收益的浮动与共有基金、企业债券、金融债券和存款利率等指针紧密相连。因为该产品的收益（也就是所谓的保险金额）与保费的投资业绩密切相关，所以它并不是一种高利润产品。但它对保险公司的好处就是将投资风险转嫁到了客户身上。P公司发行投连险的考虑独出心裁：一方面，这款产品可以部分缓解公司财政压力；另一方面，它可以将寿险继续作为理财工具推广，它甚至利用了当时在上海出现的"炒股热"。

2000年—2001年间，上海证券交易指数达到了开市以来的最高点。这不仅仅为上海营造了乐观的投资氛围，也带动了"炒股热"。"炒股热"这一现象最早在20世纪90年代初为人类学家何爱莲（Hertz, 1998）所察觉，本书第一章亦有相关的总结。在我进行研究的2000年—2002年间，人们对炒股更加狂热，可谓是全民炒股。我大部分的受访者也持有股票。P公司趁着这股炒股热潮，把投连险包装成像股票一样、可获利的投资产品。这种将保险作为一种时髦投资工具的新概念，也收获了市场热烈的反应。一位P公司的代理人详细描述了他在2000

年—2001年间是如何销售投连险的:

> (卖投连险)一点也不难。我们大部分的潜在客户都是从他们的朋友和同事那里知道投连险的。因为那些朋友和同事都非常喜欢这个产品,所以他们免费帮我们宣传。所以如果有人看到周围的同事和朋友都买了投连险,那他也会觉得投连险好。他们不想落后,错失(赚钱的)机会。我很多客户都是他们的朋友或同事推荐来的,指明要投连险。[17]

通过把保险包装成投资,P公司称霸市场。投连险为P公司创造了另一个销售奇迹,令其市场份额在2001年底达到49%的高峰。在P公司个人寿险的保费收入中,投连险就占了45.4%。它不仅仅让P公司在上海收获了惊人的业绩增长,也刺激了全国其他地方的业绩。截至2001年底,P公司全国寿险保费收入同比增长78%。P公司在北京也占有48%的市场份额[18]。

为了应对投连热,太平洋保险紧跟P公司的步伐,在2000年8月也推出了一款叫作"万能险"的投资型产品。这个产品与美国的变额寿险相似。万能险最吸引人的地方在于它保证有不少于存款利率的利润率。它和投连险同为投资型产品,但它的风险比投连险低。一位太平洋保险的销售经理曾告诉笔者,这款产品非常畅销,在2000年—2001年间为太平洋保险赢回一些市场份额(见图2.1)。

外国保险公司因投连热受挫后,反而更努力推广传统的保险理念。它们在训练寿险代理人时着重强调寿险的人身风险管理功能，指责P公司误导大众，扭曲了保险的理念。这些外国保险公司的经理们总是不停地说，中国的寿险市场还"不成熟"，不适合投资型保险。A公司谴责投连险最为积极。只要媒体报道股指跌落，或者报道投连险客户可能遭受损失，A公司的代理人会剪下报道，复制多份，分发给它们的潜在客户和老客户。它们会向潜在客户展示这些新闻剪报，试图证明投连险不但没有收益，而且很有风险。投连险的弱点给了外国保险公司一个反击的机会，让它们可以重申"正确"的保险理念。这些外国保险公司的总经理一再重申："保险是为了控制风险，而不是让我们的客户承担更多的风险。"[19]

尽管如此，外国保险公司迫于竞争压力，还是推出了一系列听起来像投资型产品的新险种。中宏保险在2000年3月首次出售一种分红保单。这种保单的红利率与保险公司的投资收益挂钩。它不同于P公司的投连险，保证一定的保金，也区别于A公司的"LES"。一般来说，这种分红保单不设最低保证利率。然而，中宏保险推出第一款分红保险时，为了提高市场竞争力，它提供一个最低保证红利率加上一个浮动红利率。本地人将这种产品叫作"分红险"。

A公司对这个新的保险系列反应迅速。到2000年夏，它已经有了两种分红保单。一种叫作"节节高"，另一种叫作"年年红"。两种保单都是带有养老功能的终身保险。因为分红产品的利润率相对较低，A公司并不热心推广这些产品。但是，寿险代理人发现如果他们和客户谈到红利，"年年红"更好卖，他们便将重心放"年年红"上。L 公司也跟随潮流,推出了两款类似于 A 公司的产品。这两款产品一个叫"金玉满堂",另一个叫"福星高照",它们是 L 公司在 2001 年—2002 年间卖得最好的拳头产品。T 公司对推出分红险最无兴致,但是迫于激烈的竞争压力,它还是推出了相关产品。2000 年 11 月,它推出两种分红型产品,一种叫作"333 增值还本两全保险",另一种叫"888 还本两全保险"。T 公司和 A 公司一样,没有推广这些产品。这些产品的利润率低到 T 公司的代理人和市场经理都不鼓励消费者购买它们。市场经理向代理人解释为何分红产品不能为公司赚钱,为何他们应该更努力地推销传统寿险[20]。

因此,这些外国寿险公司对投连险的感觉十分矛盾。它们一方面继续捍卫寿险人身风险管理的传统定义,另一方面也推出了投资型产品和 P 公司竞争(尽管它们不鼓励自己的寿险代理人推销这些产品)。由于分红保单符合本地人将保险视为理财工具的理念,所以它大为畅销。2001 年的前三季度,上海超过 70% 的保单都是分红类产品[21]。2001 年,分红险和投连险一起带来了另一个业绩增长的高峰:上海市场实际增长 52.3%;全国市场实际增长 41.8%(参见第一章图 1.1)。然而,投连热造成了一个预料之外的后果,让保险进一步远离人身风险管理的定义。

投连危机:P 公司的教训(2001—2002)

投连热持续了大约一年半。2001 年第四季度,股票市场不景气，人们突然意识到了投资保险的真正含义，投连险的发展陷入停滞。

2001年第四季度，上海证券综合指数开始下跌。2002年，上证指数大跌至1748.89点，同比下降22%[22]。2001年12月6日，《南方周末》发表题为《0.67%的人赚了，99%以上客户至今入不敷出》以及《"世纪理财"：被隐藏了的亏损真相》[23]的报道。这篇报道解释道，尽管股市指数在2000年—2001年上涨，大部分的投连险客户都"入不敷出"，因为他们第一年的保费并未投入股票市场。实际上，第一年的保费是给这份保单的风险管理功能买单。然而，这边刚开始把一部分第二年的保费投入股市，那边股指就开始下跌。对于部分保费被用作风险管理，大部分客户对此并不知情，他们只知道这部分保费是"不能退回"的。2001年12月30日，三位福州市的投连险投保人共同向保监会投诉P公司欺诈客户。他们声称，P公司的寿险代理人误导他们，使他们相信投连险会带来最少18%的收益。但是，到了2001年12月，他们发现他们的账户其实在亏损[24]。《南方周末》的报道和福州事件酿成了"投连危机"。跟着福州三位客户的步伐，全国各地的投连险客户也纷纷投诉P公司的寿险代理人通过夸大产品收益误导他们。徐小姐是其中一位典型，她抱怨代理人欺骗她："唉，别提那个投连险！那就是个陷阱。那个代理人告诉我，我的本金可以在10年内翻一番，在15年内翻三番。谁不想赚钱？……直到我读了《南方周末》的报道才知道，原来我在亏钱。我们单位的所有人都跟我一样。我们都被骗了！"[25]

尽管从字面上看，购买投连险是需要承担风险的，但是国内客户在购买这款产品时，却并未做好承担风险的准备。2002年和2003年，美国的寿险代理人指出，只有公司或者资产雄厚的客户才会购买变额寿险作为投资，因为只有这些客户才能够承担风险[26]。但在中国，情况有所不同。投连险的客户经济基础各异，横跨各个年龄段。他们想要赚钱，但普遍又不想承担风险。在2001年12月到2002年1月这两个月期间，一系列的报纸文章发表，向公众解释了什么是投连险以及保险应该是什么样的，如在《中国保险报》和《金融时报》上，就有《教保险客户做个"明白人"》《别进入投连险的误区》《小心风险，目光长远》和《买保险需要转变观念》等文章。这些都在试图"纠正"人们对保险的误解。

投连热以投连危机告终，而之前依靠高度本土化的产品积累了巨大人气的P公司，也因投连危机声誉受损。从2002年初起，P公司开始遭受严重挫折。这颗新星面临一个抉择，它需要重新定义自己在保险业的位置。高级管理层对这一抉择存在着意见分歧。其中一派希望在产品开发上延续开拓创新、大胆进取的模式，让P公司做"大"，他们大部分是大陆本地人。另一派希望回归相对传统的运作模式，更关注利润而不是市场份额，这一派主要是台湾地区的高管以及外籍高管。不仅如此，保监会进一步收紧监管，比如设置保险产品利润率上限和佣金率上限等，没有给P公司留下太多创新冒进的空间。

产品线的转变与对寿险定义的不断探讨（2002—2004）

P公司这种大胆创新、略带投机的策略只有在管理相对缺乏和市场变化无常的环境下才行得通。保监会不断加强的监管措施和投连危机让P公司的回旋余地所剩无几，它只能加入外资公司的行列，开发风险管理类产品。2002年下半年，P公司和A公司不约而同地将重心放在推广重大疾病险上。

重大疾病险的出现，是对中国医疗体系调整的回应。这种产品尽管也有现金价值，但还是以人身风险管理功能为主。第一款重大疾病险，是由A公司推出的"守护神"，覆盖20种重大疾病。如果被保险人被诊断出其中任何一种疾病，便可获得一半保金，剩下的一半会在五年内支付给被保险人。若被保险人死亡，则会支付给受益人。如果被保险人活到88岁且没有患上任何疾病，被保险人或受益人会获得保金。换句话说，这款产品像一种终身寿险，但是更注重于应对患上重大疾病带来的经济压力。P公司推出两款类似的重大疾病险："康乃馨"针对女性客户，"万年青"针对男性客户。这两款产品和A公司推出的"守护神"功能一致，但是它们涵盖的疾病种类更多，并且带有分红元素。这个分红元素无关紧要，因为它不设最低收益保障。但是，正是由于这个分红的元素，使寿险代理人推销得更顺利。从结果来看，"康乃馨"和"万年青"比"守护神"的市场反应稍微好些。然而，要购买以上任何一个产品，人们得有一种"可能会患上重大疾病"的隐忧。这个险种没有刺激新的业绩增长。正如第一章所述，这是因为潜在客户对于风险的理解，不同于这些产品真正的目标人群。

尽管 P 公司因为投连危机受挫，它在短时间内的显著发展依然让许多投资者对中国保险市场的未来持乐观态度。2002 年 10 月，伦敦汇丰集团收购了 P 公司 10% 的股份。为了从投连险泥潭中拯救自己的声誉，P 公司在 2003 年末到 2004 年 3 月推出了"关怀计划"。P 公司让寿险代理人去拜访投连险客户，解释保单的条款内容。如果客户不喜欢这款产品，他们会提供另外两个选择。其中一个选择是，客户可以把原先账户中所有的资金，转入一个"保障账户"来保障他们的本金。客户也许不能盈利，但是可以止损。另一个选项是，放弃投连险，换成一种或两种终身养老保险。这些保险都包含保费 12% 的管理费用，而这部分费用他们在购买投连险的时候已经支付了。此外，对于那些选择继续持有投连险的客户，"关怀计划"一共会给予他们 P 公司投连险销售利润的 3%[27]。这个"关怀计划"又一次展现出 P 公司在应对本地客户投诉、满足客户偏好时，组织策略的灵活性。它似乎真的挽救了 P 公司的声誉。

2004 年 6 月 24 日，P 公司在香港首次公开发行股票，受到热烈追捧，实际申购量超出股票发行量五十多倍[28]。在这次新股发行中，P 公司筹集了 143 亿港元[29]。2005 年 5 月，汇丰集团又接手了 P 公司 9.91% 的股份，这些股份原属摩根士丹利和高盛集团。其后，2007 年 3 月 1 日，P 公司在上海证券交易所挂牌上市，它的股价在第一个交易日就上涨了 38%。通过上市，P 公司筹集了 389 亿元[30]。除了 P 公司，中国人寿也公开上市。实际上，它刚好赶在 P 公司之前在香港上市，公众反应同样

第二章 定义人寿保险及产品开发：迥异的制度逻辑 | 107

热烈。它在香港收到的实际申购量超出股票发行量二十多倍，股价在第一个交易日上涨了26%[31]。当中国人寿于2007年1月9日在上交所挂牌上市时，它的市值增长了283.2亿元，在上交所的第一个交易日，它的股价就涨了一倍多[32]。

正当P公司在沪港两地的股价欣欣向荣之际，它的市场份额从2002年开始急剧下降。在1998年—2001年间，P公司人寿保险业务在上海的平均年增长率为36.8%。而在2002年—2004年间，这一个指标极速降至零点（更准确地说，是-0.1%）。它的市场份额也从2001年的49%下降至2004年的30%（参见图2.1）。P公司增速和市场份额的大跳水不仅仅发生在上海，它在全国范围内的市场份额从2001年的28%左右，降至2004年的17%。P公司在停售迎合本土偏好的产品后，销量增长陷入严重僵局。与此同时，中国人寿在上海业务的实际增长率在2001年超过52.3%，而2003年的增长率仅徘徊在20.2%。尽管在2002年—2004年国内出现了更多的本土公司和合资公司，市场上的寿险产品超过100种，上海寿险市场还是在2004年经历了自该市场成形以来的第一次负增长（-2.6%）（参见第一章的图1.1）。

自2002年起，市场增长开始放缓。我认为，增速放缓是由一个深层矛盾导致的，即人寿保险利润导向的制度逻辑，与扎根于中国传统生死观的本地文化逻辑之间的矛盾。寿险公司越将它们的产品本土化，市场就会越大；反之，市场就会衰退。我将在第六章进一步分析市场增长和寿险产品本土化程度之间的关系，并辅以香港和台湾的案例与之比较（同样可参见Chan, 2012）。

解读两种不同的发展模式

以上的民族志细节不仅仅展示了保险公司之间的竞争，也呈现了保险公司和潜在客户之间关于新产品定位的争论。国内保险公司没有选择与经验丰富的外国保险公司为伍去和潜在客户周旋，而是站在客户那边，对抗他们的外国竞争对手。它们之所以毫无保留地满足顾客的要求是因为一种市场导向的制度逻辑。外国保险公司则与之相反，采取利润导向的制度逻辑。我认为，这一差异解释了中外保险公司应对本地文化对风险管理的排斥采取的不同方式。

以下的问题悬而未决：为什么中外公司会选择不同的发展路径？为什么外国保险公司面对新的市场不采用市场导向的模式？为什么国内保险公司不遵循利润导向的制度逻辑来规避损失？

一个可能的原因是，A 公司和其他外国保险公司在保险行业经验丰富，业务主要是在经济发达地区的市场。这使它们难以像新生的国内保险公司那样采用大胆冒险的策略。这些历史悠久的保险公司冒不起险，这种非传统的模式不属于他们内化传统下的理性选择。它们的"常识"让它们"只着眼于某一种结果，而非其他结果"（Hall and Soskice, 2001:13）。另一方面，那些稚嫩的，甚至无知的国内保险公司才会去挑战传统模式。换句话说，由于缺乏专业知识，国内保险公司不适应商业寿险利润导向的独特逻辑。它们并不知道，只有坚定地置客户偏好和需求于不顾才能获利。我在其他地方讲过，香港和台湾的本地寿险公司，在开发理财类产品时同样采取了照顾本土偏好的策略，尽管这样利润率很低（Chan, 2012）。这表明，利润导向和看重资本积累的商业模式，从不会像经济学家预测的那样自然而然地被采纳。尽管利润导向的制度逻辑流行了起来，并且在世界范围内占主导地位，它未曾是、也还不是一个通行于所有商业模式的法则（Fligstein, 2001；Thornton and Ocasio, 1999）。因为制度逻辑以本地社会为背景，而本地规则和意义系统会产出不同的利益，引导出不同的行动（Fligstein and Mara-Drita, 1996；Binder, 2002，2007；Go, 2008；Hallett and Ventresca, 2006）。国内保险公司对于组织利益的认知与外国保险公司不同，这并不奇怪。这让它们在回应本地需求和文化障碍的方式上区别于它们的外国对手，这也解释了它们为什么会优先采用市场导向的策略。

进一步说，它们的差异可以由丹尼尔·卡内曼和阿莫斯·特沃斯基（Kahneman and Tversky, 1979）的经典假说来解释。这个假说关注不同风险情境下的决策过程：若是获利可能性大于亏损可能性，人们往往规避风险，保住既得利益，而不是冒险赚取更高利润；反之，人们则更愿意冒险，因为任何可能的回报都比必然的损失好。制度经济学家道格拉斯·诺斯证实了这一假说。他曾经记录了美国人寿保险在19世纪后半叶的发展。按照诺斯（North, 1952）的说法，规模相对较小的人寿保险公司能够大胆推出新颖但富有争议的产品（包括联合养老保险和简易人寿保险），以此和知名的大公司竞争。那些大公司往往坚持经营传统产品，以精算控制风险。三大老牌保险公司采用保守策略，以维持家庭保障作为寿险首要功能的地位。小型寿险公司则敢于将寿险的意义与赚取利润捆绑起来。因此，知名大企业和新兴企业相比更吝于冒险（也可参见 Murphy, 2010）。这个假说同样可以用来解释在华外国保险公司与国内保险公司的差异。尼尔·弗雷格斯坦（Fligstein, 2001）曾论述企业中的行动者不总是考虑让利益最大化，它们的策略常常为扩大企业的生存空间而制定。面对经验丰富的外国公司，国内寿险公司的首要考虑的确是生存，而非利益最大化。

我发现，任何一家国内寿险公司在起步期都会优先考虑"抢占市场份额"，而非"赚取利润"。P 公司的出彩，恰恰是因为它最为脆弱，面对的生存挑战最多。P 公司不像中国人寿有国家支持，也不像太平洋保险在独立之前是国有银行的下属部门。P 公司是一个毫无根基的民营企业。毫无疑问，为生存而战是它的头等大事。同时，P 公司的起步资金比其他公司都少。它没有任何历史包袱，也没有什么可失去的。因此，P 公司的稚嫩与对生存的迫切渴望，反倒给予了它周旋的余地和敢于采用大胆策略的灵活性。

中外寿险公司对寿险的概念与产品开发路径的竞争，仅仅是中国寿险市场形成阶段中众多竞争场面中的一幅。接下来的第三章会谈到专营个人寿险产品的公司之间的竞争，它们管理寿险代理人的不同方式和它们在塑造企业文化时的差异。

第三章

打造寿险代理人：文化资本与管理策略

寿险销售：脏活苦活和罪恶之源

具有中国特色的寿险代理人

"老大哥"：A公司

"威权家长"：P公司

"温暖的大家庭"：T公司

"外国强人"：L公司

管理层的文化资本和机构管理

第三章 打造寿险代理人：文化资本与管理策略

1998 年 10 月，中美合资的 T 公司在上海成立。1999 年 1 月，中德合资的 L 公司也在上海成立。虽然两家合资企业几乎在同一时间开始投入运营，但运作模式很快出现差异。截至 2001 年底，T 公司的保费收入达到 2.1 亿元，而同时期 L 公司的保费收入只有 5530 万元。到 2004 年底，T 公司的销售额达到 6.074 亿元，占上海个人人寿保险市场份额的 3.5%，是合资企业中市场份额最大的公司。相反，L 公司的销量只有 1.883 亿元，仅占整个市场的 1%。

正如第二章所示，国内公司和外国公司在产品开发上的差异，解释了国内企业为何能够占据庞大的市场份额，然而它并不能解释两大阵营内部（特别是外国公司内部）销量增长的差异。这些公司都曾经尝试推广风险管理类产品，那为什么某些公司销售业绩更好？上一章曾提到，T 公司实际上在产品本地化方面动作最慢，是最后一个开发分红险的合资企业。那为什么 T 公司的销售增长速度会超过其他的合资企业？

答案与销售人员规模以及寿险代理人的工作士气和工作认可度有关。2001 年，在所有合资企业中，T 公司一共有 5000 多名寿险代理人，销售团队规模最大。相比之下，L 公司的销售团队规模不及它的五分之一。由于人寿保险采取对生命定价的特殊逻辑，经常遭到公众抗拒，所以人寿保险公司普遍依赖寿险代理人来积极推销产品（Zelizer, 1979；Oakes, 1990；O'Malley, 2002）。长期以来，人寿保险业务离不开寿险代理人，"就像火车头离不开燃料一样"（Zelizer, 1979:121，转引自 Dryden, 1909）。因此，拥有一支强大的销售团队和产品开发同样重要。招聘代理人，并组建团队加以培训，一直是人寿保险公司"组织工作"（institutional work）（DiMaggio, 1988）中关键的一环。

本章将集中关注上海各家人寿保险公司对寿险代理人的管理，并采用比较视角分析其中的差异。上海各家人寿保险公司都花大力气让寿险代理人养成某种特定心态，以促进他们的销售业绩。然而，某些公司做得更加成功。据我观察，T 公司的寿险代理人工作认可度最高、士气最旺，其次是 P 公司和 A 公司。L 公司的员工士气最为低落。为了解释各家公司员工表现的差异，我将这些公司对销售人员的管理策略进行对比。为了比较的系统性，我将它们划分为两组：A 公司和 P 公司分别代表外国公司和国内公司，而 T 公司和 L 公司则分别代表本土化程度较高和较低的合资企业。

弗雷格斯坦（Fligstein, 1997）认为，当组织场域中缺少结构性条件限制时，实施战略行动的可能性最高。在组织场域尚未完全制度化的情况下，组织活动会表现出最大程度的差异性（DiMaggio and Powell, 1983）。也正是在这样的背景下，组织的高层管理人员才能够扮演好"制度企业家"（DiMaggio, 1988）的角色，最大程度发挥他们的能动性。本章集中关注这种能动性，并结合高层管理人员的文化背景，来分析为什么某些公司会比其他公司更加成功。文化和观念在决策中的重要性已经得到了制度经济学家的认可。邓泽和诺斯（Denzau and North, 1994）论述道，在不确定条件下，指导选择的是共享观念和意识形态，而不是理性计算。莫罗·吉伦（Mauro Guillen, 1994，1998）同样认为，人们的组织行为，不仅会动用工具理性，还会考虑道德因素甚至审美因素。他的跨国比较研究确证了各个国家知识分子的性情和管理人员的观念不同，组织实践的选择也不同。依据弗雷格斯坦所述（Fligstein, 1996），高级管理人员的管理理念——一套用于理解情境和指导行动的组织化逻辑——能够同时推进和限制公司的战略选择和战略举措。综上所述，我认为，上海人寿保险公司高层管理人员的文化资本影响了他们的人事管理策略和这些策略在特定文化环境中的效用。

我所讨论的文化资本概念与布迪厄（Bourdieu, 1984，1986）的概念一脉相承。他在定义文化资本时强调，"资本"累积需要时日，具体文化形式（惯习）对于个体行动至关重要。文化资本的具体形式指的不仅仅是心态、知识和道德感知，还包括行为举止和行动技巧。文化秉性深深烙印于个体身心，改变起来难于登天，需要经年累月。为了检视高层管理人员的文化资本如何影响他们的组织工作，我进一步探寻了这些文化资本的来源，探究为何某些文化资本在管理中更有成效。布迪厄（Bourdieu, 1984）认为，个体的文化资本与他们的阶级紧密相关，但我认为跨国公司管理人员的文化资本与他们母国和东道主国家在制度和文化上的亲和性有关。

我认为，不同寿险公司对寿险代理人管理策略的差异，主要源于高层管理人员构成的差别,以及这一差别带来的文化资本存量的差异。一种文化资本能否有效造就一支高效的销售队伍,取决于高层管理人员来自哪里。我发现,来自台湾的高管和他们所携带的文化资本,最能锻造出士气高涨的销售队伍;而德国高管带来的文化资本是最不管用的。因此,一般来讲,若文化资本的衍生环境与本土制度文化环境具有亲和性,它们会比那些来自不同环境的文化资本更有成效。

寿险销售:脏活苦活和罪恶之源

由于寿险代理人通过谈论死亡和不幸事故来挖掘潜在客户,他们被贴上了"干脏活"的标签(Zelizer, 1979;Drew, Mills and Gassaway, 2007)。他们走门串户去卖一些人们并不想要的东西。他们不但因为时常遭拒而气馁沮丧,还要遭人鄙夷和轻视,收入也不稳定。考虑到寿险代理人职业的污名化,寿险公司运用各式各样的社会心理学技巧来塑造寿险代理人的态度和思考方式(Oakes, 1990;Leidner, 1993)。然而,世界各地保险代理人的离职率普遍偏高。举例来说,据罗宾·莱德纳(Leidner, 1993)报告,美国保险代理人五年平均留职率只有18%。

中国文化讨论死亡和意外的禁忌根深蒂固,这给寿险公司打造高效和充满斗志的销售队伍带来了更为严峻的挑战。此外,中国社会传统上认为销售类工作并不体面,中国的劳动者对佣金这种工资模式也很陌生,所以靠销售不受欢迎的产品以赚取佣金的做法极不体面。保险代理人在文化上遭到污名化，收入也不稳定，无法吸引国内求职者，这并不奇怪。尽管国内保险代理人的年流动率未有官方记录，但是许多我采访过的经理和高级代理人都一致表示上海的流动率大概是80%。招募和留住保险代理人一直是寿险公司的艰难任务。

鉴于上述情况，什么样的人会被吸引加入这个行业呢？保险代理人的工作要求从业者具有积极进取、好胜心强的"必胜"心态，莱德纳（Leidner, 1993）发现美国的保险代理人以年轻男性为主。然而，上海的情况与之相反。尽管不同寿险公司存在差异，但从整体来看，上海的寿险公司中女性代理人多于男性。P公司和T公司女性代理人较多，而L公司有更多的男性代理人。A公司在男女比例上相对平衡。绝大部分代理人都有高中学历，并且在进入这一行业前都在国有企业任职。虽然有一些人是自愿离开国企，成为私营企业的保险代理人，但相当一部分人是因遭单位解雇下岗。下岗后的工作选择非常有限，他们不得不加入保险销售行业。就全国而言，下岗工人中女性占多数，上海地区尤其如此，这也部分解释了为什么保险代理人中女性多于男性（更多关于人们为什么加入保险销售行业的细节，请参考 Chan, 2007）。

因为卖人寿保险需要代理人具备积极进取、好胜心强等心理素质，这些都与计划经济下工作单位的要求背道而驰。中国的保险代理人是如何适应新工作环境的呢？答案就是心态。我每天都能从管理人员和保险代理人的日常对话中听到这个词。保持一个良好的心态被认为是取得成功的关键。良好心态由一系列观念上和实践上的文化要素体现出来：相信人寿保险的好处、百折不挠的工作态度、积极乐观的个性、积极拓展人脉的习惯、对胜利的渴望以及在客户拒绝和微薄薪资前保持积极乐观的能力[1]。这种良好心态包含了一整套特定的认知框架和情感感知规则（Hochschild, 1979），类似于美国案例中代理人的积极态度和自我转变议程（Biggart, 1989；Oakes, 1990; Leidner, 1993）。妮可·比加特（Biggart, 1989）在研究直销公司时发现，设定自我转变议程的目的是让代理人的心态和行为与公司的组织利益保持一致。如果成功的话，代理人能够保持自律，同时不觉得自己处在公司的控制之下。

因此，上海各家寿险公司都会努力塑造他们代理人的良好心态，但是某几家公司表现得更为成功。莱德纳（Leidner, 1993）和奥克斯（Oakes, 1990）对美国保险代理人的研究，有助于读者理解代理人社会化和规训过程中的机制。但是他们都没有探讨，在塑造理想的保险代理人过程中不同机制的成效差异。虽然他们都暗示了价值观在培养销售人员过程中的重要性，但是却没有解释为什么某些寿险公司的企业文化工作能够更有效地培养出信念坚定、动力十足的保险代理人。

具有中国特色的寿险代理人

通过代理人的自我陈述，读者可以更好地体会 A 公司和 P 公司的代理人在大众形象方面的差异。一个 24 岁的年轻人，在认真考虑要加入 A 公司还是 P 公司的时候，对两家公司的差异做了如下评论：

> 这两家公司的企业文化差别很大。看这里。看看（A 公司的）办公室，房间明亮，桌子摆放整齐，地面干净，没有人在办公室抽烟。这就是 A 公司。这里的代理人都穿着西装，举止得体。嗯，虽然 P 公司的代理人也穿着西装，但是他们是按中国的方式来穿的。你去他们的办公室，会看到那里的人成堆地聚在一起抽烟、聊天、玩牌，有时候还吵架。你看，（P 公司）代理人办公室的门口外面有一些植物盆栽。要是你仔细去看那些盆栽，里面全是灰尘和烟头。[2]

这个即将成为保险代理人的年轻人尽管看起来并不赞同 P 公司代理人的行为举止，但是他最终还是选择加入 P 公司。据他所说，因为"那里的氛围更加轻松，而且 P 公司已经占据了很大的市场份额，它是上海的一个（有名的）品牌"。另一位代理人，韩燮伟（40 岁左右），在 1998 年加入 A 公司，也在这两个公司之间犹豫过："我仔细观察了这两家公司，比较他们的体制和产品……我最终决定加入 A 公司，主要是因为它的体制。它的体制发展得更好。它是一个更为开放的组织……P 公司仍然带有国企文化的印记。"[3] 可以说，尽管 A 公司一直有意融入本土文化，而 P 公司则一直在努力让公司更加现代化，但是在两位受访者眼中，它们之间的差异不仅存在，而且他们对此给出的解释也很相似。这是个很有趣的现象。A 公司在 1992

年开始营业时，强调它起源于上海，并且宣称这次在上海开业是"回老家"。另一方面，P公司积极招募海外专家，提高公司的管理水平，摆脱它的中国特质。然而，A公司和P公司之间的差异仍然非常明显，就像那个最终决定加入P公司的年轻人所总结的那样："A公司属于西方模式，而P公司仍然非常中国化。"

另一方面，任何人在2001年—2002年间参观过T公司和L公司代理人办公室之后，都会为他们保险代理人的士气差异而感到震惊。在这期间，我经常到各家公司的代理人办公室进行观察。T公司两间办公室里的保险代理人都对我的到来感到兴奋与好奇。他们热切地告诉我是什么吸引他们加入保险行业，他们为什么加入这家公司，他们的上线有多好，人寿保险是如何有益于社会，并让他们的工作充满意义。晁先生是T公司的一位经理，管理一支有着100多名保险代理人的团队。他非常热情地欢迎我的研究，并且自豪地告诉我："加入T公司以前，我在A公司工作过……这和我在T公司的经历非常不同！这里非常适合我。这里很多人都和我有一样的感觉。"[4]晁先生的下线代理人，也就是他口中的"孩子"，看起来总是精力充沛、激情满满，工作热情高涨。他们在走廊里相遇时会拥抱彼此，互相赞赏和鼓励几句。他们聚在一起庆功，互相打气。他们为公司提供给他们一个职业晋升平台而深表感激。我从来没有在其他寿险公司看到过如此积极昂扬的保险代理人团队。我在2000年—2003年间接触和访问过18位T公司的代理人。2004年冬，我重访T公司，发现他们中有13个仍然留在公司。

L 公司的代理人与 T 公司的代理人迥然不同，他们对我的到访和研究并不在意。他们在办公桌前各干各的，而不是分成小组工作。我问他们为什么会加入保险行业，年轻保险代理人说是因为保险业在中国具有很高的增长潜力，可以为他们开创职业生涯提供道路；中年保险代理人说是由于他们从国企下岗，没有其他选择，只能加入保险行业。当问及他们为什么加入 L 公司这家公司时，许多人说是因为这家跨国公司初到上海，可能会给他们提供更多的晋升机会。他们似乎并不在意人寿保险的特殊含义，也没有表现出对 L 公司的忠诚。我在 2000 年—2002 年间所接触的 17 个代理人，只有 3 个在 2004 年仍然留在公司。

我们应当如何解释 A 公司和 P 公司之间，以及 T 公司和 L 公司之间的差异化图景呢？尽管组织结构会影响组织文化，但是在上海，所有寿险公司的组织结构趋同，因此我们有必要超越组织结构假设来解释这一现象[5]。在接下来的部分，我将详述各个公司的组织文化，论证这一差异很大程度上与这些公司管理人员的构成有关。我认为高层管理人员的原生社会和他们的文化背景是造成组织文化差异的重要因素。我在表 3.1 中列举了这四家寿险公司在组织特征和管理策略上的主要差别。

"老大哥"：A 公司

A 公司中国总部大厦坐落于黄浦江畔，是一座新文艺复兴风格的历史建筑。A 公司在中国享有其他外国保险公司无法匹敌的优越地位。虽然我们只能对这种优势地位的来源进行推测，但是它起源于上海应该是一个关键因素。1919 年，一个年轻的美国企业家在上海创立了一家保险公司，开展火灾险与海事险业务。差不多同时，他在上海成立另一家人寿保险公司，开展人寿保险业务。自 1927 年起，他的公司开始在这栋历史建筑里办公[6]。1931 年，A 公司成立，并将地区总部设于上海，主营东南亚市场。在中华人民共和国成立以后，他将 A 公司总部迁往香港。A 公司是中国第一家和唯一一家全外资寿险公司，同时也是第一家在中国成立的商业寿险公司，被奉为人寿保险行业的老大哥。虽然它采用"回老家"的口号来突出它与中国，特别是与上海之间的纽带关系，但是它仍然维持着外国公司的形象，并为自己是一家美国公司而深感自豪。它引入的组织模式结合法理模式（legal-rational model）和利润导向原则，这一模式与中国寿险公司的国有企业模式有着根本性差异。它带来的一系列组织实践都是在中国首次出现：从公司结构和精算知识，到新型劳动管理技巧和积极的上门营销。对那些新成立的国内公司来说，A 公司提供了商业寿险公司的原型。对那些先后进入中国市场的合资公司来说，A 公司成为它们的参照物，指导它们如何在中国环境下建立公司，开展业务。

表 3.1　各家寿险公司之间的差异一览

	A 公司	P 公司	T 公司	L 公司
在上海成立年份	1992 年 11 月	1993 年 11 月	1998 年 10 月	1999 年 1 月

续表

	A 公司	P 公司	T 公司	L 公司
高层管理人员来源	中国香港、中国台湾	中国大陆、中国台湾	中国台湾	德国、中国内地
公司公众形象	西式、美式公司，市场领导者	中国本土公司	公司高度本地化	西式公司
管理风格	法理型为主	家长制、惩罚导向性制度	家庭式、注重员工关系和情感纽带	高度法理型
代理人样貌	早期：受过高等教育的年轻人；后期：教育水平参差的年轻人和中年人；男女比例相对平衡	教育水平和教育背景参差，大部分是中年人，女性多于男性	教育水平和教育背景参差，大部分是中年人，女性多于男性	精英团队是受过高教育的年轻人；其他大部分是教育水平参差的中年人；男性多于女性
2001年代理人总数	4850	17670	5168	934
主要的管理话语	专业、亲切、传教士	物质回报与职业发展	家庭、商业和慈善	专业
培训重点	保险的风险管理概念；保险的慈善含义；外表和举止	保险的理财概念；特定产品特征；与客户保持关系	保险的风险管理概念；保险的慈善含义	保险的风险管理概念；外表和举止
代理人的精神气质	个人主义；士气低落	集体主义和等级制；士气高涨	集体主义和共享精神；士气非常高涨	个人主义；士气非常低落

续表

	A 公司	P 公司	T 公司	L 公司
经理和代理人关系	等级制；关系紧张；"上级"管理层与"下级"代理人	习以为常的等级制；享有权威地位的管理层与服从地位的代理人	关系和谐；相互称赞	关系紧张；皆因业务碰壁产生挫败感

港台管理团队

A 公司的本地化体现在它管理人员的构成上。它的管理层几乎全部由中国人组成：香港人和台湾人居高管之位；内地人在中低层任职，基本上都来自上海本地。A 公司的一位高级代理人谈道："A 公司的管理策略是以华治华。"

A 公司和其他寿险公司一样，将公司事务分归运营部门和销售部门管理，或者说分为通常所说的内勤和外勤。内勤负责产品研发、投资策略、产品推广和信息技术等诸多事项，通常大权在握，控制着公司管理的方方面面。销售属于公司外勤，负责的事项包括保险代理人的招募、管理和产品销售。我在 A 公司参与观察期间，总经理胡先生[7]是台湾人，他是公司最高执行者，主管公司的外部事务。销售活动的管理团队由台湾人组成，由他直接领导。运营部门由十几个高度专业化的部门组成，管理团队成员大体来自香港，由一位来自香港的副总经理主管。

为什么 A 公司将他们的管理队伍划分为香港人和台湾人两个部分？此外，为什么总经理主管外勤而不是内勤？一位 A 公司的高级代理人解释道：

> 之所以让来自香港的副总经理负责内勤，是因为香港总部不信任本地人或者台湾人的管理方法。所以他们派了一个香港经理来管内勤……香港总部对总经理的控制是非常严格的。[8]

另外一位代理人补充道：

> 这个划分是有道理的。因为台湾人更了解本土文化，所以他们更善于市场营销……香港人都很守规矩，他们更善于管理公司的运营部门。但是他们这种循规蹈矩的态度并不适合做市场营销。香港的经理喜欢按规章办事，每一步都要按照既定程序走；但是台湾人却知道怎样利用漏洞，从第一步直接跳到第十步。[9]

我相信两位代理人的阐述很好地解释了 A 公司管理团队分野背后的原理。事实上，由台湾人所领导的销售团队比香港人所领导的运营队伍更有效率，也更积极。T 公司和比它早两年进入上海的中宏人寿分别由台湾人和香港人主管销售业务，前者的销售额高于后者。同样，金盛人寿也是由香港经理主管，它的销售额也远远落后于 T 公司。香港管理人员在市场营销方面的表现不如台湾人，背后的原因在于他们来自一个与中国本土情境非常不同的文化与制度环境。我在本章末尾将会深入分析这一点。

专业且有使命感的保险代理人

A公司延续它在香港的做法,成为中国内地第一家为自己和代理人打造专业的公众形象的寿险公司。A公司的内部职工和保险代理人都是大学毕业生。A公司之所以能吸引接受过高等教育的年轻人,是因为A公司是20世纪90年代初上海少数几家国际知名企业之一。那些年轻人想要学习国外技术和知识,能够成为外国保险公司正式员工令他们异常兴奋。然而,另一方面,没有多少人愿意做保险代理人。面对着劳动力市场上两种截然不同的反应,A公司试图劝服运营岗位的应聘者转做保险代理人,殷万是其中之一。他回忆起1992年进入A公司的情形:

> 我想进的其实是培训部门,因为我以前是个老师……但是我根本不知道保险是什么。总经理告诉我,如果我没有在一线做过保险代理人,是不可能成为培训人员的。我觉得他说得对,所以我接受了保险代理人这份工作(笑)……有时候我们彼此开玩笑说,我们是被骗进这里的(笑)。

殷万看起来有点后悔,虽然是以玩笑的方式表现出来。他继续说道:

> (A公司)给36名候选人发出了工作录用信,但是只有23个人来了。我是其中之一。我认为那些人之所以没有来,是因

为他们知道了保险是个什么东西（笑）……我当时对保险根本没有任何概念（笑）。[10]

事实上，对于为什么会成为保险代理人和为什么会选择加入 A 公司这个问题，我所采访的大部分高级代理人给出了类似的回应。他们以一种戏谑玩笑的方式，表达出自己对当时选择的后悔。

上面提到的那 23 位有着良好教育背景的年轻人大部分是男性。他们接受了保险代理人的工作，但是并不清楚保险和寿险的含义。因为 A 公司致力于塑造保险代理人的专业形象，所以他们成为当时中国少见的"穿西装、打领带"的群体。A 公司的第一个代理人办公室设在波曼大厦，这是一栋位于上海市中心的高档写字楼。在 90 年代初期，能在这样的办公室里工作，让许多人羡慕不已。然而，当这些穿戴整齐的保险代理人走门串户地推销保险时，别人却把他们当作"外星人"。公众给他们贴上了"跑街先生"或"跑街小姐"等负面标签[11]。

为保险代理人树立专业形象不切实际。第一，当时的民众对"专业"这一概念还很陌生，因此它的含义也是模糊不清的（Michelson, 2007a, 2007b）。第二，尽管"穿西装、打领带"让保险代理人看起来举止得体，但是他们不稳定的收入和工作性质使得他们与"专业"的定位相去甚远。A 公司也意识到仅仅使用专业主义的说辞难以激发保险代理人的工作热情，所以它还努力培育保险代理人的使命感，让他们相信寿险销售是一项利他的慈善事业。人寿保险销售被描绘成一份充满仁爱的工作，这与泽利泽（Zelizer, 1979）对美国人寿保险市场萌芽时期保险代理人的描述相似。为了不断提醒代理人他们身上肩负的使命，激励他们从事如此重要的工作，A 公司要求保险代理人早上参加例会，也就是通常所说的"早会"。喊口号是台湾保险行业的惯例，这些台湾经理也将这一做法带到了上海 A 公司。1993 年—1994 年间，在每天出去工作之前，A 公司的保险代理人都要在早会上喊口号以给他们自己打气。

A 公司率先采用以佣金为基础的薪酬体系和积极主动的销售策略，取代中国人寿以工资为基础的薪酬制度和消极的销售策略。佣金数额取决于产品和保险期限。通常来说，如果代理人卖出一份终身寿险产品，那么第一年他能拿到的佣金将是这份保单保费的 20%—35%，随后几年他的佣金逐渐按比例下调，直到第六年不再收取任何佣金为止。像意外险和定期寿险这样每年更新的保单，佣金则是每年保费的 15%—20%。那些有下线的代理人享有追加佣金，追加佣金的数额取决于他的下线在销售团队的层级和他下线的销售量。这种金字塔的结构与传销公司的结构类似（Biggart, 1989）。中国几乎所有其他人寿保险公司都复制了 A 公司的佣金收入结构，尽管每家公司在此基础上都有微调。

尽管台湾经理主管保险代理人的日常工作，但是新代理人的培训属于公司内部事务，由香港管理团队负责。一位在 1992 年加入 A 公司的高级代理人透露，首位培训负责人是一个名叫戴维的英籍华裔，他是一名美国国际集团的培训师。他在英国居住了很长一段时间，曾在台湾和香港的 A 公司工作。香港总部派戴维前往上海成立保险培训项目。他从香港带来了相关的培训材料，给新进保险代理人传授保险的风险管理概念和相关的销售技巧。戴维将人寿保险描述为现代家庭的保障，能够让鳏寡孤独者皆有所养，过上有尊严的生活。他在保险代理人心中灌输了一种播撒仁爱的使命感，同时强调保险代理人应举止得体，穿着专业。

1995年以后，A公司招募高学历年轻人扩充代理人队伍的雄心壮志遇到了更大的挑战。除了保险代理人工作本身难以吸引高素质人群之外，A公司在快速扩大其销售团队规模时，还要和P公司争夺人才，因为同一时期P公司也在积极扩充销售团队。因此，A公司只能降低他们的招聘门槛。然而，A公司从来没有放弃建立一支"专业"销售队伍的理想。A公司为新进代理人提供了更全面的入职培训，并启动了许多在职培训项目。2002年1月和2月，我参加了他们为新进职员提供的系列培训中的一场。这场培训长达40多个小时，从讲授保险的风险管理概念和保险代理人的角色开始，辅以各式各样的产品介绍和一系列销售技巧，包括如何穿衣、微笑、握手。最重要的是，培训会教授代理人如何应对那些对保险有抵触情绪的消费者。培训尝试让这些代理人相信，他们一方面是保险事业的"传教士"，另一方面也是专业的保险销售人员。然而，在现实中，公众暂时还不会把这些代理人看作"传教士"或"专业人士"。

A公司代理人的士气普遍比较低落，这主要是由于两个结构性的因素的影响。第一，如同本书第二章所述，A公司的产品竞争力不如P公司，尤其在1996年—1997年间。很多代理人要么离职去了 P 公司，要么离开了保险行业。第二，A 公司的奖金结构不利于团队建设，助长了代理人的个人主义。我发现，大部分 A 公司的代理人都独立工作，很少和他们的同伴交流；主要是因为 A 公司的年度奖金和季度奖金都用作销售奖金，而不是用来组织和培训下线代理人。因此，A 公司的代理人往往都独立工作。A 公司代理人的个人主义不仅体现在他们彼此之间冷漠的态度上，也体现在他们很少出席例行早会。在我经常到访的代理人办公室，早会每天早上 9 点 15 分开始。然而，只有不到一半的人出席，其中又有四分之一迟到。那些出席的人也不是特别专注。在早会期间，有人在填表、打电话、聊天、读报。这样的氛围与 P 公司和 T 公司形成强烈对比。

为了激励保险代理人，A 公司开始组织销售竞赛，给优胜者提供免费旅行；还为那些销售额度达到公司目标的代理人提供一些象征性的奖励，包括授予俱乐部会员资格，颁发奖励证书，准许参加公司年会等。这些仪式活动在一定程度上对那些绩效优异的代理人形成了一种规范控制，提高他们对 A 公司的忠诚度与认同感。

运营部门和保险代理人之间的紧张关系

整体上，A 公司代理人的地位低下，而这一问题不仅仅源于社会价值判断和舆论。A 公司也并不尊重它自家的保险代理人。第一，它在代理人合同的扉页注明"保险代理人不是公司雇员"。这一条款显然剥夺了保险代理人享受员工福利的权利。第二,它不允许代理人随意出入上海总部。进入总部大楼是内部员工的特权。保险代理人必须在接待处签名并说明进入大楼的原因[12]。A公司刻意与保险代理人保持距离的意图显而易见。

2001年,A公司有正式员工637名,保险代理人4850名。内部编制员工与保险代理人相比权力更大、地位更高、待遇更好。保险代理人不但享受不到各种员工福利(如健康保险和退休养老金),在符号权力场域也处于弱势(Bourdieu, 1993)。我在培训现场的时候发生的一件事情能够清楚地说明这一点。一位保险代理人把我介绍给沈星福,他是我日常进行参与观察那个办公室的销售团队经理。沈星福在1994年加入A公司,是少数几个拥有大学学位的高级保险代理人之一。他负责管理的团队是A公司最大的几个销售团队之一,团队中的保险代理人有150多名。得知他的新进代理人将要参加一系列培训后,我争取到他的允许对这些培训进行参与观察。在培训现场,一位公司内部的培训人员看到我,问我是谁允许我参加培训的。我告诉他是销售团队经理允许我参加的,他听到答案后面露不悦。他坚称,培训只对A公司的代理人开放,我只有获得了总部正式许可后才能参加。然而,在我向他提到一个内部员工的名字后,这个培训人员态度立刻发生了转变。其实这名员工只是我的朋友,和培训工作毫不相关。那位培训人员对我表示热烈欢迎,之后对我的研究帮助良多。我怀疑沈和这位培训人员是不是有什么私人冲突,但是我没有任何这方面的证据。这一事件戏剧化地体现了A公司代理人的弱势地位,无论级别高低、资历深浅和绩效好坏。

我经常听到内部员工和保险代理人之间互相抱怨，这印证了双方之间的紧张关系。保险代理人抱怨 A 公司的佣金微薄，产品缺乏竞争力，整个系统对于高级代理人不够公平，内部员工态度高傲。另一方面，内部员工抱怨公司把代理人"宠坏了"，说他们缺乏自律，素质低下[13]。一些高级代理人透露，A 公司自 90 年代末起，代理人离职率就高达 80%—90%。根据以上情况看来，这也就不足为奇了。

"威权家长"：P 公司

P 公司作为保险行业的新手，在产品开发方面，它拒绝紧跟外资保险公司的步伐。然而，从组织架构的角度来看，P 公司在模仿现代西方模式方面表现得却最为积极。此外，P 公司在管理团队的国际化方面进步最大，进军全球市场的雄心壮志最为强劲。早在 1991 年，也就是 P 公司成立三年后，它雇佣当时国际知名的安达信咨询公司作为审计顾问。次年，P 公司在美国特拉华州设立首个海外分部，美国分部的开设时间甚至早于北京分部（1994 年 5 月）。1993 年，美国两家最大的投资公司，摩根士丹利和高盛集团成为了 P 公司的股东。然而，P 公司高层管理人员的构成与 A 公司和其他外国公司都有着本质上的不同，因此他们的管理人员用于开展组织工作的文化资本也就不同。尽管 P 公司努力将自己建成一家法理型公司，但是它还是一家具有"中国特色"的企业。

两岸管理团队

P公司于1988年在深圳成立，运营资本主要来自一些国有企业，后来这些国有企业顺理成章成为P公司的股东。1994年—1996年间，由于缺乏人寿保险行业的从业经验，公司雇用了大批来自台湾的管理人员。他们经验丰富，其中有精算师、核保人、市场营销专家和代理开发经理。他们加入公司以后，惊讶地发现P公司对于如何实际运营一家保险公司一无所知。他们建议重组公司，令组织单位的功能专门化，并指导P公司建立各个职能部门。

尽管如此，P公司的组织实践与A公司相比，制度化和系统化水平仍然不足。它仍然带有"国企文化"和"国营特色"。这些术语的具体含义是什么呢？有趣的是，相比于描述它们"是"什么，我的受访者更善于描述它们"不是"什么。"国企文化"的对立面是整齐、干净、无烟的工作环境，加上自律、举止得体且穿着整齐的员工。此外，一个带有"国营特色"的组织指的是高度集权和家长制式的运营模式，不同组织部门的劳动分工不明确。

P公司能清楚地意识到它的"中国性"。1997年，P公司就如何改革公司的组织模式，咨询了跨国商业咨询公司麦肯锡。P公司基于它们的建议，依照一个更加专业化、结构化和系统化模型对其公司结构进行重组。从那时起，P公司为成为一家现代公司付出了难以想象的努力。1999年，P公司聘请林肯国民集团（英国）的前副总裁斯蒂芬·梅尔德伦为公司的首席精算师，兼任公司投资管理委员会成员和公司总经理的资深顾问。1999年—2001年间，P公司开始向全球招募人才，招募对象包括白人和华人。他们来自美国、英国、澳大利亚、新加坡以及中国台湾、中国香港，主管不同的部门，例如战略发展部、人力资源部、营销部和技术开发部。到2001年底，27名境外人士占据了P公司管理人员的半壁江山。一家国内杂志以讽刺且略带戏谑的笔调将P公司的管理层形容为"八国联军"[14]。然而，副总经理和另一半的高层管理人员仍然是中国内地人。

"淘金者"保险代理人

虽然P公司一开始也模仿A公司，希望招募到的保险代理人都至少拥有本科学位，但它很快就放弃了这种"专业"发展模式，并转而着眼于扩大规模。正如第二章所述，P公司采用的是市场导向的制度逻辑。在这一逻辑之下，P公司招募了大批教育水平和背景各异的保险代理人，包括那些国有企业的下岗工人，P公司的保险代理人团队规模因此得以迅速扩张。国企的下岗工人虽然没有A公司那些年轻代理人的教育水平高，但是他们有着更为广阔的关系网络。中国的人情文化以互惠原则作为基本规范。P公司的保险代理人带头积极利用这种人情文化，以促进人寿保险销售。

起初，一些高学历的年轻人也被吸引进入 P 公司，因为它的平均佣金水平比 A 公司高出 5%[15]。随后，P 公司的养老险和少儿险流行起来，它在招募保险代理人方面也就没有什么困难了。尽管与 A 公司相比，P 公司在公众形象方面显得不够现代化；但是在 1996 年—1997 年间，有很多保险代理人选择离开 A 公司，加入 P 公司。一位 A 公司的高级代理人分享了一则故事：

有两兄弟都是从事保险销售的工作。哥哥首先在 A 公司开始工作。他薪水还不错，不高不低，可以说是平均水平。他弟弟也跟他哥哥一样，找了一份保险代理人的工作，但是弟弟选择加入 P 公司。一年之内……弟弟赚得就比哥哥多了三到四倍！哥哥特别惊讶……他弟弟怎么可能赚这么多呢？……P 公司的确给了 A 公司一个沉重打击。[16]

P 公司的产品流行起来以后，公司也就没有必要再赋予保险代理人神圣的角色。P 公司并不把保险销售工作视为一项慈善事业，而是强调保险销售工作带来的可观收入。有趣的是，P 公司把人寿保险的资本主义特征表现得淋漓尽致，而 A 公司则试图淡化这些特征。P 公司在培训会上数次声明："这是一个资本主义的游戏，我们必须遵照资本主义的规则。"但是，我从未在任何一家外资保险公司的培训会上听过类似说法。P 公司用物质回报鼓励保险代理人努力工作。P 公司没有提供任何类似俱乐部会员或证书一类的象征性奖励，也没有给最佳代理人提供免费旅行，但是 P 公司的保险代理人却士气高涨。他们十分满意自己的工作，因为他们当中的许多人一个月能卖出一百多份保单，获得可观的佣金收入。根据一位 2000 年以前在 P 公司工作的保险代理人透露，1996 年—1998 年间，P 公司保险代理人的月收入是上海市平均水平的十倍。自然地，这一时期 P 公司代理人的数量成倍增长。2001 年，P 公司上海分部有内部员工 853 名，保险代理人 17670 名。P 公司保险代理人的规模是同期 A 公司的三倍左右。

因此，P 公司用于管理保险代理人的主要说辞是物质回报和职业发展。它们将保险销售描述为通过赚取可观收入来建立自己事业的表现。然而，这一套说辞只有在销售业绩可观的条件下才能够得到保险代理人的认同。1998 年—1999 年，P 公司由于缺乏有市场竞争力的产品而士气大挫。为了激励保险代理人，P 公司发起销售竞赛，奖励优胜者免费旅行。同时，P 公司开始赋予寿险销售工作物质之外的意义，也就是把寿险销售视为一项慈善事业。因此，物质回报水平似乎与象征性奖励和寿险的"传教士"意义呈现负相关的关系。当保险代理人的物质回报减少的时候，寿险公司会提供更多的象征性奖励作为非物质激励。

由于 P 公司的产品主要着眼于理财，他们针对保险代理人的培训内容也与 A 公司存在差异。A 公司的培训着眼于寿险的人身风险管理概念和保险代理人的"传教士"角色，而 P 公司的培训却并未过多阐述人寿保险的概念。相反，培训人员花费了大量时间讲述每一类产品的特点，解释它们与储蓄、债券和股票之间的异同,并比较分析购买 P 公司的产品和把钱存在银行的利弊。他们也被训练将独生子女和家庭储蓄放在推销的中心位置。此外,P 公司并不教授穿着打扮和行为举止方面的专业规范,而是教代理人如何让客户感觉有面子,为客户提供帮助,从而借助人情来刺激销售和发展下线[17]。

P 公司的保险代理人都是分小组工作。小组文化是由代理人结构及代理人办公室的空间环境所塑造的。一般来说,一个代理人办公室有一个团队经理和他所带领的销售团队。一个销售团队有几个小队,每个小队有若干个小组。小组中的每一个保险代理人都是组长的下线。以此类推,小组组长是小队经理的下线,小队经理是团队经理的下线。这个等级制度组织系统使得整个结构看起来就像一张家族谱图。代理人办公室被分割成不同的房间,每个房间有一个小队。在我经常观察的那个代理人办公室,小队的平均规模是 100 多人,而小组的平均规模大约是 12 人左右。

在我进行调研的几家公司中,P 公司代理人办公室的装修和设施最为简陋。每个小队的房间约 75 平方米。每个小组有一张长方形的桌子,规格约为 1 米 × 1.5 米。只有小队经理才有一整张办公桌和办公电话。每天早晨,所有小组成员围坐在他们桌前召开例会。代理人要经常把他们的椅子从桌边移出少许以方便更多的人坐下。这样一个小房间需要容纳 100 多名代理人,可见环境有多嘈杂。但另一方面,这样拥挤的环境也创造了温暖、亲近、随和的气氛。

P 公司总部要求所有保险代理人在周一到周五的早晨 8:30

参加早会。早会以唱公司司歌和喊公司口号开始。2001年—2002年，小队经理有权自主决定喊完口号以后的事项。[18] 早会以后，每个小组的组长通常也会召开组内会议。组长和他们的下线代理人分享成功和失败的个案，有的时候，他们也会对客户和工作难度有所抱怨。

威权式内部管理和顺从的保险代理人

P公司对保险代理人的管理风格是家长式和威权式的。这个管理模式默认保险代理人在没有上级监控的情况下必定表现不佳。首先，所有的保险代理人都必须上缴1000元的安全保证金，以保证公司的财产不受损失。若代理人在任职期间没有违反任何公司规定，这笔保证金会在代理人离开公司时予以返还。P公司家长式的管理风格进一步体现在它的惩罚体制中。它采用扣分制来控制和规范代理人行为。P公司的代理人手册列举了45项代理人会遭受扣分惩罚的事项。举例来说，如无正当理由缺席培训、会议或早会，扣除1分—5分；如未经公司同意或未提前告知公司而私印名片，扣除2分—5分；弄错客户保单号，扣除2分—5分；如不服从管理，在办公室打闹，侮辱他人，或出现其他破坏性行为，扣除5分—20分。以下规则进一步强化这一家长式的管理风格：那些扣过分代理人的上级也同样会遭受扣分惩罚。举例来说，一个小组每扣10分，该组组长扣除2分；一个小队每扣10分，该队经理扣除1分。这种迭加的惩罚体制是建立在以下预设之上的：上线代理人好比是下线的"家长"，所以他有责任对"子女"的过失负责。这一体制不仅充分体现了家长制和等级制，还体现了集体负责制和耻感文化。如果一名代理人在一年内被扣除 5 分，将失去获得荣誉或奖励的资格；扣除 10 分将失去所有晋升机会；扣除 15 分将会受到降职处理；扣除 20 分将会遭到开除。

与此同时，P 公司内部管理人员与保险代理人沟通时居高临下。每个代理人办公室都有总部委派的培训经理。在我从事调研的代理人办公室中，每次那位 40 多岁的培训经理经过，所有的代理人看起来都有点紧张。[19] 一些公司内部管理人员偶尔也会突击检查早上例会的出席情况。有一次一位管理人员来视察我经常参加例会的那个小队，我在田野笔记中记录了他与保险代理人的互动：

> 今天，一位公司内部管理人员突然现身早会。他逐张桌子检查出席情况。当他走近我们的时候，戴红（小组组长）看起来很紧张。这名工作人员发现 14 人的小组只有 6 位成员出席。他责问戴红："为什么只有 6 个人？其他人去哪里了？"戴红没有看他，低声回答道："有两个人去参加公司奖励旅游了，其他三个人请了一天假。"这名工作人员写下了她说的话，并让她签字。戴红虽有点不情愿，但还是签了。没有人知道这名工作人员的姓名和级别，只知道他来自管理层。戴红看起来既忧心又沮丧。她低声向她的组员抱怨说，她只是运气不好，正好赶上今天的出席率这么低……她说的没错。一般来说，她的小组都

会有 10 到 11 人出席早会。[20]

令人惊讶的是，P 公司的代理人看起来都非常顺从。在他们看来，内部员工似乎理所当然享有更高的权威，因此他们认为内部员工和他们沟通时居高临下也是理所当然。

"温暖的大家庭"：T 公司

T 公司采用小天使的商标来象征公司使命，它不仅将自身塑造为一家对客户充满关爱和同情的企业，它对自己的保险代理人也同样如此。T 公司由一群台湾经理人管理，完全采用台湾模式。它代表了另外一种带有"中国特色"的企业文化。T 公司管理层采用以情感为纽带的家庭式管理，与威权家长制的管理模式相反。高级管理层努力创造一种家庭氛围，以培养员工的归属感和忠诚度。他们同时也尝试让保险代理人相信他们是自己的主人，以提振士气和信心。

台湾人主导的管理层

T 公司的管理层构成是四个公司中最简单的。总经理和另外两个副总经理都是台湾人。他们直接从台湾带来了自己的管理队伍。其中一位副总经理负责公司内部运营，另一位负责市场销售。其他的台湾经理人负责培训、精算、投资和信息技术部门。除了管理层职务由台湾人担任之外，管理层以下聘用的都是本地人。

T公司的组织结构和A公司或L公司相比，并不存在明显差异。在企业文化方面，它却和上海其他的合资公司存在着显著差异。它的独特文化源于台湾分公司。1987年，台湾地区对美国公司开放人寿保险市场，次年美国T公司台湾分公司成立。在十年之内，T公司成为台湾地区第二大外国保险公司，仅次于A公司旗下的南山人寿保险有限公司。严格说来，T公司在所有外国保险公司中增长最快，因为南山保险在20世纪70年代被A公司收购前属于本地公司（Chan, 2012）。T公司在台湾地区的成功，解释了为什么其美国总部决定在上海采用台湾模式。T公司台湾分公司宣称它成功的关键在于企业文化"以人文关怀作为公司管理的中心"[21]。它以一个温暖大家庭的形象出现，并尝试在话语层面将保险代理人塑造为"老板"或者"商业伙伴"来给他们工作动力。台湾管理层将这一管理策略引进上海T公司。在我看来，这些管理人员非常擅长培养具备积极心态的保险代理人。

保险代理人：家庭成员和老板

当T公司在上海成立的时候，它从A公司和P公司挖走了大批保险代理人。T公司与A公司不同，它并不重视保险代理人的教育背景，也不会要求保险代理人着装专业。T公司代理人队伍中的中年女性比其他合资企业要多。与其他跨国保险公司相比，T公司保险代理人的社会经济背景与P公司具有更多相似之处。它的代理人系统运作犹如直销公司，鼓励代理人招募下线。很多绩效优异的保险代理人都在三年内晋升至销售管理的职位。T公司用奖赏体制替代惩罚体制，鼓励代理人招募和培训下线代理人。若代理人获得晋升，他的上线代理人将会依据在公司的工作年限获得相应的奖金。因此，T公司的奖赏体制鼓励代理人招募和组织下线，让他们以集体为单位开展工作。它也希望代理人长期忠于公司。那些在公司工作超过八年以上的代理人会获得额外奖金，数额大小由工作年限决定。与A公司相比，T公司在员工福利方面更为慷慨。三个月试用期结束后，它给所有保险代理人提供养老保险、医疗保险和节假日奖金。节假日奖金是一种明显的本土化策略，更多是达到一种象征性的目的。比如，每位代理人在春节、劳动节和国庆节都会获得100元奖金。

  T公司上海分部仿照台湾分部，以一种活泼有趣且充满戏剧性的方式来开早会。T公司像A公司一样，让每个代理人办公室经理自主决定早会召开的频率，但是早会的形式是由市场销售部门的葛经理来设计的。葛经理将台湾T公司的早会模式带到了上海。一个典型的早会一般是这样：上午九点，随着高昂欢快的音乐响起，早会开始。所有保险代理人迅速走到会议大厅四张桌子的两边，每张桌子的规格大概是7米×1米。销售团队的其中一名经理带领其他人做早操。早操主要做一些伸展运动、有氧运动和舞蹈，整套操看上去颇有意思。早操结束以后，早会剩下的部分就和 P 公司大体相同。高级代理人和受邀嘉宾讲述他们的销售故事，分享他们碰到的困难和克服困难的方式。

然而，T 公司提供给代理人的佣金比率和 A 公司、L 公司差不多。T 公司的产品没有 P 公司的产品那么畅销，因此保险代理人拿到的报酬并不是特别高。为了激励代理人，提高他们的士气，T 公司提供更好的办公设施，采用了很多策略促进员工关系，建立情感联结。我们可以明显观察到两种策略。第一种策略是在公司和代理人办公室营造一种家庭氛围，把整个公司讲成一个"大家庭"，把销售团队、小队和小组称作"家族"，把团队经理、小队经理和小组组长称作"家长"。因为所有代理人都是由其他代理人招募进来，每个人都有一个"家长"，也必然属于一个"家族"。如果代理人招募到下线，便是延续了"家族血脉"。如果某个下线代理人晋升为销售经理，便是壮大了"家族实力"。销售经理享有一间约七平方米的小办公室，里面配有办公桌、办公电话、几张椅子和一些文件柜。每个"家族"也都有自己的隔间。通常来说，在早会以后，每个"家族"都会召开自己的组内会议。有时候同一个"家长"负责的两三个"家族"会一起聚会、庆功和培训。我们经常看到同一个"家族"的代理人彼此拥抱、鼓励，互相帮忙，这种互动似乎是大家共同遵守的规范。

T 公司所采用的另一种策略，是运用商业话语，让代理人感觉他们自己就是"老板"。他们尽量不在代理人面前摆架子、搞特权，平时也鼓励内部员工将保险代理人称为"伙伴"。包括总经理在内的公司高层也这么做，他们甚至会在公司仪式活动中将代理人称作他们的"老板"。有时，他们会毫不掩饰地表明，他们的收入依赖于代理人的销售额。在 2002 年 5 月的年度表彰大会上，公司管理层邀请了台湾著名歌手周华健为代理人表演助兴。他们告诉代理人，花费 70 万邀请周华健只有一个简单的目的，就是让大家开心[22]。在年会活动上，高层管理者甚至会打扮成女人来逗乐大家。总经理打扮成白雪公主；葛经理穿上了超短裙，跳起了草裙舞。所有这些努力不仅成功取悦了代理人，给他们带来了欢声笑语，也让他们体会到了被重视的感觉[23]。

市场销售部的葛经理在代理人中间尤受爱戴。代理人说他"亲民"。他经常来代理人办公室问候，和保险代理人一起做早操，有时候也会请一些代理人共进午餐。我在 T 公司代理人办公室从事研究期间，葛经理一共来访过两次。他两次在早会上的讲话都饱含情感。为了进一步巩固保险代理人"商业伙伴"的形象，让代理人相信他们和管理者平起平坐，葛经理表示 T 公司没有给任何一位高管配备私人汽车。他说高层管理者没有任何特权，他们每天乘坐商务客车上下班。为了让保险代理人相信他们并不是唯一牺牲家庭时间而一周工作七天的人，葛经理做了如下讲话：

15 年前，我就和在座的各位一样，每天穿着西装，在台北骑着我用了 20 多年的摩托车到处跑，夏天的时候汗流浃背。为什么我这么努力工作？因为我是在为成千上万家庭的幸福而工作！我的工作很重要。它重要到我不能让自己停下工作。哪怕只是一分钟，我也不能停下来……我把我爱人和刚刚学会叫爸爸的女儿留在台北，独自来到上海。我爱人求我不要去。她说："你怎么可以抛下我们？"（葛经理暂停讲话，唤起大家对他的妻子的同情）……我为什么会来到这里？我来这里不是为了钱，而是为了这份工作的意义和价值[24]。

T公司像A公司一样，同样强调人寿保险的慈善功能和保险代理人"传教士"的角色。葛经理这种诉诸私人情感的方法看起来颇有成效。在各家公司的保险代理人中，来自T公司的保险代理人最认同人寿保险的慈善理念。

许多我采访的T公司的高级代理人，不但自认为他们就是"老板"，还认为T公司"拯救"了他们。在一次家族的庆功会上，我见证了下面的场景：

魏萍芝是家族的家长，她在聚会前说了一段开场白……"从上次比赛开始，我们的销售额已经达到了370万，我们打破了这间代理人办公室的销售记录！"代理人鼓掌欢呼……魏继续说道："我们的万淦榭……带领她的代理人……不分昼夜地拜访客户……他们每一次上门拜访都留下了他们的汗水和足迹……我们的张彦青在比赛期间生病了……但是他仍然坚持去和陌生客户接触。他最终也取得了非常好的成绩。还有我们的吴余楠，虽然她患有高血压，但是也是一直在坚持进步。她摔倒以后，总是站起来再继续……还有……你们所有人工作都非常努力。你们克服了家庭负担和身体状况，把我们的这个集体的利益放在最重要的位置……姐妹们！让我们团结在一起，努力工作，让这个世界变得更美好！"代理人鼓掌，有两个人眼睛湿润了……魏萍芝哭着说道："我真的很感谢T公司给我机会，让我成为自己的老板。"吴余楠哭着说出同样的话："T公司帮助我找到了生命真正的意义，T公司给了我新的生活和新的信念！我必须要继续努力工作以回报T公司给予我的一切。"[25]

  这种煽情的场景虽然不会在T公司的每一次集体聚会上都出现，然而这种场景却只会在T公司出现。50多岁的吴余楠在加入T公司以前是一位医生。她总是非常感谢T公司能够给她机会，让她做一些有意义的事情。一年后，我看她戴着一顶羊毛帽子坐在办公室。她说她一直受到慢性头痛的困扰，特别是最近她为了晋升而努力工作，以至头痛加重。在培养代理人的良好心态方面，T公司做得最成功，这一点毫无疑问。它之所以能成功，是因为它将商业话语融入家庭氛围之中，以塑造代理人的认知框架与情感规范（Hochschild, 1979）。塑造"老板"的身份认同有助于催生一种资本主义精神，这种精神的核心是不懈追求物质以及符号意义上的成功。这种家庭氛围还能够赋予代理人情感力量与资源，使得他们能够克服日常工作中遇到的困难。

  为了塑造"人性化"的公司形象，T公司设立了一支"关爱天使"团队，主要任务是拜访那些住院的客户。这支队伍由公司内部员工组成，成员主要是年轻女性。保险代理人非常欢迎这项独特的服务。此外，他们也非常感谢公司依据本地的文化习俗来包装保险产品，以降低了他们的销售难度。尽管T公司主打人身风险管理产品，其次才是理财产品，但是它仍然根据本地喜好来进行宣传。举例来说，它将部分保险金说成是"回本金"，让购买保险听起来像在储蓄或者投资。T公司知道中国人十分忧心退休生活，便把年金险命名为"退休险"。在对外宣传它的产品时，T公司使用生动的卡通画和通俗的语言来解释和简化产品的内容。因此，通过将保险行业的经验与本地文化知识结合起来，T公司在没有牺牲利润空间的前提下，策略性地实现了产品的本地化。

部门经理与保险代理人的相互恭维

T公司的保险代理人对公司的认可度最高。我在2000年接触或采访的所有T公司的保险代理人，到了2002年都仍在为T公司工作。2001年，T公司共有保险代理人5168名，在所有跨国保险公司中规模最大。

与其他公司相比，T公司内部管理人员和保险代理人之间的互动非常和谐，他们有时会和保险代理人相互恭维。读者在之前也看到，公司高层管理者会通过淡化自己的身份地位来恭维保险代理人，通过将他们称作"老板"来取悦他们。然而，高层管理者和保险代理人之间的地位和特权等级的差异毫无疑问是存在的。尽管保险代理人有时候相信他们自己就是"老板",但是他们却没有权力把我介绍给公司内部的部门经理进行访谈(至于我如何进入这家公司,参见附录一)。代理人很明显是把那些高层管理者当作他们的老板,他们也能够感到自己的地位低于管理者。比如说,葛经理要是到访或者与他们共进午餐,代理人会感到兴奋、感激和荣幸。这些情感加强了他们对公司的认同感,最终促使他们努力工作。

"外国强人":L 公司

和 T 公司温柔感性的形象不同,L 公司在大众眼中是一个坚毅的男子汉;在保险代理人眼中,它是一家现代、西式的组织。L 公司的出版物统一使用深蓝色作为背景底色。它用世界第六大吊桥香港青马大桥来表现公司使命。大桥下方是汹涌的水流,顶部印有"Risk"(风险)的字样。L 公司在上海开始营业后,成为所有跨国保险公司中最为积极倡导"西方"管理模式的公司。随后,它开始尝试将公司组织实践和公司形象本地化。然而,鉴于 L 公司没有在中国内地、香港地区或台湾地区运营的经验,高层管理者又都是德国人,L 公司的本地化浮于表面,效果不佳。

德国管理层

在我研究期间，中国只有两家保险公司由外国人管理，L公司是其中之一[26]。它的高级管理层中白人雇员的比例最高，他们中的大部分来自德国。公司的运营由管理委员会负责，委员会成员包括两位德国人和两位中国人。两位德国雇员分别担任公司总经理和副总经理，两位中国雇员则分别担任副总经理和总经理助理。因此，这两位德国雇员的权力加起来要大过两位中国雇员。此外，两位中国雇员在保险行业没有任何经验，因此公司的日常运营都是由这两位德国人负责。

L公司是高管层中拥有博士学位的员工比例最高的公司，其中就包括公司总经理。他在外派到上海之前已经在L公司保险集团工作了20多年，但是在那之前他从未来过中国。在L公司成立的筹备期，他努力依照德国模式营造企业文化。他用"开放"这个词形容他的管理理念。为了在公司建立民主管理模式，他邀请各级员工一起头脑风暴，为公司的发展出谋划策[27]。在他理想的企业文化里，员工可靠、负责、独立、主动、开放、民主，以任务为导向，能够将私人情感和个人工作分离开来。2000年夏，我与他进行了45分钟的访谈，他五次强调中国人需要学习如何"负责任"。他说：

> 在这里，行政管理面对的最大挑战就是如何让员工学会承担责任……在其他文化中，大家一般都知道自己有什么任务，他们明白"好的，这是我的任务，我需要去完成它……"我们

要加强沟通，也要强化"犯错文化"。你要是犯了错，只用说一句"对不起，我犯错了，下次我会改正"。我们需要开放和信任……因此，在培训方面，我们任重道远……我们想让他们变得积极主动，学会负责任。我们正在采用实践型管理模式。我们必须时刻把握情况，用各种办法教会员工负责……你要是不想负责，就说明你希望别人帮你做。他们之所以有这种态度，是因为他们认为如果我什么都不做，那我就不会犯错。然后他们对工作就会消极懈怠[28]。

冯博士讲到他管理队伍的工作内容，其实是在抱怨本地雇员缺少的品质。他所倡导的工作理念，比如说敢于犯错和民主理念，与当时的本地人的工作态度和习惯相比大相径庭。

公司的中国员工都称赞总经理友善谦虚，平易近人。事实上，他也的确是我所研究四家公司的总经理中最为平易近人的一位。然而，他的德国管理模式运作起来并不顺利。2000年和2001年，在所有合资企业中，L公司的保费收入最低。2002年，L公司的管理层开始本土化。白人雇员数量从十个减至三个，原由英国人担任的首席精算师改由中国台湾人担任。市场销售部总监由一名从新加坡分公司调任的香港雇员担任，市场销售执行经理由新加坡人担任。然而，新加坡对代理人的管理模式也不管用。在本地人的眼中，它仍然太"西化"了。

保险代理人：精英与平民

　　我通过 L 公司的公关部助理首次参观其中一间代理人办公室时，就震惊于办公室的宽敞和整洁。家具是全新的，质量也要好过其他公司。这间办公室约有 140 平方米，位于上海市中心一栋商业大厦的 33 层。办公室有许多窗户，采光和通风良好。其他公司的代理人办公室在墙上和天花板都张贴有很多海报和标语，L 公司的办公室却只有一句标语："做失败者不屑于做的事，你就是成功者！"墙上还贴有另一个警示标志"禁止吸烟，违者罚款 50 元"。沿着窗户约有 20 多张桌子，每张桌子由玻璃间隔开来。办公室中间另有几张长桌，长桌周围有几张椅子。有些玻璃间隔的办公桌仍然闲置，等着新的高级代理人加入。这间办公室的销售团队由 40 名积极活跃的代理人组成，名为"金星团队"[29]。该团队绝大部分成员都是年轻人，至少 70% 的成员年龄都在 30 岁以下。男代理人多于女代理人，所有人都拥有本科及以上学历。男代理人穿西装、打领带，女代理人穿裙子和夹克衫。衣服的颜色非常单一，大部分是黑色、灰色和白色，但是这些年轻的代理人谈吐都非常自信，并将他们的工作视为事业。

　　另外三支销售团队在金星团队的下一层，也就是在同一栋大厦的 32 层，共享一间和金星团队一样大小的办公室。我拜访了其中一支名叫"白羊团队"的销售团队。白羊团队的办公设施和金星团队显然不同。白羊团队的代理人规模和金星团队大体一样，但是办公空间却很有限。除了团队经理，其他代理人的办公桌之间都没有玻璃隔断。这个房间的窗户数量较少，因而看起来比上一层更黑。这一层的天花板和墙上贴的标语更多。其中的一条写着"多些勇气，少些抱怨"。另外一条写着"少抱怨，多做事"。这些标语看上去好像在暗示保险代理人多有抱怨和不满。32层的代理人年龄相对偏大，大概60%以上的代理人年龄都在30岁—50岁之间。这里男代理人也多于女代理人。这些代理人同样也是穿正装，但是没有那么正式，颜色也不尽相同。他们的行为举止比较多样。虽然有些人看起来士气高涨、充满信心，但是大部分人看起来没精打采。

因此，L公司的保险代理人之间存在明显分层。金星团队是完全按照总经理的理想模式发展起来的精英团队。它的平均销售效率是上海最高的，在办公设施和培训方面得到的投入更多，让代理人感到自己得到重视和尊重[30]。然而，这个团队的规模不及L公司整个销售团队规模的十分之一。公司大部分销售团队都和白羊团队差不多，总经理对此感到失望。

起初，L公司在打造其代理人队伍时，只招募那些从未在保险公司工作过的应届毕业生。L公司不喜欢上海保险代理人推销保险的方式，因此公司偏好招募那些在保险销售领域没有任何经验的人。总经理不认同那种营造家庭文化的金字塔式和家谱式的代理人结构。因此，L公司保险代理人的招募首先遵循的是德国模式。保险代理人由公司的人力资源部门负责招聘，由销售总监监管。招聘过后，保险代理人都是独立自主地开展业务。那些业绩优异的代理人会晋升为团队经理。人力资源部门会分配新招募的代理人给他们作为下线，然后这些经理的收入就和他们下线代理人的销售业绩挂钩。然而，因为卖保险对普通大众吸引力不是很强，如果不动员代理人自己招募下线，L公司很难扩大它的销售团队规模。结果，L公司不得不采用金字塔模式，鼓励代理人招募下线成员。

  L公司带着引入专业销售方式的雄心进入中国。它想让它的代理人有别于其他公司。L公司与那些鼓励代理人走门串户接触陌生客户的公司相反，它起初不允许代理人在没有预约的情况下登门。它教导代理人提前预约是对客户的尊重。然而，保持专业形象的理想和日复一日被拒绝的现实之间的显著差异，毫无疑问打击了保险代理人的工作热情。2002年，在我观察期间，保险代理人不但走门串户，还伪装成L公司的调查员接近潜在客户，获取他们的个人信息。这个策略一开始由P公司的保险代理人使用，然后一些其他的保险公司也开始采用。因此，就算公司内部管理层在推行某一套实践，保险代理人还是会依据现实需要采取另外一套。我在L公司所观察到的代理人行为模式与德国管理层的期待相去甚远。

  因为在德国并没有每周例会和每日例会，所以德国管理层一开始并不喜欢召开这些例会，他们觉得没有这个必要。然而，他们聘用的保险销售管理顾问是一家台湾咨询公司，名叫"保险营销杂志国际有限公司"。它成功说服德国管理层采用早会这一管理实践。例会的频次和形式就跟A公司和T公司一样，由团队经理自主决定。我参加了金星团队和白羊团队的早会。两个团队的形式都差不多，但是气氛却不同。两个办公室的团队经理都会击鼓表示早会时间到。保险代理人选座位坐下，听经理和受邀嘉宾讲话。金星团队的代理人会上表现得非常专注，而白羊团队的代理人看起来却纪律松散。白羊团队的代理人有时对演讲者态度粗鲁：

> 当代理人听到鼓声，有些人会皱眉，看起来有些烦扰……团队经理讲话的时候，一些代理人在各自聊天。经理问是否有人愿意和大家分享成功的销售事例，竟然没有任何人响应，让场面看起来有点尴尬。团队经理建议刚刚在这周成功卖出保单的一位女代理人和大家分享她的成功故事。然而，这个代理人并不愿意这样做，她说："没有什么好分享的。"沉默维持了一到两分钟，直到一位男代理人自愿替她说……团队经理让大家鼓掌表示感谢，但是只有一半人鼓掌。当这位代理人准备分享他的故事时，另外一位女代理人对着团队经理大叫，说像例会这样的东西对销售一点帮助也没有。[31]

在早会看到这样冷淡和粗鲁的保险代理人，我感到有些震惊。虽然 A 公司的代理人在早会期间也并不热情，但是他们从来没有对其他人或者团队经理出言不逊。我一开始怀疑是不是因为这位团队经理不受欢迎。后来，我发现保险代理人态度那么差，是因为对公司整体管理感到不满。

管理人员和保险代理人的失望

在我观察的几家公司中，L 公司的代理人系统的确是组织化和精细化程度最高的。它的代理人行为手册共有 45 页，对各种奖励制度和晋升标准的解释系统而详尽。各种各样的奖金加起来一共 18 种，和 T 公司提供的奖金一样诱人。L 公司所提供的员工福利总体上好过 A 公司和 P 公司。那么 L 公司的代理人为什么对公司如此不满呢？

我尝试着去接触白羊团队的代理人，但是他们大部分人都忽略我的存在。他们都不太愿意和人交谈，有些人以怀疑的眼光看着我。少数愿意跟我讲话的人，都表达了他们对公司的不满。"L 公司的产品太难卖了。P 公司的产品更畅销，中国人寿的产品也容易卖。" 50 多岁的宗佰对我说。我好奇地询问宗佰为什么不直接加入 P 公司。他说道：

> 我选择 L 公司是因为它是一家外资企业。我感觉质量（公司的体制和产品）会更好。一开始它看起来是一家高端的公司，但是现在它非常糟糕。这里的培训没有什么用。L 公司的员工和管理层不断在换人。规章制度也是一直变。今天它们用一套规则，明天又是另外一套……非常的糟糕！对，我就要去另外一家公司了。[32]

来自德国的管理层由于明显缺乏本地文化知识，只能够通过试错的方式来运营公司。这让代理人感到非常沮丧。抱怨的

不仅有来自白羊团队的代理人,还有来自金星团队的代理人。金星团队的经理周小姐讲出了她的不满之处:

> 这公司根本不知道怎么在中国做生意……我 1999 年加入这家公司的时候,它提供的培训根本没有什么用。当时给我们培训的是一个德国人。他只会讲理论……不知道怎么在中国市场做销售……现在的(市场销售经理)是个新加坡人,我不喜欢她……她老是开一些大家都笑不出来的玩笑。[33]

金星团队虽然有良好的办公设施,但它要扩大团队规模非常困难。我在金星团队进行了三个月的田野调查之后,周经理带着她手下最好的高级代理人去了另一家公司。在我研究的保险公司中,L 公司保险代理人的离职率是最高的。尽管它和 T 公司几乎同时成立,但是到 2001 年它只有 934 名代理人。

L 公司在管理本地保险代理人方面的确毫无章法。它首先采用德国模式,然后逐渐采用台湾模式,然而它却不能成功融合这两种不同的模式。公司总经理承认他遇到过无数文化冲击。他特别难以理解的是,本地文化习惯将工作和私人生活混在一起。"在德国从来不会遇到这方面的挑战……德国人将工作和私人生活分开。这里同事间的关系有点像和家里人的关系。他喜欢你和不喜欢你的表现完全不一样。他们的个人关系和私人感情会影响他们的工作。这里有太多个人因素的干扰。"[34] 这里可以看出,总经理关于控制的观念明显是他文化资本的一部分,这一观念作为一种"阐释框架",能够解释其行动的合理性。这一观念并不是在本土文化情境中习得的。我们可以看到，T公司的管理层有意在公司营造一种家庭氛围，让代理人能够动员他们积极的个人情感，以提高工作效率。L公司的管理层却是反其道而行之。来自德国的管理层期待工作场所能够完美反映工具理性精神，但是他们不明白通过消除"关系"来净化中国的工作环境不明智，也不可行。L公司的一位高级代理人直言不讳，揭露管理层对于本土文化知识和实践技能的缺乏：

> 那些德国经理把问题想得太简单了，以为什么都直来直去。他们不懂得中国政治的复杂性……他们不懂中文，也没有什么亲近的中国朋友。有时候中国员工会愚弄他们，因为他们根本不懂中文，也不懂中国人行为背后的深意……他们人很好但是太无知了！[35]

这个代理人并没有揭露管理者是如何遭到他们员工愚弄的。但是，我们不难想象德国管理层在不懂本地语言和文化的前提下，要去管理和控制这些本地员工是多么困难和无助。

管理层的文化资本和机构管理

要解释公司在微观层面策略选择的多样性，尤其是公司高层的管理风格，比较制度分析有力论证了宏观制度因素的重要性，例如公司的本土制度性资源和法律框架（Lehrman, 1994；

Fligstein, 2001；Lehrer, 2001；Casper, 2001）。本章比较了在同一宏观制度环境之下，不同寿险公司在保险代理人管理方面的微观策略差异。这些保险公司不仅在同样的制度环境下运作，而且他们都是新成立的公司，在组织结构方面也具有很大的相似性。那么，我们该如何理解 A 公司、P 公司、T 公司和 L 公司在企业文化方面存在的显著差异？

要解释这些公司管理模式的不同，我认为答案在于不同公司"制度企业家"的组成差异上。各家保险公司在代理人管理上表现出系统性差异，这些差异是基于高层管理者身份认同的差异。尽管 P 公司付出巨大努力来将公司组织结构不断西化，但是 P 公司由内地人采用威权式管理，仍然带有国企的影子。由台湾地区人士管理的 T 公司在代理人管理方面采用以情感纽带为基础的家庭式管理，它的企业文化更类似于直销公司。由港台地区人士共同管理的 A 公司和由德国人管理的 L 公司都努力打造一支独立专业的保险代理人队伍，营造一种现代理性的企业文化，虽然目前为止 L 公司的尝试失败了。我们看到，当跨国保险公司遭遇本土文化的限制时，来自台湾地区的管理者能够最为有效地调节两者之间的紧张关系，而这是德国管理者最不擅长的。弗雷格斯坦和彼得·布兰特利（Fligstein and Brantley, 1992）发现公司首席执行官的背景会影响公司的业绩表现，本研究进一步指出高级管理者的文化背景会在很大程度上影响跨国公司在某一特定地区的表现。我认为高层管理者的不同人选和不同来源会导致非常不同的结果，因为他们的文化资本很大程度上塑造了他们的管理策略。

弗雷格斯坦（Fligstein, 1990, 1996）认为，高级管理者的文化观念是公司管理理念的重要资源，我认同他的观点。然而与此同时，这些文化资本也给管理者造成认知上和习惯上的限制。从这一点出发，我进一步探究了为什么某些管理者的文化资本能够成为资源（如T公司），而另一些文化资本却会成为阻碍（如L公司）。我的观点是，台湾管理者获得文化资本的制度文化环境与上海的制度文化环境具有更多亲和性，然而德国管理者获得文化资本的制度文化环境却与上海的环境迥然不同。

为了更好地运用上述观点来解释各家公司在代理人管理上的差异，将T公司和L公司进行对比最具有说明性。首先，本地保险代理人都带有自身的文化印记。在他们加入保险行业的时候，这一印记不但会影响他们的价值、想法和观念，也会影响他们的实践技能、习惯和行为举止。这些既存的文化资本有些对保险销售很有帮助，但是有些却是阻碍。保险公司的管理层都试图压制或消除那些有碍于保险销售的文化印记，强化那些有利于销售的文化印记，并且在他们身上培养新的文化印记。但是，他们对可取或者不可取的文化印记的选择存在差异。德国管理层抱怨公司本地员工个人关系和工作关系界限模糊，台湾管理者却通过在工作场所营造家庭氛围有意模糊这一界限。后者在培育员工良好心态方面成效更好，因为台湾人的制度文化背景与内地人有更多共通性，和本地人世界观相近。这些相似的观念会界定哪些行为是合理的，怎样的结果是好的。这些共通的文化模板令台湾管理者具备认知上和规范上的优势，他们能够更好地理解本地人的利益需求，同时也能塑造出符合本地保险代理人利益的集体认同感。

  高层管理者面临的另外一个组织任务，是改变代理人的一些既存态度，创造出全新的认知与情感资源。培训人员和市场部门经理必须具备一些"社会技能"（social skills）（Fligstein, 1997），利用既存的本土文化工具箱来实现这一目标。T公司的管理者采用情感话语来带动代理人感情。他们将家庭文化符号动员起来，让代理人融入和谐的集体之中，并在话语中诉诸家庭，引导代理人将公司看作一个大家庭，促进代理人之间的互助，强化代理人对公司的认同（Biggart, 1989; Kunda, 1992）。为了强化员工的职业道德，培养员工主动出击的习惯，台湾管理者原本运用商业话语和代理人打交道，但是只有那些能够内化的观念才最为有效（Carruthers and Babb, 1996），而且话语必须与现实发生互动（Zbaracki, 1998）。台湾管理者十分清楚，在中国情境下，如果只是采用专业话语来管理保险销售工作会碰壁。专业的理想与销售工作的现实之间存在十分明显的差异。单纯使用专业话语会显得很做作，不够真实。然而，商业话语在上海这样的社会文化情境下很受欢迎，因为这座城市以做"老板"和发家致富为荣。做"老板"当然与利润和赚钱联系紧密，但是做"老板"的意义也不仅仅是这些。杨德睿（Yang, 2005）在上海道教庙宇的研究中发现，年轻道士之间十分流行彼此称呼"老板"。做"老板"代表着体面的社会地位和对自我的良好感觉。台湾管理者对本地人这一渴望十分敏感。与此同时，台湾管理者拒绝使用特权等级体系，他们将代理人称作

"老板",通过调侃自己来取悦代理人。台湾管理者了解本土文化,明白1949年以前的中国仍然是一个非常传统的社会,社会上存在特权现象,不同阶级和社会地位之间的等级差异明显。他们也知道这些等级体系在1979年以后的中国又开始出现,令老板与员工之间、公司高层和公司底层之间等级森严。这体现在他们社会地位的差别和实际交往中的等级差距。此外,中国保险公司的等级体系令运营管理人员比保险代理人享有更多特权和权力,对高级管理者来说更是如此。正是在这样的情境之下,T公司的管理者通过拟剧的方式来否定等级体系才显得特别有吸引力。因此,实践证明,那些对内地人的社会心态有更好的了解以及行为举止为本地人所欣赏的"制度企业家"在塑造本土代理人的心态方面表现得更为成功。

另一方面,德国管理者的文化工具箱和上海的制度文化环境的相关性最低。德国管理层来到中国,希望打造一支理想的销售队伍,团队中的代理人能够独立工作,以任务为导向,具有民主精神。这一理想与本地劳动力相差甚远。尽管L公司随后愿意进行本土化,但是德国和上海在文化和制度上的差异使得公司本土化十分片面。选择雇佣一个新加坡人来管理保险代理人,并视之为本土化的标志,这就表现出德国管理者对本地缺乏了解。L公司的案例揭示了高层管理者的文化资本与本土文化环境之间的对抗性,是如何导致企业发展策略失效和本土化失败的。文化并不能随意从一个组织移植到另一个组织(Swidler, 2001),那些德国管理者来自和上海完全不同的制度环境,即使他们在保险行业经验丰富,在实行他们的理想模式时也会感到异常沮丧。

然而，如果高层管理者的文化资本和本土制度文化条件的契合性是成功管理的首要因素，那为何P公司的代理人管理策略看起来不如T公司的那么有效呢？为了回答这一问题，我提出了一个初步的理论模型（如图3.1所示）。这一模型试图回答，除了布迪厄（Bourdieu, 1984, 1986）所预设的阶级背景外，高层管理者的文化资本还有哪些来源。

我所研究的四家保险公司都在同一个地方运营，并且他们所雇佣的中低层管理者也是同一批本地劳动力。然而，他们在两个重要方面有所不同。第一就是高层管理者的背景，另一个就是他们母公司的企业特征。高层管理者先前工作的制度文化环境对于构成他们文化资本的作用十分显著（图3.1，箭头A），这点我之前已加详述。母公司的企业特征对于塑造本地管理策略也扮演了十分重要的角色。举例来说，A公司的母集团在中国历史悠久，它的子公司A公司总部位于香港，它的企业文化和策略很可能不同于L公司，因为L公司发源于柏林并且在中国毫无经验。他们不同的企业传统一方面通过企业体制和结构向下传递，另一方面也会通过公司管理者的社会化过程传递。因此，高层管理者文化资本之间的部分差异来源于母公司的文化与策略（图3.1，箭头B）。这些文化资本影响和组织高层管理者的管理策略（图3.1，箭头C）。然而，公司的微观策略主要是由宏观制度环境所塑造的，即使同一家保险公司在不同地方的分公司也可能发展出不同的企业文化。举例来说，我发现与台湾T公司相比，香港T公司与香港A公司共通性更多。香港 T 公司和台湾 T 公司之间的不同，主要在于高层管理者风格不同，这部分决定了高层管理者与周遭制度文化环境之间的互动。因此，管理者的文化资本在本地制度与文化条件下与本地员工互动，产生了在某一特定地域管理策略的多样性（图 3.1，箭头 D）。

图 3.1 能够有效说明，为什么 P 公司管理者的文化资本不如 T 公司的那么有价值。按理说，P 公司的管理者是本地人，他们获得文化资本的环境和公司成立地的制度文化环境相同，他们的文化资本在本土环境下应该是最能发挥效用的（粗箭头 A）。但是，P 公司作为一家新晋保险公司却没有相应的母公司将有效的公司管理策略传递给高级管理者（细箭头 B）。与此相反，P 公司的本地管理者从他们之前的工作场所习得部分文化资本，令他们的管理带有国有企业的文化印记。本地管理者主要受这一过去经验的影响，导致整个决策过程采用集中制和等级制。值得注意的是，采用威权式、家长式管理模式的并不只有 P 公司一家。我发现另外一家国内保险公司即中国人寿也采用类似模式。此外，李红梅（Li, 2006）在对中国国内广告公司和外资广告公司的研究中得出了类似的结论。国内公司采用的是父权式管理模式，把公司老板当作"父亲"，他对公司员工享有绝对的权威。经历过这样的社会化，很难想象这些中年本地管理者能够像 T 公司的管理者一样，打破他们的认知与习惯上的障碍，主动屈尊，恭维甚至取悦保险代理人。然而，这种威权家长模式只有在产品好卖和代理人赚钱的前提下才能运转良好。如果公司的产品不再具有竞争力，代理人士气也逐渐下降，这

种模式就很难重振他们的士气。

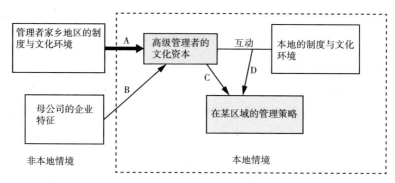

图 3.1　高级管理者的文化资本来源及其对管理策略的影响

此外，另一个问题是，为什么在激励保险代理人方面，T公司比A公司表现得更为出色呢？为什么香港管理者呈现出与台湾管理者非常不一样的文化特质呢？我认为，香港和台湾管理者之间的不同之处在于两地的制度环境（箭头A）。尽管自1997年以后，香港主权回归中国，但是它的制度环境仍然深受英国影响，法治和工具理性占统治地位。香港人理性办事、遵规守纪，这让他们在管理上海保险代理人时缺乏灵活性与创造力。此外，香港的英式教育严重地削弱了当地人对中国文化的了解和相关技能。举例来说，在20世纪90年代早期，很多香港人都不会讲普通话。由于说同一门语言能促进沟通，有助于构建共通的心理图式（Denzau and North, 1994），香港管理者与本地人语言不通，这限制了他们的策略选择，为他们理解本地人的心态带来障碍。另一方面，如果把政治议题放在一边，台湾的文化与制度安排和中国内地有更高程度的亲和性。台湾经济与 1949 年以前的中国内地经济非常相似，都是以小型家族企业为主（Biggart and Guillen, 1999）。人际关系网络在小型公司经济中扮演着非常重要的角色（Hamilton, 1996b, 1998）。尽管改革开放后中国的制度安排和解放前的中国非常不同，我们仍然可以找到很多证据证明两者的相似之处（Hamilton, 1996a）。由于内地和台湾在文化方面更为相近，台湾管理者的文化资本能够在本土制度的限制下更为有效地管理本地的员工。

简而言之，我认为，高级管理层的构成和他们的文化资本是塑造这些公司劳工管理策略的主要因素。本研究将文化资本的概念扩展运用到跨国情境之中。我认为，高层管理者的文化资本有两个主要来源：这些管理者原生社会的制度文化环境和他们以前工作单位的企业特质。如果管理者"老家"的制度文化环境和本地环境相似，他们所承载的文化资本就更有用，和本地环境更相关。这几家公司的高层管理者来自三个不同地方，分别是中国台湾、中国香港和德国，其中台湾和中国大陆在制度和文化特质方面最为相似。这也就解释了为什么台湾人管理的 T 公司表现优于港台人共同管理的 A 公司，而 A 公司的表现又优于德国人管理的 L 公司。与此同时，管理者从他们以前的工作单位继承了部分文化资本，一般来说他们以前的工作单位也就是所在公司的母公司。这也就解释了为什么 T 公司的台湾管理者会采用类似直销公司的家庭式管理，而本地管理者则采用类似国有企业模式的家长式管理。

本章通过探究"制度企业家"的文化资本，描述了本地和外地的制度文化特征及其互动。它勾勒出了各家保险公司在保险代理人管理策略方面的不同模式和因此导致的不同结果。第四章将描绘本地保险代理人如何有选择地从本土文化素材库中动员特定资源来"迫使"客户来购买他们的产品。

第四章

促成业务：销售策略与销售话语

肇始

关系的局限和人情保单的减少

新战略：推销"自我"和建立关系

拉关系过程中的互惠关系、拟似亲缘和性别角色

关于寿险需求的话语

文化、制度和销售话语

第四章　促成业务：销售策略与销售话语

> 人寿保险的卖点是未来——一个个悲观的未来。
> ——泽利泽,《道德与市场》(1979)

> 推销人寿保险的关键就是要变得八面玲珑。要想成功，就要先把你自己推销出去，让潜在客户把你当作自己人。
> ——上海某资深寿险代理人培训师，2002年

若要在不熟悉商业人寿保险的人群中推广保险，寿险公司除了需要组建销售团队，还有两大组织任务。首先，公司需要赢得公众的信任；其次，要创造公众对寿险这一新产品的需求。本章将探讨以下问题：上海的保险代理人如何推销人寿保险？他们为何采用这些营销手段？各种文化与组织架构如何影响保险代理人的销售策略？为解答这些问题，我将把注意力放在有助于达成交易的微观过程上，探讨寿险公司如何通过保险代理人赢得公众的信任和创造公众对寿险产品的需求。A公司和P公司初入上海市场时有着迥异的市场营销模式。在本章中，我将详述这两家公司的营销方式，并解释为何这两种营销方式未能持久；探讨为何所有寿险公司的保险代理人纷纷转为"自我营销"，以获取客户的信任和配合；分析本土行动剧目库（local cultural repertoire），特别是中国特色关系的互惠原则，如何塑

造保险代理人与潜在客户之间的互动策略。在分析过程中，我将指出保险代理人个体利用文化资源推销保险的模式，并比较这些模式之间的异同。在创造公众对寿险产品的需求时，国内公司和外国公司代理人所使用的销售话语略有不同。接下来，我将分析他们销售话语的不同之处，并讨论为何国内寿险公司的话语更为有效。我将探讨国内寿险公司成功的秘诀——在死亡禁忌文化及体制条件限制下，适当利用本土文化符号，以达至有利效果。

肇始

泽利泽（Zelizer, 1979）发现，在美国寿险市场形成初期，保险代理人常常自称是牧师或传教士，以赢得他人的信任和配合。为了让公众意识到购买人寿保险的必要性，代理人常常把死亡用作"敲门砖"，以此激发公众的恐惧，进而把人寿保险描绘成与死亡抗衡的"保护盾"。因此，所有保险公司的宣传广告不但不回避"死亡"，相反还突出这一主题（参见 Murphy, 2010）。尽管如此，把生命和金钱联系起来依然是一项文化禁忌。为了突破这一禁忌，保险公司赋予新寿险产品准宗教和慈善的意义，并采纳了一套与道德义务挂钩的话语，以说服潜在客户，让他们相信自己需要一个体面的葬礼或其他保障型寿险产品。类似的行为也可以在19世纪英国的保险代理人身上看到。阿尔本（Alborn, 2009）记录了他们努力将保险神圣化的过程。这些代理人充分利用基督教福音派教义，引述维多利亚时期小说中对于死亡的描写，来带出意外死亡这个令人不快的话题。他们用别人英年早逝的悲惨例子来吓唬潜在客户，把购买寿险与男人履行其对妻儿的责任挂钩，让未投保的男人感到窘迫。尽管有前人不懈努力，但时至今日，欧美的保险代理人依然要面对众多对他们寿险产品毫无兴趣的民众（Oakes, 1990；O'Malley, 2002）。为了争取这个群体的保单，保险代理人把自己打扮成专业人士，在推销产品时依样照搬公司标准化的销售话语。

1992年A公司进入上海时，其潜在客户对人寿保险既不了解，又无兴趣。那么，A公司是如何推销它的寿险产品的呢？

A公司模式：专业人士加标准话语

在之前的章节中，我介绍了A公司的营销模式。一进入上海市场，它便马上把美国那套营销模式移植过来，推出风险管理的产品，并着力打造旗下保险代理人的专业形象。总而言之，它的主要营销策略在各方面都跟当代美国市场的寿险营销策略高度相似。

A公司引入了统一的销售流程，当中包括七个步骤：寻觅和评估潜在客户、准备访谈、联系潜在客户、访问潜在客户、处理客户拒绝、签订保单和服务客户。整个流程几乎与奥克斯（Oakes, 1990）和莱德纳（Leidner, 1993）所描述的美国寿险销售程序一致。A公司的保险代理人指导手册详细指导代理人如何去操作每一步，细微到如何着装，如何握手，如何递名片，如何与潜在客户洽谈，有哪些该说和不该说的话，以及如何抓住潜在客户的购买冲动签下保单等。这些细致入微的指引成为了保险代理人的行为守则，指导他们如何在各个销售阶段应对各类潜在客户，帮助他们应对潜在客户的各种响应和拒绝。

从对寿险需求的创造和对潜在客户拒绝的处理两个层面上比较，A公司的上述行为守则跟美国同行非常相似。他们都试图把寿险跟家庭道义绑在一起，突出"保护"、"爱"、"尊敬"、"自强"、"家庭责任"和"人的价值"等概念。尽管在中国忌讳讨论意外死亡的话题，保险代理人还是采取迂回战术，通过引述第三者的悲惨遭遇，让客人觉得这种不祥之事虽然事不关己但却又真实可信。他们使用"陌生拜访法"，在"陌生人群"中探寻潜在的客户。A公司在1992年—1994年间招募了一批高学历的年轻人做保险代理人。他们乐于接受公司的培训，并严格遵循销售行为守则。他们挨家挨户拜访，不断给"陌生人群"讲述尚未投保家庭的悲惨遭遇。殷万于1992年成为A公司的代理人，他回忆起当年推销保险的情形和顾客的反应：

> 我们的工作相当困难！我们很难让他们相信意外会同样落在他们头上。虽然大家都见过意外发生，但他们坚信这样的遭遇不会落在他们头上。作为保险代理人，我们的工作就是要教育公众，让他们明白意外是个中性词，它可能落在每个人的头上。我们告诉大家，购买寿险其实是对家人表达爱心和关心的

方式。要知道，我们中国人会为了家庭利益牺牲一切……但这收效甚微。他们不愿听到不祥的事情……不愿往那方面想。他们就说对产品毫无兴趣，或者直接说他们不需要。[1]

很明显，A公司试图提高人们的风险意识，进而让他们接受新型风险管理模式。然而，人们忌谈死亡，不愿思考与意外死亡相关的东西，让他们产生购买寿险的念头谈何容易。

很多例子表明，A公司的销售守则并未能让公众产生购买寿险的念头，毕竟这些观念与本地实际格格不入。A公司培训资料里面的一段话可以印证这个观点："一个家庭若是失去父亲，母亲就不得不通过外出工作来养家糊口。母亲这一角色变成了'兼职'。这将是不可弥补的损失。若要让家庭永远充满爱心和关怀，（父亲）就要未雨绸缪。"[2] 这种手册跟本地实际完全脱节——在当代中国，已婚妇女往往也外出工作，因此"职场妈妈"并不是个贬义词。

为了方便代理人使用行为守则，A公司的培训部门特别从香港引进了彩色宣传手册作为销售辅助材料。然而，这些手册上的案例依然不切本地实际。比方说，一本宣传册列出"人生三大风险"，并附上三幅照片，希望借此提高公众的风险意识。当中一幅照片上印有"死亡"的字样，附有基督教中象征坟墓的十字架符号；另外一幅印着"伤残"二字，画有一个坐在轮椅上面壁思考的年轻人；最后一幅是个形似白人的白发老人在垃圾桶里捡垃圾，上面标着"衰老"二字。另外一本宣传册上印着一辆锃亮的红色跑车，旁边有个问题"你愿意为这辆车投保吗？"。它旨在向潜在客户传递一个信息：如果作为车主的你愿意给这辆车投保，那么你也同样应该为自己的生命投保，因为生命比车更宝贵。还有一本宣传册上印着一台"印钞机"，源源不断往外印钞，寓意着生命可以创造财富。生命可以用金钱衡量这一观点在这本小册子上表露得尤为清晰。这本宣传册试图提醒潜在客户：如果遭遇意外和疾病，他们将会丧失挣钱的能力。一开始，保险代理人都随身携带这几本宣传册；但很快他们便发现这些宣传册"毫无用处"。原因显而易见。在20世纪90年代初的中国大陆，基督教的十字架和奢华跑车与中国人的文化框架和日常生活格格不入，甚至坐轮椅的残疾人也寥寥无几。此外，用跑车和印钞机作为生命的喻体显得过于商业化。这些宣传册充分暴露了A公司进入上海之初，对本地文化风俗知之甚少。A公司的代理人很快就放弃了公司所推崇的这种"理想化"的营销模式，特别是在他们发现P公司的营销策略比他们的更奏效以后。

P公司模式：关系与人情

P公司的模式与A公司的陌生拜访法截然相反，前者一开始便使用了"缘故法"，即通过现成的关系网络发掘潜在客户。P公司的代理人并未从陌生人入手，而是积极利用自己的关系网络，直接向亲朋好友推销保险[3]。他们这样便激活了基于亲密关系的文化图示，从而克服获得客户信任的难题，利用人情或人际交往义务来弥补人们对寿险需求的缺失。

文化图示和文化礼仪是文化素材库的组成部分。文化图示是人类共有的认知模块，它由分类能力（categorisation）、注意力（attention）和感知能力（perception）三重功能构成（DiMaggio, 1994；Cerulo, 2002；Steensland, 2006；Vaisey, 2009）。迪马乔（DiMaggio, 1997）认为，文化图示不但是对既有知识的呈现，还是一种信息处理机制。作为对既有知识的呈现，它包含着物质意象及其相互关系；作为信息处理机制，它简化了认知过程，提高了认知效率，但却牺牲了部分精准度。围绕着既存亲密关系建构的文化图示激活了"亲朋好友"之间"理所当然"的关系意象，在认知上为解读他人动机和行为提供了快捷方式[4]。因此，这种文化图示大大方便了保险代理人消除亲朋好友对人寿保险的疑虑，在公众对寿险一知半解且相关法规尚未完善之时尤为如此。由于人情是中国文化中互惠规范的重要组成部分，主导着人际交往中约定俗成的行为，所以当公众对寿险有所了解却尚无需求时，人情就成为了保险代理人的法宝。

尽管 P 公司推出的首款个人意外保险跟 A 公司的同类产品相似，但 P 公司并不需要花很大力气向公众推广风险管理的理念。P 公司的代理人尽量回避谈论其他家庭的不幸之事，他们只是告诉亲朋好友寿险是个好东西，可以造福大众，他们因为这个理由才加入了保险行业。这些保险代理人并没有对他们的亲友撒谎，因为他们自己对寿险背后的逻辑也是一知半解。这些亲友跟代理人之间保持互信，对保险业的佣金制度一无所知，自然对保险代理人的话深信不疑。曹莘洁（40岁左右）曾在1995年投保，但当时并不清楚购买的是什么险种。她向我透露了以下因由：

> 噢，我买这份保单的时候，完全不知道什么是寿险。那个代理人是我的好朋友……有一天她忽然打电话给我，说她想来看我。我当然是很想见到她。她告诉我说她现在正在卖保险。我问她："啊，什么是保险？"她说就是一个保障，但她没有多说什么，我也没有追问。要知道，她是我的好朋友，我相信她不会给我推销什么不好的东西。[5]

曹女士对那位保险代理人的信任，是基于"好朋友"关系建构的一系列文化图示。这些文化图示的例子包括"好朋友不会骗我"、"好朋友不会卖给我不好的东西"以及"好友会维护我的利益"等。这一系列框架让亲友倾向于从正面的角度去看待对方的动机，进而产生"反身型信任"（reflexive trust）。这种信任由基于亲密关系的文化图示催生，并未经过人们的深思熟虑。

当潜在客户对寿险一无所知时，基于亲密关系的文化图示最能促成寿险保单销售。但一旦公众得知只有遭遇不幸事故才会获得保金，他们对寿险的兴趣便骤减。P公司为了应对这种情况，把寿险重新定义为理财产品，并相应推出主打储蓄功能的产品，可惜该产品的利率对潜在客户还不足够诱人。尽管如此，为什么依然有很多人继续购买人寿保险呢？吴俊（34岁）

于 1995 年购买了 P 公司的养老保险,他告诉我:"那个代理人是我的朋友。我不想让他失望。他是我的朋友,我总得给他面子。事实上,我并不需要任何保险。那时候,银行储蓄的利率比这还高……但没关系了,他是我朋友。如果有什么可以帮上忙,我一定会帮他。"[6] 这就是中国人口中的"人情保单",是客户为了维系和发展自己与代理人之间的关系,主动或被动履行人际交往义务时所产生的交易。因为人情表达的方式多种多样,有同情、感情、面子和帮忙等(Yan, 1996, 2003; King, 1994),所以人情保单产生的原因也有多种,比方说为了表达对代理人的同情和感情,给代理人面子,帮代理人的忙,或者报答代理人之前的恩惠等(Chan, 2009b)。吴俊的案例则糅合了多种不同的因素,包括出于对朋友的同情,不愿让他失望;出于义务,给朋友面子,在朋友有需要时出手相助。

由此可见,既有关系不仅仅通过一系列文化图示来促成寿险保单销售,它还通过人情的约束达成目的。在人情的众多表达形式中,最常见的是保险代理人请求潜在客户给他们面子。对中国人而言,"面子"有多重含义,在不同的语境中含义不同。欧文·戈夫曼(Goffman, 1967:5—12)基于"面子"和"给面子"在中国的使用情况,给出了这两个概念的广义定义。根据他的定义,"面子"是在社交过程中,某人根据他人期待,主动遵守社会认可和赞赏的行为。"给面子"是指在和他人或群体的交往过程中,给予高于对方期望的对待。倘若某人"丢脸"了,那这个人在其熟悉或可触及的社交圈子中就失去了应享的社会地位(Hertz, 2001)。人际交往义务决定着关系的意义,并且把各种社会关系连结一起；给面子正是这种义务的体现。因此，不给面子类似于拒绝送礼，其无异于向他人宣战，会对双方关系造成不可逆转的损害（Mauss, [1950] 1990; Komter, 2007）。保险代理人但凡能适时且有技巧地调动起和给面子相关的礼节，便可以顺利向亲友售出寿险产品。

在 A 公司看来，通过关系和人情来推销产品与其竭力营造的专业营销模式相左，但当它看到 P 公司占领市场后，也不得不默许其代理人采用 P 公司模式。结果是投保的大多是保险代理人的亲友，然而他们对寿险本无需求。这种现象十分常见，上海人把这种现象叫作"人情保单市场"。

关系的局限和人情保单的减少

20 世纪 90 年代末，人情保单日趋式微。但是，正如第三章所示，保险代理人的年销售额仍不断攀升。因此，既存亲密关系消耗殆尽这个结构性问题并不能充分解释人情保单的式微。此外，倘若需要扩大潜在客户的规模，代理人除了可以向熟人推销之外，还可以随时拓展销售面。我在调研期间发现，保险代理人并不十分乐意直接向亲朋好友推销。相反，向处于亲密关系网中的熟人推销寿险成了下策，是"不专业"的表现。这究竟是为何？

在另一篇文章中，我曾指出公众在知晓保险销售中的佣金回报制度后，人际网络销售带上了负面含义（Chan, 2009b）。对本地民众而言，由 A 公司引进中国的佣金制度是个新鲜事[7]。寿险公司及其代理人知悉本地民众不大能接受他人通过佣金获利，更加不能接受他们绝大部分的保费直接流入代理人的腰包，所以他们都极力掩盖保险业的薪酬制度。然而，迫于销售业绩的压力，一些保险代理人急于给他们的潜在客户提供优惠折扣，在不经意间透露了关于佣金制度的信息，然后这些信息口耳相传。20 世纪 90 年代末，越来越多的寿险公司进入上海市场，直接推高了对保险代理人的需求。为了吸引雄心勃勃且上进心强的保险代理人，这些新的公司不惜公布其佣金制度，甚至在招聘广告上夸大保险代理人的收入水平。常平恺是一位保险代理人，他向我描述了他亲戚看到招聘广告后的反应：

（招聘广告）上面说保险代理人可以在五年内赚一百万。这完全失实……但我的客户看到广告后，给我打电话，说我发达了。当中一些人，大多数是我的亲戚，问我他们可不可以拿回扣。这真是太尴尬了。即使有些人没有向我要回扣，但他们知道所付保费中的四成是我拿的。这让我觉得很尴尬而且很不舒服。[8]

随着佣金制度越来越透明，加上有传言说保险代理人通过卖保险发达了，人们对于向他们推销寿险的亲友的戒心越来越重。

在此之前，基于亲密关系的文化图示让潜在客户从积极的角度来看待保险代理人的动机。但在佣金制度公开之后，文化图示中增添了对商业销售的阐释:"商业推销员是利益至上的"、"商业推销员天生就是要赚钱"和"商业推销员夸大了产品的价值"等。然而,这些阐释跟与道德和情感挂钩的亲密关系并不相容。人可以把个人利益摆在首位,但不应该对亲朋好友计较利益得失。马晓筠(45岁左右)两年前通过好友签了两份保单。当她获知佣金制度后,她觉得是朋友从她口袋里直接掏走了钱。

> 买保险的时候,我都不知道保险是什么东西。我相信那个卖保险的,因为她是我很好的朋友。我当时以为她给我推销保险是为我好……所以我就买了她给我推荐的保险……那时候,我还不知道她会把我保费里面的四成直接装入自己的腰包……老实说,我是很震惊的。怎么说呢……我不反对她通过卖保险来养家糊口,但从我身上赚钱就让我很受不了。[9]

佣金制度的公开就好比"不适时地闯入"推销员表演的后台(Goffman, 1959)。它改变了公众印象中保险代理人行为的象征意义,这不仅仅影响了潜在客户对保险代理人动机的判断,同时也影响了保险代理人在向亲友推销保险时的情感和自我形象。当保险代理人以佣金维生这一事实成为了公开的秘密后,这让他们在向亲友推销保险时感觉很不好,用他们的话来说就是在"讨钱"。戴红是P公司的一名高级保险代理人,她向同事们追述了她向一位身家雄厚的潜在客户推销保险前的忐忑不安:"他的身家过百万。我俩是好朋友,所以我觉得很难开口向他推销保险。他可能会认为我是想从他身上捞油水。"[10]

人们通常以为人际关系总会促进经济交易，但实际上，二者的相互关系要更为复杂。建立于友谊之上的商业关系是从社会关系中获得经济利益的一种形式，故此，双方会不断协调道义情感约束和经济利益算计二者之间的平衡。虽然在过去的 20 年里，中国明显出现了一股利用关系牟取私利的社会潮流（Gold, 1985；Yang, 1994），但私人关系和商业关系之间的藩篱并没有完全消失。在中国，虽说关系在人们的经济生活中举足轻重，但是运用关系须要合乎场合。不同种类的关系所蕴含的意义和社会规范不尽相同，它决定着由现存的私人关系发展出来的商业动机和活动在多大程度上合乎情理（Zelizer, 1996, 2005a；Chan, 2009b）。

新战略：推销"自我"和建立关系

虽说人情保单日渐式微，但这并不妨碍保险代理人继续利用关系和人情作为营销策略。通过田野调查，我发现所有寿险公司的代理人都不遗余力跟现有客户、熟人和他人推荐的潜在客户建立友好关系。他们如此推销"自我"和建立关系，不仅仅是为了取得这个群体的认可和信任，也是为了在争夺潜在客户的过程中比同行更胜一筹。纵然美国的保险代理人通常也在个人魅力方面做文章，但是如何有效地推销"自我"却因文化而异。莱德纳和奥克斯发现美国的保险代理人都喜欢用笑话去博潜在客户一笑，借此营造友好的气氛，进而争取他们投保

(Leidner, 1993；Oakes, 1990)。但莱德纳指出，美国的保险代理人很少借用互惠互利的社会习俗来让潜在客户投保[11]。相比之下，推销"自我"的常用方法在中国非常不同。中国的保险代理人指出最为行之有效的让自己人缘变好的方法是"情感投资"（affective investment）。情感投资是指培养关系纽带，激发对方的感激和同情。需要指出的是，互惠原则是中国式关系的基石，而血缘关系是中国式关系的框架；互惠原则和血缘关系同为情感投资这一策略的基础。

本章的几个案例有个特征：在推销"自我"的时候，每个保险代理人之间销售策略的差异，要比不同寿险公司代理人之间的差异更为明显。大多数的保险代理人把自己打扮成潜在客户的良朋益友，主动为他们排忧解难，意图激发他们的感激之情；有些代理人像对待自己的亲戚一样对待潜在客户，意图勾起他们的怜爱之心；还有一些代理人则为自己营造出专业的形象。接下来，我将会向读者展示几个例子。

良朋益友

第一个案例的主角是戴红，即本章前面曾提到的不好意思向其富裕朋友推销保险的P公司代理人。那天她身着紫色斜纹软呢西装套裙，脚穿黑色短皮靴。她的头发又短又直，而且用摩丝定型，看起来非常干练，一双铂金耳环让她散发着十足的女性气质。下午两点，我和戴红来到一家银行，这是我们首次跟这位潜在客户见面。这位客户是位离异女性，年约 40 岁，是这家分行的经理，很多下属都是戴红的客户。正是由于他们向她大力推荐戴红，才促成了这次会面。

  我和戴红等了一刻钟，才有职员把我们领入经理办公室。虽然经理正忙于处理文件，但是她还是跟我们打了招呼，并跟我们道歉说她现在手上有紧急公务要处理。戴红对打扰了她的工作表示歉意，让她先忙公务。于是我们便在经理办公桌旁坐下，等她完成公务。20 分钟后，她终于可以抽出几分钟时间跟戴红交谈。还没等戴红开口说保险的事情，经理便说她几年前就已经购买了 A 公司的产品，可是当年卖给她保险的那位代理人已经离开了 A 公司。缴付保险年金的期限快到了，但 A 公司还没有联系她。戴红主动提出帮她把这笔保费交到 A 公司，并帮她在 A 公司处开立一个自动转账户口。虽然知道经理购买的是 A 公司的产品，戴红也依然热心帮忙，这让经理感激不已。看到经理那么忙，我跟戴红坐了一会儿便起身告辞了。临别前，戴红跟经理简单聊了几句，说 P 公司现在有几款非常好的养老保险。她递给经理几份产品宣传册，然后经理把 A 公司年费共 1564 元给了戴红[12]。

  在回保险代理人办公室的路上，戴红显得非常焦虑不安，不知道怎样才能说动这位潜在客户跟她签订几份"大单"。她告诉我，这位经理年收入肯定超过 15 万，所以她负担得起总值 3 万元的保险（占其工资的两成）。可是，戴红在这位潜在客户面前表现得不紧不慢。她告诉我，应付这类购买力强的潜在客户需要耐心，做到步步为营。

戴红大约40岁，已婚，儿子13岁，正在上中学。她在1998年加入P公司，销售业绩显著。她向潜在客户及时施予援手，在他们面前的拟剧表演收放自如，这些策略得到大家的一致好评。她在客户面前不愠不火的表现、进退得体的举止、助人为乐的精神人所共知。她有时间就拜访现有客户，不管客户购买的是哪家的保险，她都乐于给他们解释保险的条款。这种古道热肠赢得了客户的衷心感谢，他们对她的帮助满怀感激，对她的评价甚高，并因此把她推荐给身边的朋友。

成为客户的良朋益友是最为普遍的推销"自我"的方法。所有的保险代理人都强调"成为潜在客户的朋友是推销寿险的前提"。然而，有些代理人迈的步子更大，不满足于只是成为客户的良朋益友。

孝顺的媳妇

常馨20多岁，也是P公司的代理人。她推销"自我"的方法跟戴红的很接近，但在某些情况下，她给予客户亲人般的照顾，意图赢得客户的垂怜，激发他们内心更深的感激之情。某些场合中，她甚至带上自己两岁半的孩子，让他充当她的销售助理。

有一次，她的一位客户刚好过生日，她便带上孩子登门拜访。她教孩子对客户说"祝您身体健康，长命百岁"。她花十块钱买了一条围巾，作为客户的生日礼物，然后一大早就来到客户的住处。她的客户是个年逾 50、腿有残疾的妇女。当客户看到她和孩子,非常感动。小男孩很不容易才说出了"祝您身体健康",但客户看到孩子的努力,依然高兴万分。她弯下腰,怜爱地抚摸着小男孩的脸蛋。她不断问常馨怎么对她那么好。常馨的举动让她非常感动,因为两周前在妇女节那天常馨刚刚才送了她一枝康乃馨。客户对常馨感激涕零,不知道怎么才能报答她的一片热心。她走入卧室,几分钟才出来,眼含泪水走向小男孩,把一张百元钞票塞入他的口袋。常馨客气地拒绝了客户的好意。在交谈中,客户告诉她,自己余生最大的愿望就是为 28 岁的儿子找一个好媳妇,如果能找到一个像常馨那样的媳妇,她就此生无憾了[13]。

第二天,常馨便在办公室的早会上跟同事们分享了这个故事。她自豪地告诉同事自己是如何成功与客户建立私人关系,她的努力又得到了怎样的回报。"我们要跟客户建立关系,就不要小气,舍不得出钱。你看,我只不过是花十块钱买了一条围巾,但你看我的客户做了什么?她给了我 100 块!你看到回报没有?这是我付出的十倍!我们帮了客户,他们就会给我们更多的帮助。要知道,我们中国人最讲人情[14]。"接着,常馨便拜托同事帮她客户的儿子介绍女友。她觉得如果自己能够帮客户的儿子找到一个好媳妇,客户的家人和亲属,甚至是客户未来的孙子孙女都将会是她的客户。的确,这位客户对常馨非常照顾,除了把亲戚介绍给常馨之外,甚至亲自帮助常馨劝说自己的亲戚,让他们相信寿险的重要性。

像亲人一样对待客户,引发客户共情,把他们动员起来帮助自己推销寿险——使用这种策略的不仅有国内寿险公司代理人，甚至还包括那些本土化程度较低的外资企业的寿险代理人。

率真的小妹

24岁的张莹从复旦大学毕业后，便马上投身保险业，在L公司做了一名代理人，领着非常不错的薪水。她喜欢穿深色套装，留着跟戴红相似的发型，一副职业女性的模样。但有时候，她会把自己打扮成一个率真的小妹妹，博取客户和潜在客户的同情。

杭淦陟收入很高，是张莹的潜在客户。张莹花了一年多的时间试图向他推销一张"大单"。然而，杭淦陟的妻子李芸不同意从她那里购买寿险，所以她久久未能成功。要让杭淦陟签下这张"大单"，就必须得到李芸的同意。张莹知道这个情况后，通过许多方式试图打动李芸。张莹得知李芸怀孕的消息后，马上打电话道贺，称呼李芸为"李芸姐姐"，可惜李芸并未为其所动。张莹然后买了一本《如何培养可爱的宝宝》，并附上一张贺卡送给李芸，但依然犹如石沉大海。

孩子出生后，张莹登门拜访杭淦陟夫妇。她此行带上了"大单"的建议书。在去他们家的路上，张莹花230元买了一束百合花还有一罐婴儿配方奶粉作为见面礼。当张莹向这对夫妇介绍保险建议书时，李芸一言不发。一向对张莹很好，并把她视为小妹妹的杭淦陟忽然变得非常挑剔，问了很多关于保单的问题。张莹意识到杭淦陟其实是故意表现得很挑剔，替他妻子提出这些问题。当杭淦陟提出很尖锐的问题的时候，张莹就摆出一副楚楚可怜的样子。于是，客户和保险代理人便积极进行拟剧互动（dramaturgical interaction），在李芸面前演了一场好戏。张莹介绍完后，这对夫妇表示需要几天时间考虑一下。临走前，张莹特意走到二人的婚纱照前，用非常率真的声音感叹道："李芸姐姐，你真漂亮！你们两人真是天造地设的一对！要是我的婚照也照得这样漂亮就好了。"

两天后，张莹接到总部的电话，说李芸想要终止她丈夫在L公司的保单。张莹坐立不安，打电话给杭淦陟，希望能见他一面。见面前，她已经想好了一套针对这对夫妇情况的说辞，希望通过强调续保的重要性来说服他们。但是，快到杭淦陟办公室的时候，她发现这套话语可能没有什么说服力，她便马上改变了策略。她不谈保险，反而说起了自己的情感波动。她一脸忧愁地问道："淦陟哥哥，李芸姐姐是不是不喜欢我？您一定要说真话。"杭淦陟给了否定的答案，然后问她发生什么事情。张莹说："李芸姐姐有天给公司总部打了电话……如果她喜欢我的话，她本来应该给我打电话的。我是不是做错了什么？当我接到总部电话说李芸姐姐要终止保单的时候，我心里很不舒服。"杭淦陟不断安慰她，说这是因为他的小舅子也是保险代理人，所以他们一时难以抉择。他说自己对张莹的那份保险建议书非常满意，并且已经成功说服妻子从张莹处购买这份新保单，每年保费超过三万元人民币[15]。

博学多才的销售员

邵欣骆时年 28 岁,是 P 公司的代理人。他雄心勃勃,希望能成就一番大事业,一展鸿鹄之志。他于 1996 年加入 P 公司,成为一名保险代理人;而此前,他是一名工业器械销售。到 2002 年,他就已经晋升为一支 30 人销售团队的经理了。我首次去他办公室拜访时,他一身深灰色西装,系着一条深蓝色绣有 P 公司标志的领带,正在为手下的保险代理人解惑答疑,教他们如何跟"大人物"打交道。他自豪地告诉我他只做"大单",最大的一份保单年费高达 30 万元。他向我描述了他的销售过程:

> 成功的要诀就是要得到潜在客户的认可……签下这份大保单的客户是一家电子制造企业的所有者,非常有钱。为了得到他的信任和认可,我花了很长时间来读相关的书籍杂志,学习这个制造行业的知识。我学了很多这方面的知识,可以让我从容地跟他交流。我要是读到一些有趣有用的杂志,便送他一份。也许他已经有了这些杂志,但是我要向他传递的信息是我们兴趣相投,我对他的事业很关心。当他发现我在与电子组件制造业相关的话题上能跟他交流时,他便开始接受我。[16]

邵欣骆说他学习音乐、信息技术和汽车制造相关知识的目的,是要打动这些领域里的潜在客户。换言之,为了能与这些"大人物"拉上关系,他会努力扩充自己的文化资本。

P 公司的另一位保险代理人曹进也在使用邵欣骆的策略。

曹进告诉手下的保险代理人,在推销寿险的时候,切忌初次与潜在客户见面就聊保险:

在交谈中让潜在客户发现他们和自己有着共同的兴趣爱好,比尝试改变他们的观念或者说你的产品有多么好重要得多。对付不同的潜在客户,你要使用不同的策略。但无论如何,万万不能一开始就说保险!我在方方面面都有所涉猎,让自己有广阔的知识视野……所以我跟不同背景的潜在客户都能谈笑风生。潜在客户要是发现你对他们所关心的问题了如指掌,他们就会认可你、信任你。一旦他们开始信任你,他们就会听你的话,买你推荐的产品。[17]

渊博的学识对于男性保险代理人的重要性似乎要高于女性代理人。在下面将要讲述的最后一个例子中,读者将会看到女性代理人虽然没有渊博的学识,但依然能打动潜在客户。然而,她需要拥有一些不同于渊博学识的特质。

专业女性代理人

"你拿过楚秀娟的公文包吗?你知不知道有多重?"一位A公司的代理人问我。这里提到的楚秀娟,30出头,也是A公司的代理人。客户对她赞誉有加,认为她"非常专业"。楚秀娟打扮得一丝不苟,脸上总是带着妆,一头直发披在肩上,喜欢穿着鲜蓝、大红或者黑色的职业套装。她拿着一个长方形的黑色真皮公文包，约长45厘米，宽30厘米，厚15厘米。她的包很重，里面装着好几份产品宣传手册、保单申请表、保险合同、保费计算手册、一叠白纸、一个计算器还有其他文具；除此之外，里面还装着一本相册、好些奖状和荣誉证书——这些都是她每天的必带之物。

某个周六下午，我和楚秀娟一起坐公交车去上海市郊的某处住宅小区拜访潜在客户。路上楚秀娟不断温习相关保单的细节，思考客户可能会提出的问题，并准备相应的回答。我们要拜访的潜在客户包括一对年轻夫妇和一位中年男人。我推测他们可能是亲属关系。楚秀娟的一位客户把他们推荐给她。这对年轻夫妇在上周曾经与 P 公司的代理人见过面，但他们依然让楚秀娟准备一份建议书，让他们可以比较不同公司的产品。夫妇二人一早就在中年男人的店里等候我们。我们快要到达的时候，楚秀娟走到街角，取出小镜子，检查自己的妆容。随后我们一起走进店里，她脸上带着自信的笑容。楚秀娟和客户寒暄一番后，宾主相互坐下。她随即打开公文包，取出两张名片，一张递给这对夫妇，另外一张递给那位中年男人。三人礼节性地看了一下名片，然后就把名片放在桌上。那位女客户提出他们想买有定期分红的储蓄型保险。楚秀娟向他们介绍为他们挑选的保单的相关细节。听完后，客户思考了一阵。忽然，楚秀娟的名片在不经意间吸引了他们的注意。这张名片很特别，可以折叠打开，里侧列举了自 1995 年起楚秀娟所获的重要荣誉。楚秀娟趁机向客户宣传 A 公司对旗下代理人素质要求高（言下之意就是 P 公司的代理人不如 A 公司的）。她向客户讲述自己是如何因为销售量高而挣得这些荣誉、奖励和头衔的。接着，她向客户展示自己的奖状和荣誉证书，以及在颁奖仪式上和 A 公司总经理的合照。她这样做的目的是向潜在客户证明自己是一名优秀的保险代理人，通过展现自己的成绩来赢得陌生客户的信任[18]。

楚秀娟的自我营销模式最接近 A 公司和 L 公司制定的"专业化"的理想模式。楚秀娟从不向潜在或现有客户赠送礼物。在推销寿险的时候，她通常开门见山，直接介绍寿险的风险管理功能。最能打动潜在客户的是她对这份工作的热忱，还有她对保险产品细节了如指掌的表现。她每天工作 12 个—14 个小时，整周工作，没有双休日。她一直单身，也没有时间谈恋爱。她为工作殚精竭虑，得到了客户的认可。碰到有客户因其代理人离开了 A 公司而打电话找她，她会把他们当作自己的客户，给他们提供同样的服务。作为回报，客户常常把她介绍给他们的朋友。跟邵欣骆和曹进相比，楚秀娟并未试图通过渊博的学识来打动客户，而是通过废寝忘食的工作态度和公司褒奖来证明自己的能力。

拉关系过程中的互惠关系、拟似亲缘和性别角色

虽说上面的例子并未能涵盖保险代理人与潜在客户互动时所采用的全部策略手段，但这些都是很典型的例子。我认

为，保险代理人与潜在客户交往时所采用的拟剧表演策略大部分是基于互惠原则，尤其是支配着"非亲密"关系的义务对等（symmetric obligations）原则。当然，调动个人的社会网络和利用互惠原则去促进经济交易并不是中国人的专利（Granovetter, 1985；Biggart, 1989；Dore, 1983；Sako, 1992；Uzzi and Lancaster, 2003；Guseva, 2008；Bandelj, 2008），然而中国的保险代理人却把互惠原则、攀亲带故背后的情感要素和性别角色的刻板印象这三者结合了起来。

亲密关系往往受到道德情感性原则（ethical-affective principle）的制约。在早前发表的一篇论文中，我曾指出亲密关系并非最适合于经济交易的社会关系（Chan, 2009b）。虽然亲密关系双方的充分信任可以降低交易成本，但是情感因素和非对等义务二者却不利于以个人利益为准绳的功利性经济交易，反而像老同学、前同事、前邻居、普通朋友、远房亲戚、商业客户和他人推荐的潜在客户等这样的"非亲密"关系最为适合。这种相对松散的关系包含了某种程度的信任、感情和义务，但也并不排斥算计式的经济交易行为。处于这种关系中的人们需要更好地平衡相互间的人情付出和回报。大家普遍认为和亲密关系相比，松散关系通常要求人们在更短的时间内偿还他人的人情。中国的保险代理人机智地运用这个原则，通过主动赠送礼物和帮助潜在客户或现有客户等方式，让他们产生亏欠之感和报答之心。"中国人害怕被人关心，如果有人不断关心他们，他们会对那个人心存亏欠"，一位 P 公司的代理人如是说。在儒家教育中，报答他人的恩惠是维系社会秩序的重要行为准则，其重要性就体现在"礼尚往来"这个成语中。除此之外，中国的人情规范鼓励人们用更大的恩惠回报他人的人情。"你敬我一尺，我敬你一丈"[19]这句格言就非常清晰地传递了这个信息。比方说，常馨的客户收到她的礼物后，给了她儿子100元的红包作为回报，这远远高于礼物本身的价格。这类例子就很好地展现了如何用更大的恩惠回报他人的人情。潜在或现有客户回报保险代理人人情的方法通常是向代理人购买保单或者为其推荐客户——这就是"偿还原则"在保险代理人与潜在客户或现有客户关系中的体现。

实际上，保险代理人非常依赖他人的推荐来争取新客户。通过推荐的办法可以排除一些对寿险不感兴趣的潜在客户，而且中间人的存在可以促进信任。妮可·比加特和理查德·卡斯塔尼亚（Biggart and Castanias, 2001）指出连带的社会关系是管理高风险交易的保障。这个观点非常切合中国的实际情况。在中国，信任与个人关系网络紧密相连，对制度的信任往往是基于对个人的信任（Tang, 2005；Wong, 1996）。除此之外，只有通过推荐的方式，保险代理人才能接触到处于更高社会阶层和经济阶层的客户（Bian, 1997）。这可以解释为什么保险代理人会不遗余力地卖现有客户的人情，因为这样可以在无形中迫使他们把亲朋好友推荐给自己。

正如常馨那样，把互惠原则与亲缘纽带连结在一起，更加有利于与潜在客户或现有客户建立起持久稳定的关系。虽然有学者（Gold, 1989；Lin, 2001）指出改革开放后的中国已经由基于团体的社会转变为基于人际网络的社会，但是亲缘关系在中国的商业活动中依然有着举足轻重的作用（Peng, 2004; Bian, 1997; Lui, 1998）。在中国的关系等级制度中，即使家庭成员之间的联系并不密切，血缘关系仍然通常被归入强关系一类。因此，倘若保险代理人能跟潜在客户或现有客户攀亲带故，那么这种拟似亲缘背后的关系和情感便可以在代理人推销寿险时助其一臂之力，帮助他们发掘潜在客户或者促成人情保单的销售。P公司的常馨和L公司的张莹都积极主动地向客户提供与他们关系并不对等的帮助，仿佛是他们的亲人一般。当然，两人的具体做法有所不同。常馨把自己的儿子也请来参与这场拟剧表演，试图让客户产生亏欠感和亲缘感。这个方法异常奏效，让客户对她和她儿子感到亲切，并且把客户感动得热泪盈眶。相比之下，张莹把自己打扮成客户的小妹妹，当遭遇来自客户妻子的阻力时，她表现得天真率直甚至有点傻气，以图激发客户的同情心，减少客户妻子的疑虑。

　　常馨和张莹在建立拟似亲缘关系时使用了不同的策略，我认为这些策略同时也符合人们对性别角色的刻板印象（Lan, 2006）。张莹可以把自己装扮成率真的小妹妹，这是因为她还单身未婚，客人又是岁数比她大的男性。另一方面，虽然常馨也是年轻女性，但由于她已婚，所以需要表现得更为成熟。更重要的是，当客户是年逾半百的妇人，作为晚辈的常馨需要照顾老人，并提供帮助。在与客户交往的过程中，扮演孝顺媳妇的角色非常符合常馨的性别特征。尽管这些策略有所不同，但是我们不难从中发现一个基于性别角色和年龄的普遍社交模式。中年女性保险代理人倾向于扮演母亲的角色，跟年轻的客户交往。中年男性代理人面对年轻客户,特别是女性客户,则往往扮演大哥的角色。年轻的女性代理人在成熟的男性客户面前,最好是扮演女儿或妹妹;而在中年女性面前,则是扮演媳妇。年轻的男性代理人在中年女性客户面前,通常扮演儿子的角色;而面对中年男性客户,他们则摇身变成弟弟。

除此之外,性别角色的区分还影响着礼品赠送和专业形象建构的方式。值得注意的是,张莹送礼的对象是其客户的妻子,目的是要取悦她;当张莹在扮演客户的小妹妹时,她并没有向客户赠送礼物或提供恩惠。由于送异性礼物通常意涵暧昧,所以保险代理人都非常小心,避免送礼物给异性潜在客户所带来的不良后果。为取悦男性客户,女性代理人表现得要么天真率直,要么非常专业。她们率真的表现符合性别角色的刻板印象,也就是把女性视作男性的附属物,从而博得他们的怜悯。另一方面,以 A 公司的楚秀娟为代表的一些女性代理人则通过专业的表现,来赢得男性潜在客户的敬重。然而,由于女性性别角色的刻板印象不能完全符合人们对专业形象的想象,所以女性代理人似乎往往通过外在的证据来树立自己的专业形象。比方说,楚秀娟需要通过公司内部的奖励和荣誉来证明自己的能力;相较之下,P 公司的邵欣骆和曹进通过扩大知识面就能达到同样的目的。

以上的例子说明了一个事实:虽说推销"自我"和拉关系必不可缺,但是达成目的的方法多种多样。尽管代理人通常依赖互惠规则和亲缘关系,也经常把推销"自我"和性别角色结合起来,但代理人每一步应该如何走,相应的作用有多大,都决定于他们能否在具体的结构和情境下创造性地运用合适的文化要素。

关于寿险需求的话语

与保险代理人通过调动亲密社会关系网所获得的人情保单不同，要想通过拉关系获得保单，那么通常要求潜在客户对寿险有一定的需求。代理人说服潜在客户签订保单并支付保费的方式至关重要。中国的保险代理人觉得培训材料上的标准销售话语过于机械教条，并不能有效地激发潜在客户对寿险的兴趣，但是他们依然相互讨论哪些销售话语可行，哪些不可行。

在产品推销上，A公司和P公司各持一套销售话语。两套话语系统非常不同，一套强调人身风险管理，另外一套强调财富管理。A公司代理人强调的是"风险"、"保障"、"关爱"、"人的价值"和"责任"，P公司的代理人则把"储蓄"、"回报"、"退休"、"分红"、"收益"和"划算"等挂在嘴边。这两家公司的销售话语之间相去甚远，正如他们的产品也大有不同。直到2001年末，P公司以及其他国内寿险公司开始把人身风险管理产品挪至其销售的中心位置。至此，所有寿险公司的代理人都不得不向本地民众推销不大畅销的产品。尽管如此，国内外寿险公司的销售话语依然有所不同。尽管国内寿险公司的代理人在推销过程中会提及"保障"，但是焦点还是在财富管理方面。他们集中精力向客户推销寿险，而不管客户是否真正理解了寿险背后的逻辑。与之形成鲜明对照的是，外国寿险公司代理人的说辞通常围绕人身风险管理这个主题展开。在销售过程中，他们不时会尝试改变潜在客户对保险的认知。只有当他们发现无法影响客户的认知时，他们才会转而讨论寿险的财富管理功能。我认为这种差异源于不同类型寿险公司的产品定位和它们对旗下代理人的培训。外国寿险公司的产品价格通常比较昂贵，储蓄部分的利息通常比较低。倘若把这些产品包装成财富管理产品，那与国内寿险公司产品相比便会处于下风。故此，它们不得不强调其产品的保障功能，让产品听起来很不一样，避免潜在客户把自己的产品细节与国内寿险公司的产品进行比较。

下面，我将要介绍保险代理人常用的几种销售话语风格和潜在客户对此做出的反应。

无效的销售话语

钟欣茹刚刚加入 A 公司不久。某天我和她一起去潜在客户家里，向客户推荐一款综合了人寿险、意外险、医疗险、重大疾病险和养老险的产品。其中，养老险部分带有分红成分。钟欣茹试图说服这位 30 出头的女性客户，让她相信有必要购买这款保险产品。

这款保险非常全面，既给你人身提供保障，也为你的财富保值。如果客户不幸患上以上列出的任意一种重大疾病，或者遭遇任何意外，她都可以获赔一大笔钱。这笔赔款可以用来支付医疗和生活费用，或者（在她不幸身故的情况下）直接赔付给家人。像您这样有小孩的一家三口，您和您的爱人都有必要购买这样的保险。

虽说在陈述客户有可能遭遇的不幸之事时，钟欣茹刻意使用了第三人称的"她"而不是第二人称的"你"，但客户还没等她说完就打断了她，说自己患上重大疾病或者遭遇意外的可能性非常低。客户接着补充说自己也不希望碰到要让保险公司赔付的情况。钟欣茹告诉客户，如果她活到88岁，也可以拿回全部保费；如果她享寿不到88岁，这笔钱就会支付给她的受益人。然后，钟欣茹开始复述 A 公司培训材料里面的故事：

我有一位客户，30 出头，是名律师，年轻有为，年收入有 15 万……他性格爽朗，家庭幸福……谁料到两个月前，我去他的办公室拜访，大吃一惊。他的同事说他已经因为血癌卧床不起。我去医院探望他，他爱人也在那里，非常绝望，满脸愁容。你该知道现在的医疗费有多贵了吧？他非常后悔当时没有购买我推荐的重大疾病险。他花尽了毕生的积蓄，但还是欠着医药费。他爱人不得不到处向亲戚朋友借钱。为了治病，他们家一共花了将近 40 万。尽管如此，他还是没救回来。现在，他爱人欠下了一大笔债。

钟欣茹在讲故事的时候，客户一直沉默不语。讲完这个故事后，钟欣茹接着讲另外一个客户在一天早上上班路上发生交通意外的故事。她继续描述了意外之后该客户家人的悲惨遭遇，强调了购买寿险的必要性。在讲述的过程中，那位潜在客户似乎没有细心听她说话，只是不断翻看桌上的杂志。钟欣茹问她："你应该很爱这个家吧？"她说："当然了，人人都爱自己的家。有谁不爱的吗？"钟欣茹马上从关于爱与责任的销售话语里面挑选了以下一段话作为响应：

> 购买寿险是向家人表达关爱和履行家庭责任的方式。我们为什么每天如此努力工作？我们努力工作是为了家人能活得更好，特别是为了我们的孩子……但是，倘若有一天我们失去了养家糊口的能力，会变得怎么样？寿险可以保护我们心爱的家人，它可以让我们和我们所爱的人活得有尊严，活得体面。

说到这里，客户显得有些不耐烦了。她说她快要准备晚饭了，暗示让钟欣茹离开[20]。

根据泽利泽（Zelizer, 1979）的研究，把寿险与慈爱结合起来，把人的生命与经济价值结合起来，曾经是行之有效的销售话语，它帮助在美国处于萌芽阶段的寿险逐步开枝散叶。然而，这套话语体系在中国却行不通。人们就是认为自己能够善终，不觉得会遭遇意外。比方说，A公司的楚秀娟和三位40多岁的男性潜在客户就这个问题有过争辩，很能说明这个问题：

> 楚秀娟向杨先生介绍一款重大疾病险。她向杨先生解释说，

如果他要购买这款30万元保额的保单,他每年需要支付2200元的保费。他在59岁前每年缴纳保费,之后就可以享受终身保障。如果他享寿不到88岁,保险金将支付给指定受益人。倘若他完全失去自理能力或者活过88岁,他也可以领取保险金。除此之外,若他患上任何列明的重大疾病,他可以领取一半保险金支付医疗费用,剩下的一半则用于康复治疗。当楚秀娟和杨先生在计算器上算杨先生需要支付多少保费和他可以获得多少保险金时,杨先生一旁的朋友向他说:"你不用敲计算器了。他们用你的钱赚钱。这是笔亏本买卖,我告诉你。除非你死得早,否则一定会亏。"杨先生微微一笑,问楚秀娟还有没有别的寿险产品。楚秀娟回应道:"您的这个想法是不对的!买寿险的目的是要给自己加一层保障。您怎么知道不会有意外发生呢?"杨先生的朋友再一次反驳楚秀娟。这回,杨先生也站在自己朋友这边,说道:"如果我没有患上保险条款里面的任何重大疾病,那么我给的这一大笔钱就没有了。这想想也不合理!"楚秀娟回答道:"如果您88岁前没有任何问题,那真的要祝贺您了!"说罢,她从公文包里取出一些内部材料,试图用数据说服客户,说明世界充满风险,生命无比脆弱。然而,杨先生和朋友们相互交谈,对这些内部材料不屑一顾。杨先生的另外一个朋友说:"如果我知道我明天就要得什么重大疾病,我马上会向你买100万元保额的保险。"楚秀娟接着说:"您又怎么可以保证明天没事?您怎么知道?"杨先生的朋友回答道:"如果我知道,我就买了!"楚秀娟费尽九牛二虎之力,也未能说服这些客户买寿险的目的并不是"回报"而是防范"万一"。杨先生的朋友反驳说:

"是的,这就是买'万一',一万分之一的机会。"杨先生最终没有购买重大疾病险。[21]

我们将会在第五章中看到,中国的客户通常会拒绝购买那种在被保险人健在时不支付保险金的寿险。他们拒绝购买的原因,也并非因为他们自私,不愿意把钱留给家人,而是因为他们的思想受到文化禁忌的制约,意外死亡的概念处在他们文化图示框架(cultural schematic frame)之外。因此,寿险产品对他们来说既无必要,亦无用处。

行之有效的销售话语

赖洁敏是 P 公司的高级代理人,她所推销的组合保险跟 A 公司的钟欣茹推荐给客户的差不多。她们二人的潜在客户的社会经济地位相仿,但是赖洁敏却用了一套截然不同的销售话语去告诉客户购买保险的必要性:"这是我们公司最新的分红产品……每年的分红会直接打入您的保险账户。20 年后,您可以提取累积的分红,也可以继续放在我们公司让它继续增值。"当客户听到"分红"这个词,一下子提起了兴趣,她马上问可否每年都能够提取分红。对于这个问题,赖洁敏本应给予否定回答,但她却颇有技巧地把话题转向客户普遍关心的养老问题,非常机智地避开了这个难题:"您最好不要每年把分红提出来,您可以把它留在我们公司,让钱生钱……您现在还不需要动这笔钱，毕竟您还年轻，身体也很健康。所以最理想的是继续把钱留在我们公司，让钱生钱。赚到的钱是您养老金的一部分。"客户貌似被打动了，她关心每年的红利率是否固定，希望有固定的红利率。赖洁敏回答说："红利率的高低取决于我们公司每年的投资回报……寿险公司其实也是一家金融公司……我们精算部的负责人就是专门从美国请过来的。他是我们公司投资管理委员会的成员。所以我们的投资回报一定很好。"在这里，赖洁敏运用"美国的东西必然是好的"这个概念来应对潜在客户的质疑。（据我调查，这位负责人是 P 公司从英国聘请过来的，但不知为何很多销售代理人误以为他来自美国。）客户似乎被说动了，她问在自己退休时一共可以拿到多少钱。接着，赖洁敏把收益和保费总额跟客户说了一遍。这位客户对保单中的意外赔偿部分不感兴趣，因为这部分没有现金价值。她觉得除非自己遭遇意外，否则这部分就是"浪费"。赖洁敏建议客人保留这部分，但是可以把意外保险的保额降低到 5 万元，每年只须为这部分保额支付 75 元保费即可。客户最终决定购买这份保单，保单的保额为 15 万元，每年的保费为 7214 元[22]。

在长达一个小时的会面中，赖洁敏的谈话并没有涉及死亡或者其他不幸事故。然而，这份保单却涉及人身风险管理的很多方面，包括猝死、意外、医疗和重大疾病。在一开场的几分钟能勾起潜在客户的兴趣和好奇心至关重要。"养老"、"养老金"、"分红"、"红利"、"投资"、"回报"和"划算"等一系列词语通常非常奏效，一下子就抓住了潜在客户的兴趣和好奇心。但是，在投保人面前强调金钱回报，就意味着寿险产品会被拿来跟其他理财产品进行比较，比如银行储蓄、政府债券和股票等。但寿险产品与其他理财产品相比有个显著特征，就是只有前者才具备人身风险管理功能。然而，这套销售话语把这种功能弱化成了附属功能，仿佛储蓄存款业务中的额外奖金一样。比如，保险代理人会说："这份保单也会给您一些保障。"对于什么是"保障"，他们会含糊其辞，让潜在客户自行选择如何解读这个概念。在一些案例中，代理人甚至会试图隐瞒保单中具有人身风险管理功能的附加险。一位代理人告诉我他的手法：

> 我们给潜在客户推荐的纯储蓄型保单往往是高保费、低保额。我们常常会在保单中加入定期寿险的项目，这样保额就会比较高。我们也发现很多潜在客户需要这个项目的保障功能。可是，大部分客户都觉得这部分支出是浪费。他们在知道自己在世的时候，所支付的一小部分保费自己是领不到的以后，他们就不想要，认为钱是白给了保险公司。所以，我们的普遍做法是不告诉客户保单中包含定期寿险项目……虽说定期寿险项目的保费非常非常低，但是最好还是不要告诉他们……即使你告诉他们为什么有必要购买，他们也不会听你的。[23]

定期寿险是指在保险合同约定期间内，如果被保险人死亡，则保险公司按照约定的保险金额赔付。这是一种纯粹的人身风险管理产品。保险代理人对客户隐瞒保单中隐含的人身风险管理附加险，这听起来似乎不可思议。但这一事实说明，人们是多么抗拒为死亡或不幸事故购买保险这一行为。

要让人们接受过早死亡的可能，往往要比让他们接受患重大疾病的可能更困难。对于后者，有的保险代理人找到了一种屡试不爽的策略，那就是不断激发潜在客户对家人的情感。一位 P 公司的代理人向我介绍了她如何运用这一策略，让客户认同购买保险的必要性：

> 我的潜在客户会说如果自己不幸得了重大疾病，宁愿听天由命，也不要把成千上万的钱花在医疗费上。然后我就问："您的妻子会由得您不管不顾吗？您的儿子会不理您吗？"当我提出这些问题，他们就会开始思考。然后我告诉他们，家人会不惜一切代价去筹钱支付医药费。我问他们："您愿意看到家人担心，愿意他们背负沉重的债务吗？"我会不断问这些问题。这个时候，一些客户便会开始认同我所说的，认为购买寿险也不是一件坏事。[24]

各家寿险公司的很多代理人都会使用类似话语激发潜在客户的恐惧，让他们担心自己的病情会给家人带来沉重的经济负担。在本书的第一章中，我提到了当时中国医疗保障和其他福利制度的改革，这些体制性的改变大大增强了这种话语的功效。

改变无效的销售话语

基于自身产品的特点，外国寿险公司的代理人通常从两个方面介绍自己的产品。他们会首先介绍产品的人身风险管理功能，然后会转而讨论其他有助于打动客户的话题。需要指出的是，所谓"其他"话题并不是随意选择的，选择这些话题是有策略的。下面我将大篇幅引用一个例子，来展示保险代理人是如何在销售过程中转换话语的。一方面，保险代理人试图让公众接受国外的寿险理念；另一方面，她积极使用本土文化符号，努力让听众对产品产生兴趣。

金兰30出头，是T公司的代理人。我和她一起去计算机城寻找潜在客户。金兰在一家店里找到一名25岁左右的男性潜在客户。向他介绍了我们的来历后，金兰开始发问：

金兰：国家正在进行经济改革，很多东西都在变。您觉得老板给的员工福利够不够应付未来的开支？

客户：（微笑，低下头，非常小声地说）我没想过这个问题。

金兰：您从未思考过这个问题吗？（微笑）虽然我们现在还年轻，身体没有什么大问题，但是人生到处都是风险。（金兰看着我，因为我在美国读书。）您看美国的"9·11事件"，谁能料到会发生这种事呢？

（客户低下头，一边把玩着我们两个的名片，一边听金兰说。他一声不吭，也不跟金兰有任何眼神接触。）

金兰：冒昧问您一下，公司给您的医疗费够用吗？

客户：这个我没想过。

金兰：好吧，您没想过这个问题。但是人生到处都是风险。您还年轻，还感觉不到医疗保险的用处。但是我们老了以后，就会发现医疗保健的重要性，我们要为自己的未来做打算。要知道，我们的爸妈很辛苦把我们养大。我们中国人有句话叫"养儿防老"，如果我们遭遇不测，至少可以给爸妈留一笔钱。这是一种孝道。我们要早做打算。

客户：（点点头）嗯。

金兰：我知道您刚刚参加工作，可能还没有什么积蓄。但是我想问，您每天能挤出一块钱吗？

客户：每天一块钱？可以。

金兰：如果可以，那么您可以考虑购买一份意外险。天有不测之风云……所以，不要以为这个是微不足道的事情。不小心摔一跤，医药费都要两三百块。现在您说每天可以挤出一块钱。您每天就花一块钱，保险公司就能为您付医药费。

（客户不置可否，脸上带着腼腆的微笑。）

金兰：每天挤出一块钱，您觉得没问题，对吧？

客户：没问题。

金兰：那好，我给您推荐一份寿险产品，里面包括人寿保险和医疗保险。

客户：人寿？（他似乎不大明白"人寿"的意思。）

金兰：这个产品包括人寿保险部分，也就是说如果您因故去世，保险公司会赔付相应保金两倍的钱。刚才您说每天可以挤出一块钱，对吧？

客户：是的，可以。

金兰：好吧，那我现在就根据您的现状，为你量身定做一份保单。[25]

当潜在客户保持沉默或者说"我没想过这个问题"（这有可能是他的真实想法），他的潜台词是"我不想继续听下去"。然而，当代理人试图用孝敬父母这一道德责任来打动客户时，她就打破了这层冰，让对方在谈话中首次和自己站在同一边。接着，她提出了一个很简单、很实在却又充满着象征意义的问题，也就是客户能否每天掏出一块钱。这个问题的答案体现了客户的最基本经济能力。除此之外，由于在回答上一个问题时，客户认可了自己作为儿子需要尽孝道这一道德责任，那么在这个问题上他就不应该给出否定的答案，否则就暗示着他不愿意每天花一块钱尽孝道。当客户不清楚保单中的"寿险"部分指什么，代理人就直截了当地解释道这是指"因故去世"。然而，她并没有深入探讨这个话题，而是话锋一转，继续谈他每天支付一元钱的能力。这次销售峰回路转，并不是因为客户忽然意识到自己有风险，或者忽然发现自己有购买寿险的必要。

文化、制度和销售话语

以上所列举的销售话语案例，说明关于意外早逝这一概念的文化禁忌并不仅仅体现在谈话中刻意回避与"死亡"相关的词语，更多的是一种主观心理上对于意外死亡可能性的回避。这种回避把大家的注意力引向不同种类的风险上。这种回避不仅仅出现在潜在客户和现有客户身上，在保险代理人身上也能观察到。比方说，我曾在 A 公司的专业代理人楚秀娟身上观察到这一现象：她比大多数代理人更乐意把寿险人身风险管理的概念传递给她的客户，但当她与客户交流时，依然会不自觉地陷入客户对风险的定义里：

楚秀娟向章先生（45 岁左右）推荐一款终身寿险。这款保险主要使受益人获益……她着重介绍这款产品可以为章先生 16 岁的儿子带来什么好处……但是章先生不为所动，说他希望自己儿子能够在经济上独立……楚秀娟忽然哑口无言，最后只能留给他几张产品宣传单……[26] 事后，我们一起回到楚秀娟的办公室。路上，我问既然章先生希望自己的儿子在经济上独立，楚秀娟为什么不考虑把他的妻子列为受益人。楚秀娟回答道："他们两个同岁，所以把他妻子列为受益人没有什么意义。"她这样说是基于一个预设，那就是章先生和妻子会差不多同时离世，所以他的妻子并不能从中受益。

在这次拜访之前，我曾经采访过楚秀娟。她跟很多外国寿险公司的代理人一样，强调寿险最重要的功能是管理不可预测的人身风险和各种不幸事故，比如意外事故和重大疾病。然而，当她与客户交谈时，她并没有意识到章先生可能会比他的妻子更早离开人世，所以下意识和客户站在同一立场。楚秀娟的反应源于深植于中国文化中谈论"意外早逝"的禁忌，以及她和章先生对这个话题的主观回避。楚秀娟在访谈中所说的和她与客户的互动中所做的并不一致，这反映了她从公司所学到的东西和她自身文化图示里面的要素相互冲突。如果从社会心理学的角度去看,那么她从公司所学到的知识属于"思考认知"(deliberative cognition)。除非故意为之,否则思考认知很少能够取代来自文化图示或来自"直觉认知"(automatic cognition)的知识(DiMaggio, 1997)。除非保险代理人有意识地拓展自己的文化图示去接受意外早逝的可能性,否则这种可能性不会自然而然地出现在潜在客户或是代理人自身的概念体系中。

因此,对保险代理人来说,谈论理财来得更容易些。这包括两方面原因。首先,这个话题既不涉及意外早逝的概念,又避开了其他关于不幸事故的话题。其次,这个话题是本地文化素材之一,由本地共享的世界观和当时的制度安排共同构成。在本书首章中,我曾经提到中国人非常重视养老,晚年的生活质量比年轻时的还重要。这可以从某种程度上解释为什么中国人习惯存钱,也可以解释为什么关于养老和储蓄的销售话语更能为客户所接受。然而,米歇尔·拉蒙和劳伦·泰弗诺(Lamont and Thevenot, 2000)强调,结构性条件在很大程度上决定着哪一方面的文化要素可以被调动起来。要把像养老、储蓄、投资和孝道这些文化符号变成文化资源,必须要有一定的制度条件配合[27]。当下,计划生育政策减少了户均人口数,人口迈向老龄化。医疗卫生服务私有化极大提高了各种疾病的治疗费用。父母本就不愿把经济负担转嫁给子女,在上述制度环境发生改变后,他们更加急于为退休之后和晚年的医疗费用存钱。除此之外,随着计划经济体制下的养老金制度的废止,新的养老金制度前景还不明朗,人们愈加忧虑养老问题,这使得与孝道相关的话语重新融入人们的日常生活。与此同时，中国开放了股市交易，股票成为了上海市民的新兴理财工具，并掀起了一股投资热潮。把寿险当作中国股市的衍生物，这是让寿险理念融入新兴炒股热潮的手段之一。

虽然本章的重点是保险代理人与潜在客户和现有客户的互动策略，但通过观察他们的活动，我们也可以发现这些客户在过程中并非消极被动。在第五章中，读者将会看到潜在客户如何对某些新兴概念和意义表示抗拒，如何坚持自己的选择，以及如何积极同寿险公司和代理人争论与新产品相关的意义和功能。

第五章

购买人寿保险：一致的偏好和多样的动机

"为什么"与"是什么"的问题
投保动机的文化与制度基础
产品偏好、功能认知和产品选择
偏好与选择的文化逻辑
文化、制度与行动

第五章　购买人寿保险：一致的偏好和多样的动机

是什么促使人们购买像人寿保险这样的无形商品呢？尽管商业人寿保险属于最具工具理性的产品之一，因为它试图把不确定性转化为可控风险；但是，购买人寿保险却很少建立在理性经济计算的基础之上。在18世纪的英国，商业人寿保险起初是作为风险管理产品出现的，后来却变成大众赌博冒险的工具（Clark, 1999）。在19世纪中期的美国，人们担忧未来，再加上家庭责任和道德义务的驱使，人寿保险被大众广为接受（Zelizer, 1979）。但是，到目前为止，对人寿保险的社会学研究只集中于人寿保险行业的策略（Zelizer, 1979, 1985；Heimer, 1985）和保险代理人的销售文化上（Oakes, 1990；Leidner, 1993）。在这些研究中，投保人要么不存在，要么只是作为一个抽象群体。泽利泽（Zelizer, 1988, 2005b）和迪马乔（DiMaggio, 1994）指出，经济社会学家在生产和分配领域的研究上取得了巨大的进步，但是在消费领域却远远落后于我们的人类学家同事们，特别是揭示消费的文化因素方面做得不够。人寿保险是一种新商品，购买寿险是一种新经济实践，这两者都是文化客体，需要保险公司和投保人对其进行意义建构（Griswold, 1994）。在这一章，我将从投保人的视角，分析他们的选择动机与自我解释，尝试理解人寿保险消费背后的意义（Griswold, 1987）。

经济学有一个经典的假设，认为"效用"是中立的，不受文化影响。人类学家反对这一点，指出文化塑造消费（Sahlins, 1976；Douglas and Isherwood, 1982；Appadurai, 1986）。马歇尔·萨林斯这样描述文化对产品选择的构建作用："文化逻辑和理性逻辑之间的关系是这样的：首先，文化逻辑通过一系列的'选项'来定义和排列各种其他类型的逻辑，'理性'只是其中一个选项。然而，理性往往遗忘了自身的文化基础，高兴地宣称自己是决定一切的力量。"（Sahlins, 1976:204）这一说法挑战了"利益由经济环境决定"的传统假设，认为是文化塑造了"理性"这个经济学家认为独立于文化影响的概念。

本章把文化的构建作用和消费联系起来，希望实现两个主要目标。第一，通过聚焦投保人对他们购买行为的意义建构，本章将揭示人寿保险投保人和他们的主观态度。我特别关注人们购买人寿保险的动机，产品选择的偏好，以及他们如何解释自己的选择和偏好[1]。第二，本章探讨这些动机、偏好和选择背后的文化与制度力量。这两条探究路线同时涉及韦伯学派和斯威德勒学派关于意义与行动的争辩，特别是关于意义与动机和选择之间的关系。韦伯学派的行动理论强调，动机和选择的源头是意义，因此总是由意义影响动机，塑造选择。而另一方面，斯威德勒的支持者却认为动机和选择受制度现实所驱动，而意义在具体行动中得以构建，为行动提供理论指导。我不做任何一种理论假设，而是呈现中国消费者购买人寿保险的具体案例。我从他们对自己购买行为和产品选择的解释中，探讨他们动机背后的文化与制度基础，解释他们的偏好和选择是如何建立在本地文化逻辑之上的。

"为什么"与"是什么"的问题

人情和恩惠

读者可从第四章中得知，在市场形成初期，很多中国人都是出于人情从亲戚朋友那里购买人寿保险。他们当中的一些人投保是为了帮助保险代理人或者表示同情；另外一些人则是为了给保险代理人面子。举例来说，魏京刚（43 岁）有一个 14 岁的儿子，他购买了一份 P 公司的保险，就是出于对他好朋友赵安佩的同情：

> 小赵和我是 20 多年的好朋友[2]。我一直把她当作我的妹妹。我们以前在同一家工厂上班……我看着她结婚，生小孩……然后……离婚。她前夫是一个不负责任的人……现在她独自抚养自己的女儿，很不容易。她告诉我，她现在是一个保险代理人，需要完成销售额。我听到以后，就从她那里买了一份保险，因为我想帮助她。你知道的，当保险代理人很辛苦的。我不在乎我买了什么，事实上我也不知道我买的是什么。[3]

这是人情保单的一种。这种人情保单，主要是源于客户对保险代理人的喜爱和同情。

然而，更多时候购买人情保单是为了给保险代理人面子。我经常从出于人情而购买寿险的客户那里听到"他是我朋友，我要给他面子"或"她是我亲戚，我应该给她一些面子"这样的话。同样，如果潜在客户感到自己亏欠保险代理人，他们也可能会购买一份保险来偿还人情。30多岁的李飞就是这种情况。我问李飞是什么促使他购买人寿保险，他说：

（这个保险代理人）是一个很好的人，乐于助人。有一次他帮了我一个大忙，帮我儿子进了我们非常喜欢的一所高中……我总是感觉亏欠他……这次他来卖保险。我不是太在乎保险，但是我从他那里买一份。这没什么……这是还人情的一种方式。[4]

尽管李飞和这个保险代理人之前并不亲近，但他的购买行为仍然属于人情保单，因为他买保险的主要动机是为了偿还人情，而不是真的需要保险。

同辈影响和炫耀

黄静是一个30来岁的已婚女人，她在一家中美合资的科技公司工作。她对我讲述为什么她要从L公司购买保险：

我第一次购买人寿保险是受到我同事的影响……他们说，

如果我的经济条件还可以，就应该买一些保险来保障我的未来生活……为了讲人寿保险的好处，他们是这么类比的：如果你只是有退休金而没有自己的保险，那么就等于说你只有一碗素面；如果你有自己的保险，那么你的那碗面里面就有一些肉了。[5]

同辈影响是吸引人们关注寿险的一个比较普遍的因素。另外一个年近30的客户华邂一开始很排斥人寿保险，但是最后她从四家保险公司购买了六份保险。是什么让她改变了心意？"因为我的朋友！保险代理人以前也向我推销过保险，但是我发现他们很烦人……我开始关注保险是在我的朋友讨论保险这个话题的时候。他们聊到如果利率下降，保金有可能上涨。因为我的朋友非常关注这个，所以我也好奇起来。"[6]那些拒绝从寿险代理人那里听取寿险观念的人，如果换作从他们的朋友或者其他客户那里听到相同的话，他们可能会愿意接受。因为朋友谈论寿险好处的时候，是得不到任何的佣金收入或者其他物质奖励的，因此他们的话值得参考。这样在很大程度上解释了为什么寿险代理人会尽力取悦他们的客户。在第二章中，我提到很多消费者是从朋友和同事那里得知有投连险这一新产品，然后积极与P公司的保险代理人接触，购买这一产品。少儿险在中国很快为民众所接纳，完美体现出了盲目从众和害怕错过的社会心理。从19世纪开始，少儿险在美国一直都广受争议，因为它涉及用金钱衡量孩子无价生命的问题（Zelizer, 1985）。直至今日，尽管美国父母对少儿险的态度已不算厌恶，但是他们仍普遍拒绝给自己的孩子购买人寿保险（Oakes, 1990）。与此相反，国内父母从一开始就积极给他们的孩子购买少儿险。1996 年—1997 年，少儿险风靡中国城市地区。然而，中国父母给他们的孩子购买保险，是想在孩子在世的时候获取收益，而不是为了收到死亡赔付。当时保险产品提供的利率低于银行存款利率，如果不是为了死亡赔偿金，那么父母给他们的孩子购买保险的原因何在？石今是一名曾经在 P 公司工作的保险代理人，他回忆起 1996 年—1997 年的"少儿险热"：

> 通过关系，我们一开始拜访了一些小学，告诉那些学生，这周会有人去他们家给他们爸妈介绍保险。然后我们去到这些学生的家里……每一份少儿险的保费是 360 元。我们原本打算每一户卖一份，但是后来很多家庭买了十份甚至更多。为什么会这样呢？因为有些父母问我们，他们的邻居买了多少份。他们听说邻居买了一份，他们就说他们想买两份。要是他们听说邻居买了两份，他们就想要三份或者四份。你知道吗？他们都想显得自己比别家父母更爱孩子，这样可以用来炫耀……说出来你可能都不信，我一个晚上就赚了几万块……我们没有和那些父母聊太多，他们也并没有详细询问（保险内容）。[7]

没有客户会宣称他们购买少儿险是为了"炫富"。然而，如果石今所述属实，那么少儿险广受追捧是因为父母希望通过购买保险来表达对孩子的爱，并显示个人的经济能力（Veblen, [1899] 1953）。只有得到社会认可的情况下，个人的经济地位才能得以建立（Beckert, 2009；Aspers, 2009）。大量购买少儿险的行为就是这样一种地位的昭示。与此同时，他们害怕落于人后，这种社会心理也驱动着他们大量购买少儿险的行为，在以后的章节中我会讨论这一点。

礼物与承诺

当人们注意到被保险人在世时就能从寿险中获益（而不只是在死后令受益人获益），寿险就变成了一种赠予自己所爱之人的时髦礼物。给孩子购买保险作为礼物如此流行，以至于一些父母在春节时候会给孩子购买少儿险，替代给孩子压岁钱[8]的传统习俗。

人们不只是买保险送给孩子，也买给自己的配偶、恋人和父母。李海（35岁）和他的妻子（28岁）分别从中宏人寿保险有限公司购买了一份终身养老险，并在1998年婚礼那天送给对方作为新婚礼物。

我爱人和我想彼此给我们的爱一份保证，所以我们分别给对方买了一份保险作为对彼此的承诺。保险象征着我们爱和婚姻的永恒……就像是把我们的爱放进了保险箱……现在大家都说婚姻不可靠，但是我们想让我们婚姻美满。保险就是我们给彼此的礼物。所以，她给我买，我给她买。我们给彼此买的保险叫作"鸿福99"，[9]给我们婚礼那天图个好兆头。[10]

给自己所爱的人买一份保险，将自己所爱的人作为被保险人，在中国是相当普遍的一种行为。

投资和养老

是什么促使我买人寿保险？原因很简单。首先，保险公司提供的回报率比银行存款利率要高……所以我从银行取出一半的钱投资到保险上。其次，买保险是为了养老。我想等我退休的时候有一些保障。我不想让我的退休生活太糟糕。[11]

宁含在一家中美合资贸易公司担任财务兼行政经理，她向我讲述了她购买人寿保险的理由。她年近40，婚后有一个12岁的儿子。她年收入在15万以上，收入状况远高于平均水平[12]。宁含主动购买了很多保险。我问她为何如此接纳人寿保险的观念，她说："我是金融专业毕业的，所以自然非常注重理财。我买这么多保险主要是为了储蓄和投资。我从来没有想过意外事故这种事情。"[13] 由于宁含关注理财，她家里总共买了20多份保险。1995年—1997年，她和她丈夫每个人从P公司买了四份养老险。1996年，她又从中国人寿买了另外八份分红养老险[14]，其中两份给自己，两份给丈夫，两份给儿子，还有两份给她母亲。"我买这些分红险送给儿子和妈妈。"她说道。1997年，中国人寿推出回报率高达9%的储蓄险，当时银行的存款利率低于

6%。宁含买了若干份这类储蓄险。1999年—2000年，她在不同时段又买了两份投连险作为投资。

宁含大量购买寿险是为了获得更多回报，积累足够的金钱，希望能在退休以后有一个比较舒适的生活。她细心对比了购买寿险和银行存款的成本与收益。作为一个活跃买家，宁含对于人寿保险的功能有自己的想法，她依据她预想的功能来选择产品。

对于"是什么促使你购买寿险"这一问题，"为了养老"是最为普遍的响应。许青年近30，是一家国营百货的销售代表。她和她丈夫各从P公司购买了一份保险，原因是"我的工作单位已经给了我一些基本的保障……但是，我自己也买了一些保险来养老……我们老了以后，还是要靠我们自己，最好不要让孩子有负担"。[15] 我发现，无论投保人属于哪个社会群体，何时投保，养老都是购买寿险最普遍的动机。

偶然或误会

宁含对人寿保险有着自己的想法，彭小姐跟她不同。1999年，当保险代理人接触彭小姐的时候，她对于人寿保险毫无概念。

我对人寿保险完全没有概念。我知道寿险是因为有一个P公司的保险代理人接触我老板。我老板不想自己和她打交道，就叫我来接待她……这位代理人最后说服我买了一些产品。她说，一是现在的存款利率非常低，二是利息是要交税的。人寿保险的回报率要高一些，而且回报是不用交税的。她还告诉我，每三年就可以领到一些钱……听上去挺不错。我不想买那种20年以后才能拿到回报的。所以，我把人寿保险当作一种储蓄计划……但是，我另外也买了一份20年以后才能拿到回报的保险。代理人说，这份保险主要是为我孩子买的。我现在还没有孩子。但是她说假如有天我有了孩子，在那20年后我的孩子就要上大学了。那这份保险的六万块保险金就可以当作学费。我想了一下，觉得她说的有道理。

一位年近30的已婚女性庞小姐，是一家合资企业的人力资源部经理。作为一个比较被动的消费者，她购买了三份P公司的保险。她最初买保险的时候，对保险并不了解，不知保险为何物。如果她不是偶然遇到保险代理人，她可能一份都不会买。她的案例充分说明，意义是在具体情境下的社会互动中建构起来的（Fine, 1984; Hallett and Ventresca, 2006）。特别是当她的丈夫反对她买保险，而她为自己的行为辩护的时候：

我丈夫不喜欢这些保险。他说用现在的钱去换未来的钱是不明智的做法。他说没人知道将来钱是增值还是贬值。我说："嗯，可是我已经买了……"当时我感觉那个保险代理人说得很对。我也能够负担得起。没什么大不了的……现在，我觉得买个保险以防万一是很有道理的。看一下美国的"9·11事件"。

谁会想到有这种事情发生呢？世事真是难料啊[16]。

然而，有些被动的消费者之所以会购买保险，是因为误解了寿险的产品内容。查洁琳年约45岁，是一名销售，她在1994年从A公司购买了一份保险。她属于那些对人寿保险产生误解的客户之一。"我不知道保险是什么，保险代理人是我朋友，而且她说买保险是为了保障我的未来。我原本以为我要是生病或者受了轻伤，保险公司会支付医疗费。我当时不知道原来它们只有在你死了或者永久伤残的情况下才会支付。这有什么用？"[17]查洁琳购买保险的动机是寻求保障，但是她所理解的保障是支付小病、轻伤等可治愈疾病的医疗费用。她所理解的"保障"有异于A公司试图传达给客户的"保障"概念。误解寿险"保障"概念的现象，主要发生在人情保单上。在这种情况下，大多数购买者都不知道他们到底买了些什么。

一切都是为了储蓄

25岁的李杰在一家信息科技公司从事软件销售工作。他从中宏保险购买了一种叫作"理财通"的分红型终身寿险。这款产品涵括两个附加险，一种是个人意外险，另一种是住院医疗险。因此，这款产品兼有理财和风险管理两项功能。然而，他购买这份保险的主要目的却是控制消费。

我收入还不错。我想制订一个储蓄计划来限制我花钱。我以前花钱太多，没有存下什么钱……我觉得我应该负起照顾父母的责任，给他们存钱。但是要我自己来存钱太困难了。保险的主要作用就是存钱。保险事实上就像一个银行，只不过是由保险公司来运营，就像你雇一个公司来替你管钱。这种方式更加可靠。

当问及保险是否能够起到风险管理的作用时，他回答道："保险并不能帮你规避风险。风险是注定的……我信命。风险就是个概率问题，但是没人知道谁会撞上那个概率。保险并不能改变概率。"他在访谈中透露购买个人意外险和住院医疗险的原因："因为保费低，那个保险代理人向我强烈推荐，我觉得还可以，我能够负担得起。要不是因为那个保险代理人极力推荐，我应该不会买……我肯定不会买那些主打保障功能的保单。那样我什么都得不到。"[18] 李杰的风险观念十分有趣。他同时相信命运和概率。相信命运听起来很迷信，它认为风险发生事先注定。但另一方面，相信概率听上去又很理性，它暗示着风险发生的随机性。这两个观念看似互相排斥，实则和谐共存，表明文化概念的碎片化。虽然文化具有碎片化的特质，但是行动主体仍然共享了一些极为重要的文化逻辑。李杰对他的父母有着强烈的责任感，可是他并不认为个人意外险能够帮他履行这份责任，因为他没想过过早死亡的可能性。

读者接下来会看到，客户普遍认为购买保险"一无所获"，保险产品的风险管理功能是"浪费钱"。国内客户购买人寿保险最常见的动机就是储蓄，连那些购买大病保险的客户也是如此。当问及是什么促使他从 P 公司购买两份大病保险时，崔鹰（40岁）答道："我们刚刚有了孩子。我们想为她存点钱。这些保单能拿到些分红。戴小姐（第四章中乐于助人者）说我们可以把红利存在他们公司，让它们利滚利。我们觉得这个方法挺好的，可以给我们女儿存下一大笔钱。所以我买了一份，我老婆也买了一份。"[19] 虽然崔鹰和他的妻子买的都是大病保险，主要用于应对意外重大疾病产生的医疗费用，然而他们购买的主要动机还是储蓄。

多重动机

以上案例表明，投保人的投保动机不同，促使他们投保的诱因各异。然而，部分投保人具有多重投保动机。持有 20 多份保单的宁含就是一例，她的投保目的包括投资、养老和送礼。王武淦 40 岁左右，有一个 9 岁的儿子，他投保的理由也很多样。

我一开始从 A 公司那里买了一份养老保险。那是 1997 年的事了……那个时候还没有投连险或者其他类似的产品。所以，我买养老保险是作为一种投资。我 60 岁以后，它们每个月都会给我一笔钱。我认为保险是给未来的保障。到我将来不能工作的时候，保险就有用了……我也买了……大病保险。卖给我这份保单的保险代理人是一个朋友推荐的。我买它也是为了给朋友面子……我也买了一份保险作为给我爱人的礼物，它主要是来养老的。这算是一种浪漫吧，也是表达爱的一种方式（笑）……也就是在去年，我从 P 公司那里买了一份投连险。实际上是我爱人让我买的。我对它也不是太了解。她给自己也买了一份。[20]

因此，王武淦的投保动机是多样的，从为养老投资到表达爱意，到偿还人情。然而，每一险种都存在着一种主要动机：购买养老险是给他自己未来的保障，也是给妻子的礼物；购买投连险是因为妻子的要求；而购买大病保险则是为了偿还人情。此外，在这些多重动机之中，王武淦有一个主要动机："购买所有这些保险主要是为了养老。它就像一种投资一样。绝大部分我们所购买的保险都是有必要的。但是我们也买了一些我们并不需要的保险，只是为了给朋友面子，就算我们感到我们不需要，我们还是买了。"值得注意的是，王武淦所需要的这种未来"保障"和宁含心中所想如出一辙，他们都希望退休以后有足够的钱。另一方面，他出于人情而不是需要购买的大病保险，却恰恰属于风险管理型保险。

投保动机的文化与制度基础

以上的案例显示，尽管上海的寿险客户来自各行各业，上至公司老板，下至的士司机，但是大部分客户都是白领。他们中年轻的 20 岁出头，年长的将近 60 岁。中国市场不同于欧美人寿保险市场，欧美市场的目标人群以男性为主，而中国市场中男女客户的比例相对平衡。据我观察，客户在考虑是否投保的过程中，女性比较容易受到同辈影响，而男性比较愿意给朋友面子。除此之外，他们还有多种多样的经济和非经济动机。

王武淦每次购买寿险的主要动机都非常明确，这事实上反映了上海人寿保险市场的几个有趣特征之一。投保动机多样化，并不表示没有固定模式。事实上，在市场发展的不同阶段，购买寿险的主要动机不同。1996 年以前，人们购买寿险的动机混合了信任、人情和对孩子的爱。1996 年以后，储蓄和投资养老变成首要投保动机。2000 年，赚钱是购买人寿保险的主要动机。然而，从 2002 年开始，购买寿险来管理风险和储蓄变得更为普遍。我们应该怎么解释这些主要动机以及它们随着时间发生的变化呢？

信任、人情和礼物（1993—1996）：文化图式，互惠规范和孩本位观念

在我访问的客户中，大概有四分之一是在 1996 年之前购买了他们的第一份人寿保险。令人惊奇的是，在这些客户中，超过 80% 的人说那个时候他们"对于人寿保险完全没有概念"。绝大部分客户是从他们做保险代理人的朋友和亲戚那里买到他们第一份保险的。他们买的东西对他们来说是个谜。但正如第

四章所述，亲密关系这一文化图示抵消了他们对于新产品的不信任。因为信任这些保险代理人，这些客户便相信保险公司和他们所销售的产品。当人们开始对人寿保险有所了解，但是还未产生购买需求时，有些人仍然会因为人情互惠原则，从朋友和亲戚那里购买人寿保险。若产品本身吸引力不够强，另外一种促使人们购买寿险的文化因素是以孩子为中心的"孩本位"观念。在我田野调查期间，几乎所有有孩子的客户都至少有一份少儿险在手。很多人买了好几份来表达他们对家里独生子女的爱。

储蓄和养老（1996—1999）：利率、文化价值观、人口结构和养老福利体系的变化

然而，动机和意义都不是一成不变的。制度一变，动机也跟着变，意义也会被重新定义。从 1996 年的后半段开始，利率下调改变了很多父母购买少儿险的主要动机。1996 年 8 月，银行定期存款利率从 9.18% 降至 7.47%，这时 P 公司利率为 7.8% 的少儿终身幸福保险，突然间成为了具有竞争力的储蓄产品。购买这一保险的主要动机就变成了经济上的成本收益计算。父母购买少儿保险是因为它很划算，这样少儿险就不仅仅是为孩子买的，它也是家庭储蓄计划的一部分。因此，每当存款利率准备下调，人们就会在 P 公司总部外面排队购买少儿险，场景一如石金在第二章所述。因此，同样是购买少儿险的行为，制度条件不同，背后的动机和意义也不同。

利率的连续下调，不仅改变了父母购买少儿险的主要动机，而且也改变了他们购买其他险种的动机。一开始，P公司和中国人寿养老险的竞争力不如银行产品，人们主要是因为人情才购买这些保险。后来随着银行利率下调，这些保险就成为了具有竞争力的长期储蓄产品，人们购买它们的主要动机是为了获得更高的经济回报。动机随着利率变化而变化，这一结果和制度主义的论点一致。任何行为都可能具有多重动机，具体是由哪种动机指导行动则通常依赖于具体的制度条件（Swidler, 1986, 2001; Friedland and Alford, 1991）。

中国人向来喜欢存钱，储蓄率全球最高，为什么客户还如此担忧养老问题？我认为，从文化和制度角度来说，养老是中国人风险观念的核心要素。因为中国人认为生活美满是在退休以后能安度晚年，这一文化价值观使得中国人将养老看得至关重要。这种行为倾向是由制度变化引起的。养老福利体系调整，人口迈入老龄化，很多老人的退休金没有着落，独生子女政策推动家庭重组，这些变化都要求老年人经济独立。因此，文化和制度条件构成了消费者的主观想法和意义构建。

投资赚钱（2000—2001）：股市热和迎头赶上的社会心理

投连险和分红险分别于1999年10月和2000年3月面世，购买寿险的主要动机，也从养老储蓄变成了投资赚钱。尽管投资赚钱也能够用来养老，但储蓄不再是首要动机，国内客户购买寿险是希望能够获得利润。然而，投资或类投资型产品将保险公司的部分风险转嫁给客户。购买这些产品，特别是投连险，是一种冒险行为。通过寿险冒险谋利并不是中国人的专利，在18世纪的大部分时间内，这一现象在英国非常普遍（Clark，1999，2002）。然而，正如第二章所述，国内客户购买投资产品时，并没有完全意识到其中涉及的风险。因此，问题不在于为什么他们愿意冒险，而是为什么他们将这些投资或者类投资型产品与"利润"联系起来，却忽略了"风险"问题。

中国民众对"投资"的积极态度，既有制度根源，也有文化根源。首先，中国的家庭储蓄率一直居高不下，而且，经济的快速增长进一步改善了许多城市居民的经济情况。由于存款利率大幅下调，人们必须寻找其他渠道处理其富余收入。其次，2000年—2001年上证指数连创新高。与1999年的1756.18点和1998年的1422.98点相比，2000年的上证指数达到2125.72点，2001年达到2245.44点[21]，营造出一种投资环境良好的氛围。然而，我发现民众对投资的积极态度，并不完全由股市的强劲表现所驱动，它与新的市场经济和迎头赶上的社会心理同样息息相关。

尽管投资对于中国人来说是新概念和新事物，但是他们都把投资看作资本主义的核心与象征。20世纪90年代早期，国家推广股票市场和其他市场经济运行机制（Hertz，1998）。国家和普通老百姓争相加入这一潮流，加速了旧体制的衰亡和新时代的诞生。投资的正面意义，也部分得益于那些敢于在新股市中冒险的新兴富豪。据一些受访者透露，20世纪90年代早期，绝大部分民众对股市心存疑虑，对政府债券漠然置之。"少数敢于吃螃蟹的人一夜致富！"一名受访者说道。因此，政府进一步强化了对于投资这一概念的正面解读。尽管有些人因投资股票而变得一无所有，但媒体关注的主要是那些成功者。中国的城市日新月异，老百姓见证了投机带来的巨大收益。他们意识到机会转瞬即逝，抓住每个机遇至关重要。"一切坚固的东西都烟消云散了，一切神圣的东西都被亵渎了"（Marx and Engels,［1848］1978:476）。这句话与中国翻天覆地的社会经济变化完美贴合。那些在一开始错失良机的人输给了那些早早投身股市的股民；当回报率高的时候，没投保的人输给了那些购买了养老险和少儿险的人。因此，尽管与传统的储蓄产品相比，分红产品的回报率较低，因为分红的比率浮动不定；但是购买者仍然很钟情于分红产品。购买分红产品是一个有力的证明符号，是一种参与市场经济游戏的表现。

我认为，这种对参与市场经济游戏的热切渴望，也与迎头赶上的社会心理相关。中国城市所展现的这种社会心理归因于国内快速推进的经济改革和来自外部的全球化压力[22]。从国家层面看，这种社会心理显示了中国渴望赶上世界经济的步伐。从微观层面看，它代表着个人努力抓住每个向上流动的机会。在这种情境下，投连险可以被称作股市的变体，给第一批投保人一夜致富的希望，大家都生怕错过良机。人们选择购买投连险来应对剧烈的社会变化、不断增长的社会不公和时间压缩。不仅仅是普通老百姓怕落于人后，错失良机，在全球化的大背景下，整个社会都在尝试新鲜事物，渴望创造奇迹。因此，对投资或类投资产品的狂热追捧和对发财的渴望，反映了在国内现实和全球化压力共同作用下的国民心理。这一社会心理在股市热（Hertz, 1998）、直销热（Jeffery, 2001）和气功热（Ownby, 2001；Palmer, 2007）中也可略见一斑。

储蓄养老和风险管理（2002—2004）：风险观念和社保改革

2001 年末至 2002 年初，"投连险危机"爆发，人们逐渐"觉醒"，认识到寿险投资的真正含义，通过人寿保险致富的梦想不再存在。投连险危机使得国内寿险公司不再推出理财产品，转而推广重大疾病险。重大疾病险主要用来应对一些突发的重大疾病，从理论上来讲，购买这个险种需要消费者对疾病发生有足够的风险意识。然而，国内客户主要关注退休之后生活的风险。投连险危机过后，购买寿险的主要动机回到了储蓄养老。虽然市场上具有吸引力的养老保险不复存在，储蓄养老仍然是中国客户的主要考虑因素，即使当他们在购买重大疾病险的时候也是如此。

在我调研期间，除了养老需求，市场上也存在对医疗保险产品的需求。尽管人们不会去考虑那些致命的风险，但是人们一般认为日常生活中还是有可能碰上些小病小痛。人们唯一需要的一种风险管理产品就是医疗保险，这种保险像过去国家提供的计划经济医疗保险一样，覆盖门诊和住院的治疗费用。这一需求引起了保险公司的注意。然而，他们对中国的医保系统心存疑虑，认为开发类似的产品风险太高[23]。A公司推出的人身意外综合险，是一种为大众广泛接受的风险管理产品。这一产品不仅包含死亡赔偿，还赔付轻伤事故产生的医疗费用，并为住院病人提供日常补贴。这一产品比较符合国内民众的风险意识，和改革前的国家医保体系相似。朱绍秋（45岁左右）就购买了人身意外综合险，她在访谈中透露了她购买这一产品的原因：

> 保险代理人想卖给我一种重大疾病险产品。但是我不太喜欢……我想要的是那种我生病的时候能帮我付完所用费用的医保产品。以前我们实际上是有免费医保的，但是现在看病太贵了……我买它（人身意外综合险）因为它包括了手术费用。如果我住院了，保险公司每天会给我50块钱作为补贴。这个产品有点类似于我们以前的医疗保险。但是，我们现在当然需要自己付钱，而且包含的项目不像我们以前那么全面。[24]

因为经济改革以前，国家免费提供医疗服务，或者只是象征性地收一些钱，所以现在大多数人仍旧认为医保是必需品。这种必需品意识与医疗保障系统的商业化现状相遇，塑造了国内民众的风险意识。媒体经常报道，有的医院拒收没钱缴费的患者。生病时没有足够的钱接受治疗是一种显而易见的风险，因此风险管理就变成了人们购买寿险的主要动机之一。

产品偏好、功能认知和产品选择

虽然民众购买人寿保险具有多重动机,主要动机也会随着时间不断变化,但是在产品选择方面,国内客户具有相同的偏好:他们都喜欢那种在他们活着的时候就能获得回报的产品,纯粹的风险管理产品无法讨得他们欢心。

我们可以看到,无论是像宁含这样的主动买家,还是像庞小姐这样的被动买家,或者像黄静和华塑这样在同辈影响下出手投保的客户,他们都偏好理财产品。保险代理人能够成功劝服庞小姐,还让黄静和华塑在同辈影响下购买寿险并非巧合。代理人把保险产品描述得像是定期储蓄计划,说服了庞小姐。黄静接受她同事的建议,是因为她的同事说"买人寿保险就像往一碗面里加点肉"。而华塑之所以会关注他朋友关于寿险的谈话,是因为他们谈到了"利率"。因此,尽管这些客户之前对于人寿保险没有任何概念,但是寿险的储蓄和养老功能还是激发了他们的兴趣。

访谈得出的结论和我的问卷调查结果一致,两者都证明客户对寿险的功能认知是一致的(问卷详情请参考附录一)。总共有 63 位寿险客户和 50 位潜在客户参与问卷调查。尽管这些问卷调查是在 2001 年—2002 年间完成的,那时候 P 公司开始向西方模式靠拢,将人寿保险定位为一种风险管理模式,但是仍有超过一半的受访者认为人寿保险是理财工具(包括储蓄、投资和子女教育)。表 5.1 表明,在参与问卷调查的受访者中,51% 的寿险客户和 47% 的潜在客户都认为寿险最重要的功能就是"为自己养老存钱",只有不到 25% 的受访者认为"在意外事故发生时为家庭提供保障"是人寿保险的首要功能。

表5.1 客户对人寿保险的功能认知①

	储蓄(%)	意外(%)	疾病(%)	投资(%)	子女教育(%)	样本量
客户	51	22	19	5	3	63
潜在客户	47	25	13	6	9	50
总计	49	23	17	5	6	113

表 5.2 是依据性别、年龄、收入、教育程度、婚姻状况和工作单位对受访者进行分类的分析结果。表中有一些有趣的发现。第一,除了高收入群体认为事故保障是寿险的一项重要功能以外,各个社会群体普遍认为储蓄养老是人寿保险的首要功能。上层阶级可能没有中产阶级那么担心退休以后的经济状况,然而他们关心的是如果因为发生事故而突然失去经济收入能力,他们应该怎么办。虽然人寿保险应该是中产阶级使用的一种现代风险管理工具,但是研究结果却发现绝大部分新中产阶级的受访者(年收入水平介于 36000 元—84000 元)并不认为风险

---

① 储蓄指"为自己的养老存钱";意外指"在意外事故发生时为家庭提供保障";疾病指"在患上重大疾病的情况下支付医疗费用";投资指"为了赚钱";子女教育指"为了孩子的教育存钱"。

管理是人寿保险的首要功能。另一个有趣的发现是，认为购买人寿保险是为了储蓄养老的男性受访者（56%）多于女性受访者（44%）。与此同时，四分之一的女性受访者认为，人寿保险的首要功能是在事故发生时为家庭提供保障，而持相同看法的男性受访者只有五分之一。这个发现与社会普遍观念相左，人们通常认为男性购买寿险是为了在事故发生时为家庭提供保障，然而他们似乎更关心自己退休以后的生活。这一发现呼吁研究者进一步关注中国人在风险管理与财富管理上的性别差异。最后，超过四分之一的最年轻的受访者（20岁—29岁）和超过四分之一已婚未育的受访者认为人寿保险的首要功能是在他们遭遇重大疾病时提供医疗费用。这可能与医疗系统的结构性变迁有关。在新的医疗保障系统下，年轻一辈和老一辈相比需要自己负担更多医疗费用。

表5.2　不同社会经济地位群体对人寿保险的功能认知

	储蓄（%）	意外（%）	疾病（%）	投资（%）	子女教育（%）	样本量
性别						
男性	56	20	15	4	6	53
女性	44	25	19	5	6	57
年龄						
20—29	40	22	27	7	5	53
30—39	64	18	4	7	7	28

续表

	储蓄(%)	意外(%)	疾病(%)	投资(%)	子女教育(%)	样本量
40—49	52	30	11	0	7	27
年收入（人民币）						
低于18000	50	32	4	4	11	28
18000—36000	58	8	22	8	3	31
36000—84000	57	23	17	0	3	29
高于84000	33	33	25	0	8	11
教育程度						
高中	42	30	14	2	12	38
两年制大专	59	22	14	4	2	49
大学	40	20	25	10	5	18
婚姻状况						
未婚	48	20	20	10	3	37
已婚未育	52	19	29	0	0	21
已婚已育	49	26	9	4	11	48
工作单位						
国企/事业单位	69	19	6	0	6	17
国内民营企业	40	28	24	4	4	24
外资/合资企业	46	24	17	7	7	69

人们对于寿险的产品偏好和功能认知表现在他们所购买的产品类型上。由于寿险产品售出类型没有官方数据统计,我利用访谈和问卷调查搜集数据,勾勒出消费者的产品选择。在此样本中,上海总共 128 名客户购买了 282 份保单[25]。表 5.3 展示了他们所购买的产品类型。

表 5.3 最显著的特征之一是,接近四分之三(72.7%)的售出保单属于理财型产品,其中养老保险最为流行,保单数量占比超过一半。少儿储蓄险位居第二,远远超过传统的终身险和意外事故险。少儿险不仅仅只在上海流行。P 公司北京分公司的一位代理人说,在 1996 年售出的人寿保险产品中,80% 的保单的被保险人都是孩子[26]。此外,表 5.3 显示,71% 的养老险和 42% 的少儿险是有分红的。如果我们将分红险和投连险归为投资型产品,那么有 47.5% 的保单属于投资类型。相反,个人意外险只占售出比例的 7.1%。这些发现与 2001 年以后上海的官方资料吻合。

表 5.3 128 位客户购买的寿险类型一览

类型	保单数量 (百分比)	子类型	保单数量(百分比)
风险管理	77(27.3)	意外事故	20(7.1)
		终身险	9(3.2)
		医疗险	48(17)

续表

类型	保单数量（百分比）	子类型	保单数量（百分比）
财富管理	205（72.7）	养老	145（51.4）（其中 103[71%] 带分红）
		少儿险	50（17.7）（其中 21[42%] 带分红）
		投连险	10（3.6）
总计	282（100）		282（100）

有趣的是，我们若将表 5.1 和表 5.3 进行对比会发现，民众对于寿险的功能认知与他们购买意外险的实际行为并不一致。大概五分之一的受访者认为寿险的主要功能是应对意外事故，然而在售出的保单中，属于这一类别的保单只有不到十分之一。为什么呢？除了时间差以外（客户的受访时间为 2001 年—2002 年间。但是，在他们表达对寿险功能的看法之前，他们可能在 1992 年—2002 年间已经购买了保险产品），另外一个可能的因素是人们想法和情感之间的矛盾，或者说，人们的感受和他们的行为习惯之间的矛盾。经常有客户（特别是那些高学历的年轻人）在访谈中口口声声说，购买人寿保险是为了在意外事故之类的不测之变发生以后提供保障，可是他们自己却根本没有购买任何意外险。他们买的反而都是主打储蓄功能的产品。因此，有些客户理论上明白人寿保险是一种风险管理工具，每个人都可能碰上不幸事故，但是实际上他们又感觉如果只是购买纯粹的保障性产品，那就是"浪费钱"。此外，正如第一章所

述,储蓄仍然是最普遍采用的风险管理工具。客户购买储蓄类产品,也可能是为了应对意外事件的发生。举例来说,2003年上海市一项消费者调查发现,人们存钱的主要原因是为了"应付意外事件"[27]。

2003年的这项调查还发现,为子女教育进行储蓄也非常普遍。这和我的发现吻合,即少儿险是第二畅销的产品。事实上,少儿险不仅风靡中国,它在19世纪的美国流行到引发了一场全国范围名叫"救救孩子"的运动。这场运动由上层阶级和中产阶级组织,控诉保险公司和那些购买少儿险的父母,说他们是用孩子的生死来投机(Zelizer, 1985)。尽管"孩子无价"几乎已成普世价值,但是少儿险的流行在中国并没有引发类似的道德谴责。如前所述,原因就在于中国的少儿险以储蓄功能为主,死亡赔偿为辅。父母都不在乎死亡赔付。有些父母甚至还说,他们实际上不想把死亡赔偿这一项写入保单,真正吸引他们的是产品中的教育基金、婚礼基金,甚至是受保孩子的养老金。这再次说明,为什么即使把孩子作为被保险人,少儿险仍可作为给孩子的"礼物"。

在客户所购买的风险管理产品中,那些能赔付医疗费用的产品销售量最高。如前所述,唯一让大众比较接受的风险管理产品是A公司推出的人身意外综合险。另一方面,尽管像心脏病、癌症和糖尿病等重大疾病的发病率逐渐上升,医疗系统迈向商业化,种种这些使得充分就医难上加难;但是,重大疾病险产品仍旧买者寥寥[28]。一位叫杨茂(57岁)的受访者哀叹着告诉我为什么他决不考虑购买重大疾病险:"一点用也没有!除非你瘫痪了，躺在床上等死，否则，他们一分钱也不会给你。如果你身体健康，他们不会付给你钱……买它就是浪费钱！"[29] 人们对于重大疾病险、定期寿险和个人意外险等风险管理产品的反感显而易见，他们的反感通过"浪费钱"这个词表达出来。如前所述，不但50岁左右的客户普遍怀有这种情绪，25岁的李杰也同样认为，个人意外险和住院医疗险会让他"一无所获"。

和重大疾病险相比，定期寿险更是备受冷遇。因为意外死亡的几率低到人们难以想象自己会意外身亡，所以大家自然认为购买定期寿险是浪费钱。这也就是为什么一些保险代理人在销售过程中尽力掩盖产品中的定期寿险部分。个人意外险的销售也是同样的道理。这些产品的客户都比较被动。因为一份个人意外附加险的保费非常低而保额却很高，一些代理人只是简单将这一项目附加进保单，就像他们未经客户同意就将定期寿险附加进保单一样。在客户得知保单中附加了一份个人意外险以后，他们往往会将这一部分尽可能调低，他们相信为这一部分支付的保费是无法收回的。

偏好与选择的文化逻辑

有些保险代理人，尤其是 A 公司和 L 公司的代理人，评论说中国人想在他们在世的时候就拿到回报，而不是把钱留给受益人，因为"他们目光短浅，自私自利"。我认为，中国人偏好能带来在世回报的产品的深层原因，源于中国人生死观念背后的文化逻辑。本土文化观念的韧性，使得人们不会将人寿保险视为一种应对意外事故的工具，反而产生了一种本土解读，将人寿保险视为一种理财工具。这一本土解读让人们排斥某类产品，但同时也促使他们接受某些其他类型的产品。

中国人将那些纯保障型寿险称作"不回本"或者"消费型"产品。换句话说，他们把已经支付的保费当作无法回本的钱。但事实上，购买纯保障型保单换来的是"无形回报"。这种回报就是一份安全感，像美国某些保险公司广告中所说的"为预防意外而制订的计划"。然而，只有在人们感觉没有购买保险就不安全的情况下，这种安全感才有意义；只有在人们感觉意外发生的可能性很高的时候，大家才将保险视作一种"计划"。汤姆·贝克和彼得·希格曼（Baker and Siegelman, 2010）发现美国的年轻大学生对于自己的健康状况有乐观偏差，这使得他们不愿购买健康保险。年轻大学生相信"糟糕的事情不会发生在他们身上"，他们有这种乐观偏差并不奇怪。然而，这种乐观偏差普遍存在于中国各个年龄层，横跨各类教育背景。因为致命事故和过早死亡似乎并不在他们的认知框架之内，所以他们觉得为不可能发生的事情买保险就是在浪费钱。如果人们不相信他们会在他们孩子长大成人和经济独立以前身故，他们自然就觉得没有必要购买风险管理产品来"负起对孩子的责任"。与此相反，他们都希望在世的时候就能获得回报，因为要是他们解决了自己的养老问题，就不会让下一代有经济负担。

客户之所以如此追捧那些能够在他们在世时就带来回报的产品，还有一个可能的原因是他们普遍对保险公司心存疑虑，想要在他们去世之前就拿回本钱。然而，如果人们不信任保险公司，那么他们就不会去购买那些直到20多年以后才开始给付的养老保险了。定期寿险刚刚面世的时候，对大众来说是全新产品，的确存在信任问题。正如第四章所述，这也正是保险代理人一开始要依赖亲密关系的文化图式，向亲朋好友推销保险的原因。然而，在我田野调查期间，上海人对于保险公司已经非常熟悉。他们一般会信任外国寿险公司，因为他们相信大型跨国公司雄厚的经济实力。他们同时也信任国内寿险公司，因为他们相信国家不会坐视它们倒闭，国家会在有需要的时候支持它们。

A公司在销售中倡导"关爱孩子"的理念。关于如何践行这一理念，A公司宣扬的方式与国内寿险公司截然不同。A公司产品中关爱孩子的逻辑，要求父母为他们自己的生命投保。如果他们因意外事故不幸身故，他们的家属，特别是他们的孩子，能够从保险公司获得赔偿金。然而，中国人践行这一理念的方式，则是给孩子投保，让孩子成为被保险人。

每当提到"给孩子保障"这个词，受访者的第一反应总是将孩子作为被保险人。这一反应是下意识的，就像受访者在回答关于孩子保障的问题时，绕开问题内容或者误解我问题的含义。以下的田野笔记摘录生动地说明了这一点：

> 20多岁的石生和尹芳是一对年轻的新婚夫妇。他们两人都毕业于复旦大学。石生是一位律师，尹芳是一名社会学在读研究生。

研究者：你觉得保险的主要功能是什么？

丈夫：当然是储蓄……

研究者：如果你们有了一个小孩以后呢？你们会不会考虑购买一份保障型寿险以防万一？

丈夫：如果我有小孩，我会为他/她买份保险。（他的意思是将孩子作为被保险人）

妻子（神采飞扬）：是啊，你知不知道，现在少儿险种类可多了。

研究者：我的意思是，假如你们的小孩还要靠你们抚养，你们会不会买一份保险，把孩子作为受益人，以防你们遭遇什么意外？

妻子：现在市面上有一些保险是专门给孩子定制的。我们也会给我们的孩子买一些。（她的意思还是将孩子作为被保险人）

研究者：好的，我的意思是说，如果家庭主要收入来源丧失了赚钱的能力，那孩子该怎么办？

妻子（兴奋）：教育险对孩子非常好的！孩子长到一定年龄以后就可以拿到一些钱。这个保险会给孩子一些教育基金，一直给到孩子大学毕业。

丈夫（面向妻子）：我知道她（研究者）是什么意思。她的意思是将孩子作为受益人。这样的话，万一哪天我去世了，孩子就能够得到十万元赔偿金（少儿险的保额通常为十万元）。

研究者：对，我想问的就是这个。

妻子（沮丧）：哦……我感觉我们并不需要那种类型的保险。[30]

尹芳反复误解我的问题，因为将孩子作为被保险人，是如此自然的答案，它属于"直觉认知"（DiMaggio, 1997）。文化框架能够同时作为表象系统和简化机制发挥作用，影响人们感知信息的方式（比如研究者的问题）和有选择性地引导人们的注意力。将孩子作为保险受益人是一个来自保险行业的新概念。中国传统对他人表达爱意的方式，是让他们有权利占有或者使用某物。通过对自己的生命投保来表示对孩子的"爱"，对国内民众来说尚显陌生。父母早逝是一个悲剧。然而，这一悲剧的发生却能让孩子收获大笔进账，而这笔款项还是对孩子爱的象征。这个逻辑太绕，也太过新奇，以至于人们需要"思考认知"（DiMaggio, 1997）才能理解。"思考认知"与"直觉认知"不同，它不能提供直接表征和简化机制。这也就是为什么受访者需要让思维转个弯，才能理解我的问题。

在中国的情境下，尹芳误解我的问题，我并不奇怪。将孩子作为被保险人，不仅仅是民众的普遍行为，也是国家的规范性实践。王武淦（那个有多重投保动机、购买了多个险种的客户）就此分享了一些关于国家实践的趣事：

研究者：在上海，如果父母其中一方因为事故去世或者失去了工作能力，有没有一些社会保障提供给孩子和单身父母呢？

王：有的，国家给每一个孩子都入了一份少儿险。每一个孩子都是受保的。万一孩子发生了什么事故，保险公司会理赔

的。(王误解了研究者的问题)

　　研究者:所以,你的意思是,只有事故发生在孩子身上的时候才能够获得赔偿?

　　王:对。

　　研究者:那如果不是孩子而是父母发生事故呢,那该怎么办呢?我的意思是,如果孩子的父母去世了,那么由谁来照顾孩子呢?

　　王:啊,我明白了(你的问题)。我们有孤儿院,为孩子免费提供教育。

　　研究者:那么,如果是父母其中一方去世了呢?比如说,家里面赚钱的那个去世了,只剩下一个单身家长和孩子呢?

　　王:那么,这个单亲家长就必须要自己负责照顾孩子了。[31]

　　王武淦和尹芳一样,从一开始就误解了我的问题。此外,有趣的是,国家提供意外险的对象是孩子,而不是父母。国家的动机到底是保护孩子,还是简单地将保险当作礼物送给他们,这就不得而知了。然而,国家对人民表达关爱所使用的逻辑,与父母表达对他们孩子关爱的逻辑如出一辙。这一逻辑和国内将人寿保险解读为一种新型储蓄工具有关。

文化、制度与行动

中国的寿险客户购买保险具有多重的经济动机与非经济动机。多重动机的存在，说明存在多样化的文化符号可以用于意义建构。然而，购买人寿保险的主要动机却随着时间不断变化，因为动机变化取决于文化符号与制度条件和产品特征之间的相互作用。

随着中国人寿保险市场的不断发展，文化和制度对不同的购买动机影响不同。举例来说，出于人情购买寿险，是为了满足社会规范的要求，但它同时也是一种经济行为。在这种情况下，文化不但塑造了动机，同时也塑造了经济交易本身。公众共享的人情文化决定了交易的意义。另一方面，储蓄和养老动机可以在中国人的生死观念、风险管理和财富管理的习惯中找到答案。在这个意义上，文化以一种行为倾向的形式，塑造了消费者对养老的关注和储蓄的偏好，而制度现实也推动这一倾向转化为实践。这些制度现实包括利率下调和新养老金体系的不确定性。因此，文化以不同的方式塑造人寿保险购买动机的时候，它就得表现为不同的形式。它有时赋予产品和购买行为意义，有时则塑造行动主体的行为倾向和习惯。它还可能像人情一样，直接促成经济交易。

尽管文化参与了多重投保动机的构成，但是主要动机之所以会随着时间变化而变化，很大程度上是因为制度变迁。随着银行存款利率下调，购买人寿保险的主要动机从实践人情变为表达爱意，而后再转变为追求经济回报。随着股市指数上升，通过人寿保险获利成为了主要动机。而伴随着养老服务体系私人化和医疗服务商品化，人们对于养老和医疗的关切就变得更为突出。加里·法恩指出"文化具有情境性"（Fine, 1995：130），我想对他的观点进行扩展。我认为人们在意义建构中对文化符号的选择受到制度性条件约束。文化符号以素材库的形式存在，但是行动主体是以零碎的方式动员这些文化符号，来维护其现有的生活模式（Swidler, 2001）。因此，文化是意义建构的基石，并为意义建构提供相应的符号，但是人们如何选择和使用文化符号是受到制度现实约束的。在这个意义上，我们的发现支持了斯威德勒的文化理论。

然而，文化的作用并不限于工具箱。尽管人们购买寿险的动机和赋予寿险的意义变动不居，但是人寿保险市场并不是没有共享的主导观念和一致的偏好模式。中国人普遍不愿意购买风险管理类保险——他们称之为"不回本"的产品。相反，他们愿意购买理财产品，因为这种产品是能"回本"的。这种集体性的偏好，并不能够用制度现实来解释。快速经济改革所带来的新制度条件，本应创造出人们对于风险管理类和理财类寿险产品的双重需求。随着"铁饭碗"系统的崩溃，城市居民面临的风险日益增加，按照制度主义的解释，这时人们为了应对新的制度现实，应该会动员特定的文化符号，来推广风险管理类产品。然而，现实情况却与此相反，在整个市场形成过程中，中国人集体排斥风险管理产品。我认为，对纯粹风险管理保险产品的韧性抵制和对"回本"保险的一致性偏好，源于"早逝"的文化禁忌、对"善始善终"的定义和对风险的选择性关注。所有这些价值观念都植根于中国人对于生死的理解之中。当中国人面对人寿保险这种新商品的时候，他们受到思维框架的约束，导致他们对于人寿保险的理解极其有限[32]。因此，文化在这里具有韦伯主义的色彩，它通过持续不断地影响行为倾向，选择或排斥某类产品，塑造中国人的人寿保险消费。这种行为倾向决定了哪些人寿保险产品对中国人来说是有意义的。这一论述与弗兰克·多宾的观点（Dobbin, 1994）一致：不同的民族文化意义系统，规定着人们如何实现社会目的，同时也对那些破坏规范和没有成效的实践行为发出警告。

然而，虽然行为倾向指导着人们对保险产品的选择，但是它并不会直接促成购买行为。举例来说，如果人们坚持依靠子女养老的传统方式，或者国家能够提供良好的退休待遇，那么关心养老的文化未必会导致人们购买养老保险产品。人们最终是否会购买某类保险产品，取决于一系列贴近行动主体生活经验的制度现实。想要人们购买养老险、少儿险和医疗险等产品，需要特定形式的养老服务体系、福利项目、家庭结构和医疗保障系统相配合。因此，由共享观念和共同信仰构成的文化，规定了哪些行为合情合理。正是在这种文化规范的界限内，文化作为一种综合了不同元素的素材库，才能根据制度要求来塑造行动。

第六章

文化如何影响经济：文化、市场与全球化

人寿保险市场形成中文化的多重互动过程

结构与能动性：多重互动过程模型的一般性机制

人寿保险如何再造文化

文化与现代资本主义全球化

后记：变化与预测

上文所呈现的民族志细节，揭示了中国大陆寿险市场形成过程中的微观政治与宏观动力。在最后一章，我想用中国寿险市场的案例，来回答我一开始提出的问题：文化在人寿保险市场形成过程中扮演了什么角色？面对文化障碍，某个特定产品的市场如何成形？文化如何影响经济行为？文化通过什么机制发挥作用？人寿保险的发展与理性化之间的关系是什么？此外，各类现代企业如何在不同文化情境中实现全球化？在全球化过程中，本土文化在多大程度上能够有选择性地适应或排斥外来的现代资本主义观念和实践？我会在接下来的部分讨论以上问题。此外，我也会介绍在我田野调查两年之后一些保险公司策略的变化，并预测未来市场的发展。

人寿保险市场形成中文化的多重互动过程

为了理解新兴的中国人寿保险市场的形成及其特征，本研究将两种不同的文化概念综合在一起。一种将文化作为共享的意义系统，另一种将文化作为实践的工具箱或素材库。本研究的基本发现和论点总结如下。

20 世纪 90 年代早期，中国城市的经济与制度环境有利于引进和发展商业人寿保险这种新型风险管理产品。然而，当时的文化环境却相当混杂，并不是完全有利。尽管存在一些有利的文化因素，但是由中国人生死观念衍生出的某些禁忌、道德观念和价值理念，与人寿保险的意识形态逻辑互不协调。在这样的文化逻辑下，本地人所期待的保险产品，与寿险公司根据利润导向原则能够提供的产品之间出现了落差。本地人更喜欢购买理财类产品。但是由于本土制度条件的限制，风险管理类产品能给保险公司带来更高的利润。外国保险公司和国内保险公司采取了不同的方法来处理这个矛盾。外国保险公司坚持利润导向模式，试图改变本土偏好；国内保险公司则采用了市场导向模式，直接向本土偏好妥协。我认为，外国保险公司与国内保险公司之间的产品差异，揭示了他们在面对本土文化对人寿保险风险管理理念的抗拒时，所选择的不同处理方式。

然而，无论是外资保险公司内部还是国内保险公司内部，在保险销售量以及保险代理人士气和工作认可度等方面都存在着差异。这一差异源于公司管理层的人员构成。由台湾人管理的T公司自成立以来销售额增长惊人，成为极具竞争力的合资企业。台湾管理层采用的代理人管理模式注重情感纽带，极力营造管理层和员工之间、员工和员工之间亲如一家的氛围。在各家公司中，它的代理人对工作和公司的认同感最强。另一方面，由内地人管理的P公司对代理人采取家长式和威权式管理。只有当它的产品满足本土偏好时，保险代理人的士气才显得高涨。由港台团队共同管理的A公司的保险代理人则显得士气不足。A公司希望能培养一支专业的销售队伍，但它的尝试以失败告终。由德国人管理的 L 公司的保险代理人士气更低。德国管理者尝试创造一种工具理性的企业文化,但这一尝试反而令保险代理人感到心灰意冷。因此,高层管理者的地域背景似乎影响着他们的员工管理,而员工管理深刻影响了保险代理人的士气与工作认可度,并最终影响了保险的销售量。我认为台湾管理者最擅长激励保险代理人,而德国管理者在这方面能力最差。因为前者的文化资本与本土文化关系更密切,成为他们可资利用的资源;然而后者的文化资本则与本土文化不相协调,变成了管理中的阻碍。我进一步从管理者地域背景中的制度文化环境和企业文化的角度,来讨论他们文化资本的促进或阻碍经济活动的机制。

当保险代理人针对某一目标消费群体推销保险的时候,他们很大程度上都会利用那些有利的文化因素,比如人情、"孩本位"观念和股市热。他们同时参照本地偏好进行推销,将人寿保险描绘为一种新型理财工具。为了避免谈及死亡和不幸,保险代理人把人寿保险与"善始善终"的概念和储蓄习惯相融合,将购买寿险的行为重新定义为储蓄养老。这样做是向本土文化逻辑妥协。同时,保险代理人为了自身利益,还需要排除那些阻碍性的文化因素。然而,中国客户并不完全处于被动地位,一味听从保险代理人的说教。他们购买人寿保险的动机多种多样,包括还人情、对独生子女表达爱意、存钱养老、投资赚钱和预防各种各样的风险等。但是,在特定制度和文化的影响下,这些多样化的动机随着时间不断变化。尽管中国消费者的动机多种多样,但是他们始终认定人寿保险是一种理财方式,并且坚持购买他们所偏好的产品。我认为他们的消费理念和偏好产品源于本土文化逻辑中的生死观念。

图 6.1 阐述了两种文化形式对于中国人寿保险市场形成的构建机制。我将这些机制称作"市场形成中文化的多重互动过程模型"。

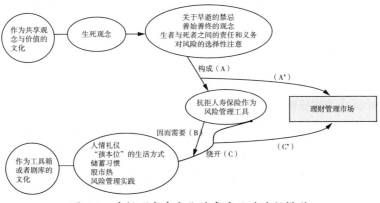

图 6.1　市场形成中文化的多重互动过程模型

在本研究中，很明显，那些源于中国人生死观念中的共享文化价值与理念，催生了一种想象与谈论早逝的禁忌。此外，在这些文化价值和理念中，"善始善终"意味着经历了圆满的一生后在晚年去世，而在世的家庭成员需要肩负起家庭的经济重担。同时，这些价值和观念也导致他们对致命风险的选择性关注。这些社会风俗、价值观念和道德观念与商业人寿保险所依赖的概率逻辑不相契合。在这些因素的影响下，人们普遍排斥将人寿保险作为一种风险管理工具（图 6.1，箭头 A）。这种排斥表现在方方面面：重视对被保险人而非对受益人的赔付；客户坚持把储蓄作为风险管理的首选，认为购买纯粹的风险管理产品是"浪费钱"，拒绝思考致命意外发生的可能性。寿险公司必须设计出新的营销策略，跨越或者绕开这些文化障碍（图6.1，箭头B）。外国公司和国内公司在这方面采取的策略截然不同。外国公司试图提高本地人的风险意识，剔除文化障碍，他们只有在利润不受影响的前提下，才会向本土偏好妥协。另一方面，国内保险公司则努力绕开这一障碍，它们的策略包括：根据本土的风险管理实践和理财习惯重新定义人寿保险，针对本土偏好设计保险产品，根据本土习俗选择营销策略，以及设计对本地人有吸引力的销售话语。通过这些迂回策略，人寿保险在中国的销售额逐渐增加（图6.1，箭头C）。因此，中国市场形成的轨迹和特征不同于欧美市场。它最初以理财市场的形式出现，后来才逐渐兼具理财特征和人身风险管理特征。我认为中国市场特征的形成是一个双重过程（图6.1，箭头A和C），其中一种文化形式构成了障碍，另一种文化形式则绕开这一障碍。

行文至此，我已经阐明中国人寿保险市场的特征，是由本土文化的阻碍和国内保险公司对这一阻碍的妥协共同塑造的。因此，在不否认文化价值在人寿保险市场发展过程中对市场塑造作用的基础上，我将文化的工具箱维度融入分析，扩展了"文化如何影响经济"的论点。我认为文化作为共享观念，对人类行为的塑造作用并不像斯威德勒（Swidler, 1986）所认为的那样消极。如果中国人的生死观念不会影响他们的经济活动，那么外国人寿保险公司就能成功地给本地人灌输人寿保险的风险管理理念，从而创造出风险管理产品占主导地位的市场形态。

　　跳出中国的案例，依据泽利泽（Zelizer, 1979）在《道德与市场》中提供的经验资料，图6.1中的文化多重互动模型也能够用来重新解读19世纪美国人寿保险市场的形成。我是这样重新解读美国的案例的：基督教主导的社会文化价值（生命是神圣的，用生命来投机获利应该遭到谴责）在19世纪中期以前的美国被广泛接受，从而导致了对于人寿保险普遍的文化排斥（箭头A）。基督教的社会文化价值和用金钱衡量生命的逻辑互相排斥，使得人寿保险公司在19世纪40年代到60年代采用宗教话语推销寿险，让人寿保险的性质变得神圣化（箭头B）。在应对文化排斥时，美国人寿保险公司和保险代理人动员既存的文化符号与文化实践，降低人寿保险的商业性质，并赋予这种新商品一种类宗教功能。人寿保险公司将自身定位为"牧师"来说服客户，告诉他们购买人寿保险是一种"宗教义务"（Zelizer, 1979:96—99）。此外，人寿保险公司借用传统的父权文化，把购买人寿保险标榜为男性的道德义务。万一有一天不幸身故，人寿保险能够让他们的妻儿得到生存保障。人寿保险成了防止他们妻子再婚的工具，让他们在死后也依然能够控制妻子的身体和生活（Zelizer, 1979:58—61）。所有这些策略都准确表明文化的工具箱特征，它能够重新定义人寿保险的性质、意义和表现，帮助保险公司绕过文化斥力（箭头C）。

　　因此，本研究证明了一点：就算公众拒绝将人寿保险接纳为一种有效和理想的意外事故管理工具，人寿保险市场同样可以形成。如果既存文化价值与人寿保险的意识形态相契合，这肯定有利于人寿保险市场的发展，但是少了这一点并不意味着人寿保险市场面临着无法逾越的障碍。保险公司和保险代理人能够策略性地使用本土文化，克服因文化价值的矛盾而产生的公众排斥，推动市场的形成。因此，创造人寿保险市场同时也是一项文化工程。在行动主体的互动、谈判、合作与竞争过程中，人寿保险的实践和意义得以建构与再建构。

结构与能动性：多重互动过程模型的一般性机制

从归纳式的民族志研究出发，我提出多重互动过程模型的理论框架，强调全球代理人和本土认受者的能动性。它同时也关注本土文化逻辑和利润导向的商业逻辑带来的结构性限制，以及行动主体与这些结构性力量的互动情况。这一模型在理论上可能介于文化决定论和唯意志论中间[1]。斯威德勒的文化工具箱理论由于过度强调意志的作用而遭受批评，批评者指出她低估了影响个人选择的结构性因素（Vaisey, 2009；Go, 2008；Lamont and Thevenot, 2000；Lamont, 1992；Berger, 1991, 1995）。拉蒙虽然承认个人在文化资源中主动选择的能动性，但是她对文化的碎片化范式提出质疑。拉蒙认为或远或近的结构性因素塑造了文化工具箱的内容和人们接触文化工具箱的机会，文化工具箱提供的选择在很大程度上是由"文化方程式的供给侧"所决定的（Lamont, 1992:135）。本研究以上述观点为基础，希望提出一个中层理论，并探讨两种非常不同的文化形式之间的互动机制。

　　文化既是一种连贯的意义系统，也是多重符号聚合的素材库。通过将文化多重互动过程模型扩展运用到人寿保险行业以外的其他经济活动，我就此提出两种文化形式互动的三种机制，它们塑造了新型经济实践或者新型市场的形成。第一，共享意义和价值是文化工具箱的基础，指引了新经济实践或市场发展的方向。这一机制回顾并扩展了韦伯关于文化与经济实践关系的理论。蕴藏于理论与本体论预设之下的共享世界观与信仰（Campbell, 1998），汇集成一个综合民间习俗、道德观念和价值取向的文化聚合体。这一聚合体又反过来锻造出特定的偏好和倾向，这些偏好和倾向既有可能符合利润最大化逻辑，也有可能对新经济实践构成阻碍。如果本土文化与新经济实践的利润导向原则不相契合，寿险公司就需要借助文化工具箱的力量来绕开这一文化障碍。这一绕行机制就像"bricoler"。列维-施特劳斯引进这个法语动词来阐述"bricolage"的概念。"bricoler"指的是按特定路线多向出击以绕开某个障碍[2]。国内保险公司为了绕开文化障碍，选择远离保险的风险管理理念，这一策略必然塑造了市场发展的路径与特征。

　　第二，民间习俗、道德观念和价值取向的文化聚合体，与制度一起构成了文化工具箱的符号内容，并且划定了人们使用工具箱内的文化符号的方式和界限。一个多元价值并存的市场，既受到共享意义和价值观念的限制作用，也受到文化工具箱的促成作用。文化工具箱的内容包括礼仪、方法、仪式、习惯、风格、时尚、技巧、能力、实例等。它们由各种意义系统

第六章 文化如何影响经济：文化、市场与全球化 | 261

和制度所构成的，因此数量庞大，多种多样。不过，日常实践嵌入在共享意义系统中（Sewell, 1999; Swidler, 2001）。为了有效地使用文化符号与实践技巧，共享意义系统通过设定"上下界限"（Douglas, 1985:75），"排除某些可能性"（Emirbayer and Goodwin, 1994:1440）或者"设定问题的种类"（Dobbin, 1994:20）等方式来建构出行动的"可能性矩阵"（Goffman, 1967:13）。因此，作为共享观念、共同价值和共有信念的文化，与制度一起构成了能在实践中策略性地使用的文化符号。文化同时也作为一种结构性力量，划定了文化工具箱使用的方式和界限[3]。

最后，为了绕开本土文化逻辑与新经济实践意识形态逻辑之间的矛盾冲突，经济主体将文化工具箱转化为实质资源。正如威廉·休厄尔所说，人人都有主观能动性，而"人类之所以被认为有能动性，部分原因在于他们能够**自主利用资源**"（Sewell, 1992:10，黑体为原文所有）。然而，解读文化资源的方式多种多样，行动主体的能动性就体现为"根据文化图示重新解读和动员资源的能力，使得这些资源的原有形态发生改变"（Sewell, 1992:19）。因为文化工具箱的内容来自不同文化包罗万象的逻辑和制度资源，斯威德勒把它描述成"一个工具包或者各式各样的工具箱"（Swidler, 2001:24）。这些文化要素之间可能并不连贯，甚至相互冲突。但是，行动主体能够根据具体情况挑选那些有用的文化要素，他们的能动性让各类文化元素能够共存。行动主体正是通过文化的"生活实验"（Zaloom, 2006），让新兴市场的出现成为可能。斯威德勒（Swidler, 1986,

2001）强调，在现实条件或紧急情况下，人们可以灵活使用文化工具箱中的文化元素。不过，我要补充说明的是，这些文化元素自身并不是资源，而是需要行动主体将这些文化规则和符号转化为资源。因为规则和符号可能彼此矛盾，在不同情境下承载着不同意义，经济主体必须具备充足的本地知识，有选择地恰当使用文化元素，以适应新的经济实践活动。

然而，我必须强调，经济主体的能动性是有局限性的。有限能动性的概念首先由休厄尔提出。依据他的阐述，能动性的起源和运作模式上，都具有深深的社会性和集体性。就其起源来说，能动性是由特定社会环境中一些特定的共享文化意义和文化图式所塑造的，因此它留有文化和历史作用的痕迹（Sewell，1992:20）。这就解释了为什么来自德国的管理者不擅长从中国的文化工具箱中挑选恰当的文化符号。就运作模式而言，能动性是在与他人互动中协调自己行动的能力。因此，个体行动者的能动性高低，取决于他们在集体中的位置。对此，本研究想补充一点：经济主体的能动性受到行动过程中宏观和微观文化制度条件的约束。举例来说，中国寿险代理人的策略选择所受到的文化制度约束就包括文化禁忌、对美好生活的定义、社会保险改革、股市表现以及竞争对手的策略。这些因素会影响代理人的策略选择以及所选策略的有效性。

上述机制阐述了连贯与离散的文化元素之间是如何互动的。文化工具箱对于行动的塑造作用并不排除在同一过程中共享观念有着同等甚至更重要的作用。我在另一篇论文中指出，关于文化是连贯还是离散的争论对于文化社会学贡献不大（Chan,

2009a）。在此，我同意罗纳德·杰普森和斯威德勒（Jepperson and Swidler, 1994）的观点，我们需要研究的是影响人类行为的各类文化因素之间的等级关系。然而，想要对不同维度的文化形式之间的等级关系进行理论分析，需要更多经验研究的支持，而且首先要对它们一视同仁，才有可能探索它们彼此之间连接与排序的多重可能性。斯蒂芬·韦西（Vaisey, 2009）的"文化双重过程模型"是这方面经验研究的杰出代表。他的理论模型整合了文化的无意识的动机层次与文化的显性话语层次，以理解美国人是如何做出道德选择的。

上述机制也将文化分析扩展到经济实践之中。经济实践的文化嵌入性相比于社会、政治和制度嵌入性，更少得到经济社会学家的关注。泽利泽（Zelizer, 2002）指出，其中一个原因就是主流经济社会学家不太清楚应该如何处理文化这个概念。文化的概念比较模糊，使得衡量"文化效应"特别困难。泽利泽（Zelizer, 1994，1996，2002，2005a，2007）在关于货币、支付、消费和私人交易的多项研究中，提出文化的关系取向理论（the relational approach to culture），为解读经济实践中的文化动力提供了一种可行的路径。她认为社会关系会影响经济交易，这清楚表明了文化对社会生活的塑造作用。然而，很多出色的经济社会学家都忽略了文化的塑造能力（constitutive ability）。即便他们将文化视为因果模型中的自变量，它常常被定义为一种宏观的文化传统。这也是经济实践的文化嵌入性被低估的另一个原因。举例来说，韩格里和妮可·比加特（Hamilton and Biggart, 1988）把中国文化理解为遵从权威的儒家伦理价值观，并指出很多东西方国家都有类似的文化传统,但他们的市场特征和发展历程却不尽相同。然而,本书以中国人寿保险的个案研究表明,文化中的某些核心的共享观念,会表现为不同的文化形式,从多方面来影响经济实践。这些文化形式包括生死观、价值观、道德观以及偏好与选择。在宏观层面,文化可能不会直接塑造行动。但是,文化通过转变形式,能跨越历史长河,将历史久远的观念转化为对行动主体有更直接影响的本土观念与规范。因此,文化塑造市场的作用比韩格里和比加特所认为的更直接。此外,当制度分析家忽略了文化的塑造能力,他们就会把现有的许多制度安排视为理所当然,然而这些制度安排本身其实是有待解释的。举例来说,从制度主义的角度出发,马可·奥鲁、比加特和韩格里(Marco Orru,Biggart and Hamilton, 1991)认为台湾公司的资金主要来源于家族这件事本身可以看作一种外在的制度因素,也就说是,公司的融资途径影响了台湾的商业实践和他们的组织行为。然而,这一分析却没有处理以下基本的问题:为什么这些台湾家族一开始就会有这么充足的资金?如果答案是他们有很多存款,那么他们为什么会有这么多存款呢?再者,为什么人们愿意把钱借给自己的家族成员?美国社会的家族成员会认为彼此之间存在这样的义务吗?他们向彼此借钱会感到不自在吗?追问制度背后的根源,我们将会发现在特定历史和制度条件下的文化,本身就具有塑造能力。

人寿保险如何再造文化

以上分析把我们的注意力转向了人寿保险发展与理性化之间的关系。阿尔本（Alborn, 2009）认为人寿保险本身就在创造一种现代性文化，它的贡献包括新的叙事体裁、新的统计思维和身体健康的新定义。本研究阐释了在中国情境下，当消费者的观念中还不具备用理性计算的方式衡量生命价值的时候，人寿保险市场是如何产生的。然而，一旦购买人寿保险作为新的经济实践被采用且流行起来的时候，新的观念和理性可能会就此兴起。也就是说，人寿保险首先通过既有的文化框架来获得意义与合法性，但是它也能够部分改变生活方式，在文化素材库中增加一套新的词汇和图示，从而转变本土文化[4]。有研究者发现，新的经济活动给了投资者更多选择，他们便会开始注意到之前忽视的某些利益（MacKenzie and Millo, 2003）。当中国的寿险客户不断看到受益人获得赔偿金之后，他们可能会开始把人寿保险和生命的经济价值联系起来。如果事实真是如此，人寿保险就不仅仅是一种理性化的产物，也是实现理性化的一种工具。

带着这一假设，我在 2004 年冬回到上海，目的就是研究购买人寿保险是否会带来崭新的理性思维方式。我一共访谈了 37 名曾经从保险公司拿到理赔的客户[5]（25 个面对面访谈，12 个电话访谈）。尽管我希望访问到那些获得死亡赔付或者其他重大事故赔付的客户,但是这样的客户通常不愿意接受访问。结果,接受访问的大部分都是拿到轻微事故赔付的客户[6]。不过,我最后还是成功地采访到一些拿到死亡赔付或者重大疾病赔付的客户。他们的案例颇具说服力。

1999年,谢萍恒和丈夫分别从A公司购买了一份保险,保单包含终身险、养老险、意外险和重大疾病险。然而,购买保险的第二年,她的丈夫就因为癌症不幸去世了。她从A公司获赔了60000元。我问她拿到保险公司的理赔款是否有稍微减轻她的痛苦,谢萍恒回答道:"当然没有!完全没有!但是我现在感觉它还是有一点用的。怎么有用呢?这么说吧,如果没有保险的话,我现在就什么都没有了。我得到的钱都是为我儿子将来做准备的。我用其中的一部分钱给他将来的教育购买了一份少儿险。这份保险每年花费4000元。所以,理赔款还是有一点用处的。"谢萍恒今年34岁了,她在丈夫去世以后独自抚养9岁的儿子。因为有大学学历,她的工资比平均工资要高一些。对于A公司的赔偿金,她的感觉比较矛盾。一方面,她认为生命是用钱补偿不来的;但另一方面,她对于钱的实际效用感到满意。这些复杂的情感是可以理解的。泽利泽(Zelizer, 1979,1994)指出,生命和金钱的关系要从现实维度和道德维度两方面考虑。从道德维度上看,在中国人的世界观中生命是神圣的,就像它在基督教传统中一样。生命的神圣体现在"人命关天"的谚语中。在这个意义上,生命是不可以用金钱来衡量的。然而,从现实的角度来看,若家庭的主要劳动力过早死亡,这个家庭需要维持生活的经济来源。因此,就算死者的家庭成员很感激保险公司的死亡赔偿金，但这并不意味着他们相信金钱能够替代至亲。它只是说明，没有赔偿金的话，他们的生活将难以为继。然而，获得死亡赔偿金并不是一件值得庆祝的事情。因此，金钱和死亡之间的关系，最好用更为委婉和隐晦的方式来叙述。

客户对于从保险公司获取赔偿金的矛盾心态在黄静那里得到了最好的体现。她一开始在同事的影响下，从 L 公司购买了一份保险（见第五章）。黄静在 2001 年购买的保险和谢萍恒的类似。她的保险代理人告诉我说，黄静因重大疾病获得了一笔 10000 元的赔偿。在简单介绍完我自己和我的研究之后，我还未来得及提出第一个问题，黄静立马说道："我讨厌这些钱！我很快就把这笔钱花掉了……我把所有的钱都花在吃和穿上面了。我真的讨厌这些钱。我真的讨厌……这笔钱总是让我想起那一段不幸的日子。"我问她从购买保险以来，关于人寿保险的观念是否有改变，她说：

> 改变不是很大。可能是因为（获赔的）钱不是很多吧。如果我买的是大额保单的话，得到一大笔钱可能会有一些感觉吧。但是我拿到这笔钱的时候，心里并没有很大的波澜，可能是因为金额不是特别大。理智来讲，我明白保险能够应对一些风险，但是我自己没有那种感觉。如果我购买了一份保单，假如说保额是十万元的话，我可能会有一些感觉。

有趣的是，当黄静表达她对于理赔金的厌恶时，她也暗示了如果她能够从保险公司获得一大笔赔偿金的话，那么她对于人寿保险的看法会更为积极。当问到她从保险公司得到的钱是否有用的时候，她说："这个钱在经济上的确有帮助。"显然，她对于理赔金态度矛盾。在整个45分钟的访谈中，黄静从来没有提到她所患的重大疾病，我感觉那似乎对她来说是个禁忌，所以我也没问。后来我从她的保险代理人处得知，她患的是乳腺癌。

  我发现，对于绝大多数因轻伤获得小额赔偿的客户来说，他们拿到的这笔钱能够强化他们对保险公司和保险行业的信任。至于小部分拿到较大额度理赔金的客户，我发现了一个共通的模式：保险公司的赔偿金并不能减轻不幸事故所带来的痛苦，然而悲伤过后，他们会意识到这笔钱的用处，他们对人寿保险的接纳程度也会稍有提高。举例来说，谢萍恒选择给她儿子购买另外一份保单而不是将钱放在银行里。黄静想象过如果当初她购买的是一份额度更高、具有风险管理功能的保单，她的感受会是什么样的。因此，随着各种各样不幸事故的发生，寿险公司的理赔显得愈加重要，这有可能令公众对于人寿保险的观念和定义，从起初的财富管理转变为风险管理。未来的研究可以用其他方法来验证这一发现。

文化与现代资本主义全球化

  在探究资本主义企业是如何在多样化的本土文化条件下实

现全球扩张这一问题时，本研究发现，在全球化过程中，本土化是开创本土市场一个必要的策略选择。正是本土化的解读与产品定义才使得某些资本主义企业能够在跨国市场扎根（Chan, 2011）。中国消费者将人寿保险理解为一种理财产品恰恰说明了这一点。本地消费者对人寿保险的理解，催生了一个在发展轨迹和特征方面都与跨国公司的母国不一样的市场。其他跨国比较研究也有类似的发现（比如 Dobbin, 1994; Guillen, 1994, 2001; Biernacki, 1995; Dore, 2000; Hall and Soskice, 2001）。

然而，我们从中国的案例中可以看到，一个地区的国外和国内的经济行动主体的本土化程度不同。我们首先假定本土的制度条件支持新的经济观念和经济活动，那么在此基础上，在全球化过程中，本土文化在多大程度上能够选择性地适应或排斥特定的现代资本主义观念和实践？我认为这个问题的答案依赖于三个至关重要的因素：(1) 本土文化与新观念和实践的兼容性如何，对抗性因素是否过于强大；(2) 是谁创造了新经济实践；(3) 是否有本土的竞争者加入其中。在这一部分，我将简要总结前两个因素，着重阐述最后一个因素。

从本文案例出发，我们可以预测，如果一种新经济实践的商业逻辑与本土共享观念、传统习俗、价值观念和道德准则的对抗性越高，当地人对于这种新经济实践也就越排斥，因此商业公司就更有必要运用文化工具箱以绕过这一对抗性。这种新经济实践会依据工具箱中能够有效利用的文化元素进行调整，这是文化阻碍机制和促进机制综合作用的结果。然而，这些机制却不能自发运行。在中国人寿保险市场的案例中，本地人共享的生死观念，在塑造市场形成的过程中是一个重要的外在因素。然而，这一文化力量对市场的影响程度是不确定的，它取决于保险从业者在这一过程中如何应对这种文化障碍。

第二章到第五章的民族志细节证明，保险从业者在面对本土抵抗力量时，所采取的策略既不是预先决定的，也不是随机挑选的。国外和国内的经济行动主体选择的运营方式和营销策略呈现出系统性差异。来自不同文化背景的领导者所管理的外国公司之间也呈现出一定的差异。因此，市场内的其他竞争者影响着本土化的程度与模式。尽管共享的生死观念以及与之相关的禁忌，还有价值观和道德观都设定了寿险销售话语的界限，但是，外国保险公司不断尝试去检验、软化或扩展这一界限，让它和人寿保险利润导向的制度逻辑相契合。为了达到这一目标，它们从本土文化素材库中吸取某些元素，但是它们将这些元素与寿险作为风险管理的新文化符号混合起来使用。另一方面，国内保险公司察觉到了本土文化逻辑所带来的限制。在不挑战本土观念和习惯的前提下，他们大规模地动员本土文化素材库，让本地人以他们可以接受的方式认识这一新产品。因此，经济主体的有限能动性承载着他们的策略选择，并在很大程度上塑造了特定地域的新经济实践。

假如市场上没有国内保险公司的身影，或者说国内保险公司竞争力不够强，我们就有理由推断，外国保险公司经济实践的本土化程度甚至会更低，人寿保险的业务增长也会变得更缓慢。换句话说，跨国企业扩散的目的地是否有竞争力强的本土企业，将会影响到跨国企业的本土化程度。我将通过对比台湾和香港的案例来进一步阐释这一因素。

到目前为止，中国大陆人寿保险市场的形成轨迹和台湾地区类似。台湾人寿保险市场在20世纪八九十年代快速发展。1991年，台湾地区人寿保险保费占台湾GDP的3.3%（香港同期为0.98%）。2004年，这一比例达到10.55%（香港同期为6.4%）[7]。台湾人寿保险的飞速发展可能是本土企业主导市场以及专攻理财产品的缘故。由于地方政府的保护主义政策，台湾的人寿保险行业在很长一段时间以来都由本土企业所主导。直到1987年，才有几家美国保险公司成功进入台湾。1994年，当地行政机关才允许其他外国保险公司在岛设立分公司。然而，早期的保护主义政策令台湾人寿保险市场继续由本土企业所主导。1989年，本土企业占有的市场份额超过90%（Lai, 1991）。2001年，本土企业仍然持有台湾有效保单数的88%。跟中国大陆的情况类似，本土公司和外国保险公司在产品开发方面的区别非常明显。由于存在死亡的文化禁忌，台湾本土的保险公司在大众面前把它们的保险产品包装成一种储蓄模式，从20世纪60年代到80年代中期主要提供养老保险产品。1989年，台湾养老保险占据个人长期寿险的86%（Li, Duberstein-Lindberg and Lin, 1996）。然而，外国保险公司登陆台湾之后，就像在中国大陆一样，试图创造出一个风险管理产品为主的市场。在20世纪90年代的前半段，外国保险公司超过80%的人寿保险保单都是风险管理产品，主要是不带养老金的终身寿险。然而，本土保险公司仍然更喜欢销售理财产品。本土公司同期售出的人寿保单约 65%—80% 都是具有养老金的终身寿险或者是纯粹的养老保险。因为市场已经由本土的保险公司所主导，它对于理财产品有着特定偏好。截至 2001 年底，养老保单仍然占据着台湾个人寿险业务保费收入的 68%。

另一方面，香港人寿保险市场的发展轨迹不同于内地和台湾。作为前英国殖民地，香港本土保险公司并不享有任何政策保护。20 世纪 80 年代的经济繁荣时期，香港人寿保险行业主要由三家外国保险公司主导：美国的友邦保险、加拿大的宏利人寿保险（国际）有限公司（Manulife [International] Limited）和澳大利亚的国家互助集团（National Mutual Life Association, Ltd.）[①]。20 世纪 90 年代早期，这三家保险公司占据了整个香港保险业务份额的 70%。尽管香港人就像内地人和台湾人一样偏爱理财产品，但是这些外国保险公司并没有完全顺应他们的偏好。在缺乏具有竞争力的本土企业的情况下，在港外国保险公司所面对的产品本土化的压力不大。与此相反，他们极力提倡人寿保险的风险管理理念，力图说服大众购买传统人寿终身险的必要性。结果，从 1991 年到 1999 年，传统人寿终身险持续占据所有保单的 70% 以上。因此，这一阶段的市场以风险管理为主要特征。然而，尽管传统人寿终身险在香港占据主导地位，但这绝不代表大众已经接纳人寿保险的风险管理理念。香港人寿保险行业的发展并不如台湾那么强势。举例来说，1999 年，香港有效保单数仅占总人口比例的 64%（台湾为 108.5%）。事

---

① 译者注：国家互助集团之后更名重组为安保有限公司（AMP Limited）。

实上，在 21 世纪以前，在香港经济和人口规模下，香港的人寿保险市场规模与其他发达经济体相比显著低于平均水平（Chan，2012）。一个可能的解释就是由风险管理产品所主导的市场与本土偏好互不兼容。我在另一篇论文中指出，香港和台湾与中国大陆一样有关于死亡的文化禁忌，香港居民同样倾向于将人寿保险当作一种理财方式，而不是风险管理方式（Chan，2012）。

我认为，台湾和香港人寿保险市场的区别可以用本土化程度的高低来解释，而这反过来就是一个谁主导市场的问题。香港市场由外国保险公司主导，在缺少本土有力竞争对手的条件下，它们尝试移除既有的文化障碍。这些外国企业和上海的外国保险公司一样，以牺牲更大的市场份额为代价，严格依照利润导向的制度逻辑运营公司。另一方面，台湾市场由本土保险公司主导，为了促进增长，他们更多顺应本地人对风险管理的排斥，因此本土企业力量是影响跨国企业在特定地域运营方式的重要因素。这一力量是受到当地政府的政策以及谈判能力影响的。作为前英国殖民地，香港的弱势政治地位导致政策偏向跨国人寿保险集团。这些政策导致本土企业缺乏竞争力，市场本土化程度较低（Chan, 2012）。

尽管在中国大陆和港台地区，跨国和本土保险公司在产品开发方面的分化显而易见，但是我们应进一步探究这种分化是否会持续下去。2004 年，我在保险公司市场推广和管理策略方面所观察到的变化，或许可以为我们提供一些线索。

后记：变化与预测

  2004 年冬，我回到了 2001 年—2002 年做研究的上海人寿保险代理人办公室。A 公司和 P 公司之间发生的反转令我惊讶不已。尽管整个市场正在萎缩，A 公司 2004 年的保费收入增长率达到 12.3%。A 公司代理人的士气极为高昂，而且它的代理人规模从 2002 年的 4200 人增长到 2004 年的 5000 人，是唯一一家保险代理人规模有所增长的保险公司。相比而言，P 公司在保费收入增长方面却不太乐观，2004 年的增长率仅为 2.3%。2001 年—2002 年，P 公司的代理人办公室非常热闹，但现在办公室里座位空空，一片安静，代理人士气低沉。P 公司的代理人规模从两年前的 16400 人缩减到 9300 人。另外一个意外发现就是，T 公司的代理人办公室也是气氛低沉。那些曾经在 2001 年—2002 年间士气高涨、斗志昂扬、乐观向上、充满热情的代理人，现在第一次冒出了离开这家公司的念头。T 公司的销售人员从 2002 年的约 8000 人锐减到 2004 年底的 4700 人。它的销售额增长率急剧下降至 -0.26%。

  到底发生了什么？为什么在这么短的时间内人寿保险公司会发生这么巨大的变化？我们该怎么来理解这些突然的变化呢？那些在 2001 年—2002 年曾经发挥作用的文化因素应该不会在短期内发生改变，那么"文化影响经济"的论点是否仍然站得住脚呢？

A 公司、P 公司和 T 公司的巨大变化

2004 年的 12 月 6 日,我再次拜访了我在 2001 年—2002 年间经常探访的 A 公司代理人办公室。沈星福是当时代理人办公室的经理,他激动地告诉我今年是 A 公司从 1992 年以来销售表现最好的一年。A 公司销售量的增长源自他们最新推出的理财产品——变额万能寿险。是什么促使 A 公司不再坚持推广风险管理产品,而是转向理财产品并且独占鳌头?

2002 年 7 月,掌舵 A 公司上海分公司已逾十年的台湾总经理徐先生离任,由来自香港的陈先生接任。然而,总部并不满意陈先生的表现。2003 年,A 公司的增长陷入低谷。那一年,来自澳门的包先生取代陈先生成为新一任总经理。包先生在接受这一任命之前,曾短暂地在香港工作过。保险代理人们认为,陈先生在位只有 14 个月,主要是因为他不能够成功促进 A 公司的业务增长。作为新任命的总经理,包先生必然也非常希望能够通过增加销售额来证明他的领导能力。他看起来似乎更愿意顺应本地人的偏好。包先生接任以后,很快就推动发行了变额万能寿险。这款新产品源自美国,但是 A 公司对它进行了调整,在投资回报之外 A 公司承诺给予变额万能寿险 1.75% 的利率。按照 A 公司代理人的说法,有了这个利率的保障,新产品变得比投连险更具有吸引力,很快就受到大众欢迎。发行变额万能寿险标志着 A 公司向开发理财产品迈进。事实上,这一转型在 2002 年就开始了。原本 A 公司的重大疾病险是一种不回本的风险管理产品,从 2002 年开始,如果客户从未申请过理赔,A 公

司将会返还50%的保费。2004年的4月,重大疾病险的保费回报提高到100%。A公司通过实行这些本土化策略,显然是想以此来提高销售额。这些策略也顺利促使A公司个人寿险的市场份额从2003年的10.2%增长到2004年的11.2%和2005年的11.7%。

然而,A公司的增长是暂时的。依照A公司销售部和市场部两位经理的说法,其利润并没有随着销售额度的增长而增加。许多在2004年购买变额万能保险的客户都选择一次性付清保费。有一些人购买这一保单作为一种固定的存钱储蓄计划,就像美国的存钱储蓄凭证。有些老板买来规避那一年的企业所得税。因为该产品只需要支付一次保费,所以在2004年—2005年间A公司业务高涨,但2006年它在个人寿险市场的份额再次下降到9.9%。当时,P公司在投连险危机后已经转向风险管理产品销售,A公司选择在这个时候推出本土化产品的理由尚未可知。一个可能的原因是,前任经理被快速撤职,新总经理感到焦虑不安,因此他大胆地走出这一步,让A公司的销售情况看起来还不错。

在我拜访A公司的两天后,我前往了在2001年—2002年间例行拜访的P公司代理人办公室。办公室内气氛低落,这令我感到很惊讶。这是戴红和常馨(她们分别是第四章中"乐于助人的朋友"和"孝顺的媳妇")工作的办公室。我照旧参加了早会。代理人办公室已经搬到另外一栋商业大厦,比两年前更宽敞一点。2002年这间办公室给我留下的印象是,代理人多到他们需要挤一挤才能腾出空间来。然而,2004年再来的时候已经完全没有这种印象了。戴红仍然是团队领导，但是她的团队人数在两年内已经从 14 人减到 6 人。常馨已经离开人寿保险行业。坐在戴红团队旁边的那个团队的人数从 38 人减少到 15 人。我记得以前还是满屋子的代理人和他们闲聊的嘈杂声，但是现在有超过三分之一的座位都是空的。戴红沮丧地告诉我，现在销售变得越来越难，所以她团队里一半的代理人已经离开了。

当问到他们现在在卖什么类型的产品时，戴红说卖的是 A 公司首推的变额万能寿险。P 公司从 2004 年 6 月开始也提供这一产品。令我惊讶的是，P 公司原本在提供理财产品方面表现得特别大胆，但到了 2004 年却似乎变得谨慎了。P 公司小心谨慎的做法可能和它 2004 年在香港上市有关。事实上，正如第二章所述，2002 年的下半年，P 公司度过投连险危机，行动开始变得保守。汇丰集团收购了 P 公司 10% 的股份，进一步推动 P 公司转向风险管理产品。P 公司的重大疾病险，曾经带有分红的成分，代理人推销来得容易些。然而，重大疾病险现在也不再分红了，代理人的销售因此变得更加困难。2004 年，P 公司没有任何一件特色产品能够吸引公众的注意力。尽管 P 公司跟随 A 公司推出了变额万能寿险，戴红手下的代理人却抱怨说，这个产品对于代理人和消费者来说都复杂到难以理解。这个问题和投连险危机一道令 P 公司代理人难以胜任变额万能寿险的推销工作。

讽刺的是，P 公司的氛围之所以这么低落，却是因为它"成熟"，是由它转向利润导向的制度逻辑和推出更多风险管理产品导致的。2004 年，A 公司和 P 公司之间发生的反转，事实上进一步支持了以下观点：中国人寿保险市场的增长归功于理财产品。然而，P 公司保费收入的停滞以及它市场份额的减少，并不能以表面价值来估算。毕竟，股东更在乎的是利润，而上市之后对于 P 公司来说更重要的是它的股价。从 2004 年 6 月上市开始到 2007 年 1 月，P 公司在香港证券交易所的股价已经增长了 377%。正如第二章所述，当它 2007 年 3 月到上海证券交易所挂牌时，它的股价创造了保险公司首次公开募股的最高纪录。P 公司在 1994 年至 2001 年的短暂时间内快速扩张，并打响了品牌。如果没有早期这一偏离传统保守模式的大胆尝试，很难想象 P 公司能够扩张得如此迅速。

增长最快的合资企业 T 公司在 2004 年遭遇了比 P 公司更加严重的挫折。高级管理层经历洗牌，严重影响了保险代理人的士气。荷兰国际集团在 2000 年 12 月收购了 T 公司的大批股份，并且在 2003 年开始改组 T 公司的管理层。荷兰总部抱怨，T 公司的运营成本太高。为了降低运营成本，总部聘用大陆人来替代台湾人，现在只有总经理来自台湾。曾经在 T 公司台湾分公司工作的台湾人杜女士在 2003 年 4 月接替常先生成为总经理。2003 年 12 月，一位大陆人古先生替代葛经理，接任市场销售部经理。葛经理深受保险代理人拥戴，和高级代理人关系紧密，他被总部打击了代理人的士气。一些高级代理人跟随葛先生加入了上海花旗银行，帮助花旗银行建立一家合资保险公司[8]。

2001 年—2002 年间，我在 T 公司的代理人办公室花费的时间最多。当我再次到访时，代理人士气和精神的突变让我感到震惊。他们痛心于高层管理者以及一些他们视作"父母"的高级代理人的离去。赵安佩曾经干劲高涨,壮志满怀,非常渴望扩大她的销售团队。现在她告诉我,自己已经在考虑离开 T 公司。这是我 2000 年开始和他们接触以来,第一次看到这家合资企业的保险代理人士气低迷。吴余楠在 2002 年时长期受到头痛困扰,却依然信心十足,热情满满,现在却也变得士气低沉,对近期公司的变化感到难过。她抱怨说荷兰国际集团只知道削减成本。新的市场销售部经理古先生不像葛经理享受外派人员的工资待遇,他的收入只有葛经理的十分之一。

尽管古经理是大陆人,保险代理人仍然抱怨说他在激励代理人方面毫无技巧。我参加早会的那一天,正好是代理人招聘竞赛的最后一天。古先生来到现场,为最后一天的竞赛加油打气。由于在人寿保险行业没有任何经验,古先生确实不太知道要怎么激励保险代理人。以前葛经理的幽默表现总能让代理人开怀大笑,而现在古经理站在人群前面却显得非常不自在。葛经理总是面带笑容,会和观众保持眼神交流,而古先生总是板着脸,看起来就像一个政府官员。他对于代理人办公室的工作规范和常规活动一无所知。在团队经理向大家介绍他之后,他尴尬地问道:"这个叫什么?……早会?"他用平淡的语气鼓励保险代理人在新一轮销售竞赛中加倍努力工作。现场的保险代理人看起来很不耐烦,对他的讲话漠不关心,没有任何回应。与我过去所经历的欢乐温馨的氛围相比,现在的早会已经变成一种死板的形式。正如第三章所述,管理者的文化资本部分源于他们之前工作单位的文化。把来自台湾的销售经理替换成在人寿保险销售方面没有任何经验的大陆人,带走了那些用于激励保险代理人的实用文化资本。

2003年,荷兰国际集团给T公司带来的变化看起来并不利于它的业务增长和公司名声。和P公司一样,这是一种向利润导向型运营方式的转变。先前的章节描绘了T公司一开始如何通过利润导向的制度逻辑运营公司,它开发的产品和其他的外国保险公司没有任何差别。然而,在组织文化、代理人管理和营销策略等方面,T公司在外国保险公司当中本土化程度最高。本土化会涉及很多仪式,可能会造成相对较高的成本。约翰·迈耶和布莱恩·罗恩(Meyer and Rowan, 1991)的经典假设认为,仪式与效率逻辑相互冲突。荷兰国际集团总部将台湾地区经理人用于仪式的花费看作"效率视角下的净成本",它们为了削减成本,对整个高级管理层进行大洗牌。然而,奥鲁、比加特和汉密尔顿(Orru, Biggart and Hamilton, 1991)挑战迈耶和罗恩的假设,他们主张仪式成本和效率在特定的情境下可以共存。在本书的案例中,荷兰国际集团削减生产成本的尝试限制了公司有效本土化的能力,这一举动反而产生了额外成本——公司在保险代理人眼中逐渐丧失合法性。荷兰国际集团总部的荷兰管理者,就像L公司的德国管理者一样,缺乏在中国情境下的有效文化资本。他们没有认识到仪式不仅仅是一种规则和形式,其实仪式是具有实际效用的。

我在L公司拜访的代理人办公室氛围没有明显的变化。2002年,我接触过的保险代理人大部分已经离开公司。保险代理人的高离职率对于这家保险公司来说并不新鲜。然而,彼时离职问题变得更加严重,代理人数量从2002年的1300多人减少到 2004 年的 700 人。尽管它的保费收入在 2004 年增加了 13%，但是因为它规模小，总体的销售额并不高。正如第三章所述，L 公司从 2002 年开始用本地人或者海归人士替代外国人。然而，管理层的本土化进程从那时起便少有起色。2003 年 1 月，副总经理职位继续由德国人担任；2005 年 4 月，孟先生成为总经理，兼任首席执行官。孟先生在德国和美国接受教育，并在德国 L 公司工作多年。让我有点惊讶的是，在 2007 年组成 L 公司新管理队伍的七名高层管理者中间，仍然有三个德国人，两个香港人，一个台湾人，只有一个是本地人[9]。因此，管理层的全面本土化任重道远。尽管 L 公司的市场份额很少（2007 年为 1.7%，2009 年为 1.08%），但是这些发现与其他德国跨国集团的研究一致，也就是说这些德国公司以路径依赖的方式来选择商业模式，所以它们全球化的活跃程度较低（Lane，1992，2000；Whitley，1994）。

预测

2004 年的这些发现表明，P 公司正在转向利润导向的产品开发模式，而 A 公司则在大力进行产品本土化。T 公司正在偏离原先台湾管理层"高成本、高成效"的员工管理模式，而 L 公司似乎仍在沿用德国管理模式。除了 L 公司以外，其他三家公司发生的变化表现出组织层面的趋同动力，尽管这样一种动力带来的后果仍然不确定。P 公司是否会将人寿保险定义为风险管理方式,并竭力创造一个属于风险管理的人寿保险市场? A 公司是否会继续进行产品本土化,并尝试获取更大的市场份额? T 公司在组织文化和代理人管理方面是否会变得跟其他合资企业一样? 最后,中国人寿保险市场最终是否会从理财市场转型为风险管理市场? 如果是这样的话,我们将会在跨国的层次上见证人寿保险市场的趋同性。

　　依据公布的官方资料,长期以来上海的国内保险公司和外国保险公司在产品开发方面似乎出现了趋同的倾向[10]。2001 年,外国保险公司个人理财产品(投连险和分红险)的保费收入占个人寿险保费总收入的比重不到 27%;而国内保险公司的比例超过 41%。五年之后,在 2006 年,中外两个阵营的比例都约为 35%。我们在全国范围内都能看到这种趋势。2002 年,外国保险公司个人分红险和投连险的保费收入占个人寿险保费总收入的 35% 左右,而在国内保险公司的比例为 50%。2008 年,两个阵营的比例都达到 60%。

　　整体来看,人寿保险市场仍然以理财产品为主导。2002 年,尽管 P 公司和其他国内保险公司跟紧外资保险公司的脚步,相继推出重大疾病险,但是随着风险管理产品日渐式微,市场增长陷入衰退,他们不得不再次把重心移回投资型产品。到 2009 年底,投连险和分红险的保费收入占上海市国内保险公司个人寿险保费总收入的 68% 以上。外资保险公司理财产品的销量同期大幅增长,2009 年投连险和分红险占它们个人寿险保费收入的 58% 以上。因此,整个市场仍然以理财产品为主导。把各家保险公司的销售额相加,投连险和分红险的保费收入占个人寿险保费总收入的比例从2001年的38.5%增长到2009年的66.8%。此外,2009年底,另一种理财产品变额万能险在个人寿险业务中占17.3%。如果我们将这些投资型产品(投连险、分红险和变额万能险)的销售额相加,它们占2009年整个上海市个人寿险业务销售额的84%以上。此刻,市场又开始从2004年的低谷中重新爬了起来。2006年—2009年间,保费收入年增长率从16.6%增至25.5%。我们在国家层面也能够发现同样的趋势。2007年—2009年间,市场的年度增长率从18%增至44%。与此同时,分红险和投连险产品带来的个人保费收入占个人寿险保费总收入的比例从2001年的31%增至2009年的69.2%。变额万能险也同样流行起来,这一产品在2009年贡献了个人寿险保费总收入的13.5%。因此,2009年底,全国有82.7%的个人寿险业务购买的是投资型产品。

所有这些数据显示,在2004年之后,理财产品带动了整个市场的增长,而且中国市场尚未向风险管理产品方向转移。尽管现在从中国的案例中得出结论还为时太早,但是我们或许可以从其他华人地区市场和日本市场的经验中预测其发展轨迹。

20世纪90年代末,台湾本土保险公司和外国保险公司在产品开发方面出现趋同。尽管台湾本土保险公司仍然倾向于销售理财产品,但是它们卖出的风险管理产品变得越来越多。1987年,台湾市场上的风险管理产品一般都是不带养老金的终身险,这种产品仅占台湾本土保险公司有效保单总数的9%。2003年,这一比例已经上升到49%。另一方面,虽然外国保险公司仍然坚持推广风险管理产品,但是它们开始逐渐进行产品本土化。1991年，外国保险公司只有不到15%的保单具有理财功能。2003年，这一比例上升到42%。因为本土保险公司占据着大部分的市场份额，当本土企业开始售出更多的风险管理产品时，台湾的保险市场逐渐从由理财产品主导转型为理财产品与风险管理产品并重。尽管不带养老金的终身险只占1985年有效保单总数的6%，这一比例在2003年飙升至49%[11]。尽管台湾的寿险市场仍然带有理财产品的特征，它已经开始向香港市场靠拢。

另一方面，香港市场和欧美市场有着类似的发展轨迹。香港人寿保险公司自20世纪90年代末开始提供理财产品，推动产品种类多样化。从2000年起，香港的外国保险公司已经开始推广储蓄和投资类产品，这类产品一般包括带有养老金的终身险和投连险。香港市场正在从以风险管理产品主导转为风险管理产品与理财产品并重。1999年，只有4.8%的保单属于投资型产品；到了2006年，这个比例上升到14.5%。与此同时，带有养老金的终身寿险的比例也从9%增至17.6%[12]。

这些现象将我们带到文化、全球化以及资本主义多样性的问题之中。证据表明，中国人寿保险市场在不久的将来似乎不会失去自身的独特性。它是由本土制度条件、本土文化逻辑、策略行动主体所动员的文化素材库、资本主义制度逻辑和人寿保险的制度逻辑之间互动的产物。然而，我不确定这种独特性是否会一直维持下去。马里恩·富尔卡德和基兰·希利（Fourcade and Healy, 2007）批判性地指出，本土多样性不应该让我们忽视，在不同行动主体和不同的制度逻辑之间存在着不对等的权力关系。我的案例研究表明本土化并不总是一蹴而就的。尽管国内保险公司在一开始大胆采用了营销导向的制度逻辑，后来他们还是转向了利润至上的策略，开始把产品做得更贴近外国保险公司的产品，在台湾和大陆都是如此。因为不同的制度逻辑对应着市场不同的经济表现（或盈利能力），本土化的程度并非没有止境。

以日本人寿保险市场为例。在儒家和佛教的影响下，日本人在生死问题上与中国人观念相近。日本人就如中国人一样害怕"死亡"这件事（Long, 2004）。有趣的是，在日本人寿保险市场增长轨迹的前半段，它与台湾和大陆市场的特征都非常相似。尽管英美两国的人寿保险公司早在19世纪早期就进入了日本市场，但是人寿保险行业直到20世纪60年代才开始腾飞。从20世纪60年代开始，日本的人寿保险业务快速扩张。到20世纪90年代，如果以人均国民生产总值的比例衡量，日本人寿保险市场的规模高居世界第二（Yoneyama, 1995）。正是在这段时间里，外国保险公司不允许进入日本市场，所以日本本土企业主导了整个市场的发展。在20世纪60年代的日本，人寿保险首先作为理财产品出现，最初卖的就是养老险，这和台湾的情况一样。20世纪60年代中期，超过80%的保单都是养老险。从20世纪70年代早期开始，日本逐渐转型为理财产品和风险管理产品并重的市场，主要提供养老险，其次是带有定期寿险成分的养老险。然而，这一转型并不止于此。20世纪80年代，定期养老险开始逐渐流行起来。从20世纪90年代早期开始，市场进一步转型为以风险管理产品为主导的市场。带有定期寿险成分的终身险以及其他应对死亡风险的保险迅速成为主打产品[13]。由于日本民众对死亡普遍恐惧，日本国内保险公司占据主导地位，所以日本人寿保险市场看起来似乎首先是作为养老险市场出现的。但是以下问题还未得到解答：市场是如何进化成为一个风险管理市场并且最终表现出类似欧美市场的特征？这是因为本土制度条件或者文化意义的变化，还是因为在全球化资本主义逻辑下的人寿保险制度逻辑取得了胜利？

    我把对中国人寿保险市场发展的新发现放在本书的最后一部分，希望能够引发读者思考。我也留下了关于日本市场转型的开放式问题，同样希望引出进一步的研究与讨论。将来的研究和讨论不一定要聚焦于人寿保险本身，而应更多聚焦于本土化和全球化力量之间的互动，尤其是本土制度与文化特质和全球化的资本主义逻辑相互碰撞、协商、竞争和妥协的动态过程，及其可能带来的后果。通过分析文化的多种形式，以及它们在塑造中国市场过程中与制度性因素的互动，本书希望促进文化社会学、经济社会学、全球化研究以及中国研究各领域之间的对话。

附录一 研究方法

民族志与资料搜集

我的资料搜集工作分为三个阶段：2000年夏，2001年—2002年和2004年冬。本书绝大部分研究资料来自于2001年和2002年。这段时间我专注于搜集三类不同分析层次的数据：(1)第一类资料来自人寿保险公司的组织层面，包括公司产品开发、营销策略和代理人管理模式。为此，我对保险公司管理层进行了访谈。访谈对象包括总经理、市场销售经理、代理人培训经理、精算师和核保人。(2)第二类数据属于互动层面，包括保险公司对代理人的培训、代理人的营销策略，以及代理人与潜在客户的互动过程。(3)第三类数据主要属于个体层面，包括客户的消费行为、偏好和动机。为了获得后两类数据，我对代理人、培训师、潜在客户和客户进行了访谈。同时，观察法也是我搜集研究数据的主要方法之一。我观察了培训师与代理人之间的互动，以及保险代理人以及潜在客户和客户之间的互动。虽然大部分的访谈对象都来自我进行主要研究的四家保险公司（A公司、P公司、T公司和L公司），但我同时也选取了一些其他保险公司的访谈对象。除了进行访谈和观察，我还发放了179份非随机抽样的调查问卷，受访者包含66名代理人、63名客户和 50 名潜在客户。在 66 份代理人问卷中，一部分受访者来自主要的四家保险公司，另一部分受访者分别来自以下三家保险公司：中宏保险、金盛保险，以及太平洋保险。为了完成对客户和潜在客户的问卷调查，我向八家不同工作单位的员工发放调查问卷。其中，三家属于外资公司，三家属于中资私营企业，另外两家是中资国营企业（访谈问题和调查问卷详情参见附录一末尾）。2000 年—2004 年，我一共出席了 46 场早会、48 场小组会议或小组讨论、28 场培训，并跟随代理人与客户或潜在客户面谈共计 43 次。在上海，我总共访问了 99 名代理人、44 名管理层员工、96 名投保客户和 35 名潜在客户（附录一末尾附有田野调查摘要和受访者的基本信息）。调查期间，各家保险公司之间的商业竞争十分激烈，因此无论是访问销售人员还是管理人员，我都有意不使用录音设备，以实现最大程度的坦诚交流。在征得他们同意之后，我记录下了访谈中出现的时间、数字和姓名等基本信息，以保证访谈资料的真实性。在对客户和潜在客户的访谈中，在征得受访者同意之后，我对大约半数的访谈进行了录音。

任何一项社会学研究，无论是定量还是定性研究，都是对现实的一种重构。在民族志研究中，研究者试图捕捉社会中最自然和最具动态的一面，但是他们也必然会选择性地关注某些行动主体和事件，而忽略其他主体和事件。同时，民族志作为社会科学研究方法，需要研究者从零散、混乱，甚至相互矛盾的资料中整理出一种契合理论逻辑的秩序。可以说，民族志既是一种研究方法，又是一种分析取向和理解思路。罗伯特·伍思诺（Wuthnow, 1987）指出，如实报告研究者的方法和预设，是增加社会学研究科学性最可行的一条路径。在本附录中，我将讲述研究背后的故事，诸如我进入田野的方式、在田野中的身份、调查期间的预设和感受、研究遭遇的困难和解决难题的对策等等。写下这些故事的目的有二。第一，这些故事记录了我收集数据的过程，读者可以从中窥见我分析中可能带有的偏颇立场。第二，回忆这段调查经历本身就是一种享受。我希望记录下开心和激动的时刻，也坦白交代我遇到的困难和对策。同时，受访者在跟我打交道的时候并不了解我的想法和打算。记录下调查的过程和思路是对这些受访者的一种尊重。

迈克尔·布洛维（Burawoy, 2008: 15）认为，研究者"选择进入田野的方式能够告诉我们关于这个田野的许多信息"。研究肇始，我本打算同时尝试正式（自上而下）和非正式（自下而上）的路径进入寿险行业。2000年夏，我向所有在沪中外保险公司同时寄去了调研邀请函。接着，我向这些公司的公共关系部门致电，希望了解公司对信函的响应。然而效果并不理想，我只收到A公司和T公司两家公司的回函。

那时候，我还没有想清楚是否要选择T公司作为我的研究对象，但我非常肯定A公司会是我的重点研究对象之一，因为A公司是中国第一家，也是唯一一家外资人寿保险公司。通过与A公司中国区总部公关部的预约，我成功地见到了来自台湾的副总经理。得到面谈机会后，我非常激动，相信这是A公司向我发出的欢迎信号。然而，这次得来全不费功夫的面谈与我的想象相去甚远。这位副总之所以愿意见我，是为了告诉我A

公司不欢迎任何学术研究。我非常后悔接受这次会面邀请，我担心他会禁止他的员工或代理人接受我的访谈。当时我已经通过私人关系联系到了一些 A 公司的代理人，如果这位副总明令禁止员工接受我的访谈，那么我的整个研究计划就将彻底泡汤。在这一个小时的会面里，我绞尽脑汁向他介绍我的研究的重要性和保密性，希望能够说服他回转心意。最后，虽然他依然坚持公司的"闭门政策"，但是他的个人态度有所缓和。他似乎被我的坚持打动，也可能是因为可怜我是个学生，总之他给了我一本精美的公司宣传册，并对我说："我是不可能帮你联系我们公司的员工或者代理人的，也不会给你介绍访谈对象。不过，要是你自己私下认识我们公司的员工，我也不会阻止你们之间的沟通。"听到这句话之后，我感到非常欣慰，同时也有点儿失望，因为这意味着我将很难访问到 A 公司的管理层。

在这次会面之后，我几乎可以肯定，正式的、自上而下的路径是行不通的。我非常清楚，在中国做调查非常需要私人人脉。我向我所有在芝加哥和香港的朋友寻求帮助，希望他们能介绍一些在上海工作的人给我。通过这些朋友的朋友的介绍，我认识了许多在上海保险业工作的人。这些人大多数是寿险代理人，通过他们，我再以滚雪球的方式认识了一些其他的寿险代理人，以及他们的客户和潜在客户。一位朋友介绍我认识了楚秀娟，她是来自 A 公司的"专业保险代理人"。我在第四章介绍过她的故事。通过楚秀娟，我认识了她办公室的销售团队经理。这位经理的态度出乎我的意料，他表示非常支持我的研究。他希望我能够通过田野调查的方法，告诉大家销售工作的辛酸和中国保险业存在的问题,从而改善他们的工作条件。我向他保证我会客观如实记录我的所见所闻,并且从学术的角度进行分析,但是我并不知道这样做能否带来他所期望的变化。

在 A 公司的代理人办公室里,我的出现引起了不少人的猜疑。保险代理人好奇我是如何获得许可进入他们办公室的。有些人怀疑我是他们台湾总经理的亲戚。他们纷纷表示从来没有人可以获得许可来"研究"他们公司。经过频繁的接触,我逐渐打消了他们疑虑。后来,一些保险代理人对我的态度变得非常友好,也为我的研究提供了很多帮助。

我进入 T 公司的过程和进入 A 公司的过程类似。T 公司是另一家回复我的邀请函的保险公司。2000 年夏,T 公司美国总部把我介绍给上海分部一位来自台湾的公司代表。我还在芝加哥的时候就已经和这位代表通过电话,他同意安排几位代理人来接受我的访谈。然而,经历过 A 公司的事情后,我变得非常谨慎。因此,到了上海之后,我很犹豫到底要不要去见这位公司代表。与此同时,我通过私人关系联系上了几位 T 公司的寿险代理人,他们非常热情地接待了我。我的妹妹把我介绍给了一位在上海工作的新加坡人,他的司机就是 T 公司的客户。司机名叫魏京刚,我在第五章讲过他的故事。魏先生把我介绍给了他的寿险代理人,同时也是他的好朋友赵安佩。因为熟人介绍的关系,赵小姐对我非常热情,她成了我在 T 公司的核心受访者。她不仅带我到她的办公室去,还介绍了许多代理人给我。我惊讶于她的热情和她对我研究的支持。在我到办公室的第一天,他们就邀请我参加了一场庆功派对。正是在这次派对上，我决定要把 T 公司列为深入研究的对象之一。对我来说，整个派对的气氛有点夸张。人们尽情欢笑，又动情流泪。整个销售团队就像是一个大家庭，彼此之间的关系就像家人一样亲近。这让我不禁想起了比加特（Biggart, 1989）笔下的直销组织。我感觉到我会在 T 公司探索到很多有趣的并带有社会学意涵的故事。

后来，我非常后悔初到上海时没有联系当时 T 公司总部向我介绍的公司代表。这时，我才意识到 A 公司的负面经历给我留下了心理阴影。虽然在赵安佩的接待和引见下，我认识了很多 T 公司的保险代理人，但是我没有办法接触到管理层的人员。T 公司的管理层一直试图营造"大家庭"式的公司氛围，他们会和保险代理人开玩笑，称他们为"伙伴"和"老板"。然而，这样的氛围并没有消除管理层和销售层之间的界线与等级。无论是在 T 公司、A 公司还是其他很多保险公司，保险代理人都没有权力把我介绍给公司的管理层。直到我研究的第二阶段，也就是 2001 年—2002 年之间，我才试着再次联系那位来自台湾的公司代表，然而他已经从 T 公司离职，并且公司也不再设立这个职位。不久后，我又给 T 公司上海分公司的公关部打了一个电话，经过漫长的沟通和协商，他们终于同意让我访谈两位管理层的员工，其中一位是保险精算师。此外，在参加公司培训时，我认识了另外两位经理，后来也采访了他们。

在第一阶段的研究中，我并没打算研究 P 公司和 L 公司，而是打算研究另外两家合资企业——金盛保险和中宏保险。我有一个老同学当时在金盛保险做核保经理。在他的帮助下，我在金盛保险访问了许多管理层员工和寿险代理人。我也很轻易就获准在一家代理人办公室进行参与观察。另外，中宏保险的总经理特别支持我，非常欢迎我进行学术研究。员工培训部门的领导同样持支持态度。我在这两家合资企业参加了好几次员工培训和早会。然而我发现，这两家公司的经营和管理模式跟 A 公司相比差别不大，我的研究并不需要那么多相似的个案。反而是我原本不打算研究的 L 公司具有与众不同的企业文化。如果说 T 公司是一个极端，那么 L 公司就是另一个极端。L 公司似乎是最为"理性化"和"形式化"的公司。如果要提高我研究的代表性，我就必须将 L 公司纳入我的研究。L 公司代表了拒绝本土化、坚持西式经营模式的公司类型。

2000 年夏，通过一位朋友的介绍，我认识了 L 公司公关部的一位主管和她的助理。在她的安排下，我得以访问公司的总经理和其他几位保险代理人。我在第三章也提到过，这位来自德国的总经理对我的研究非常开放。这家公司似乎也和其他公司不太一样。我第一次到公司拜访的时候，就在办公室里看到了好几个年轻的外国人。有人告诉我，他们在德国主修商学，专程来这边实习。因此，总经理和其他员工都已经很习惯身边有群爱问问题的学生。当我在 2001 年再次来到 L 公司的时候，原先给予我很多帮助的公关部主管已经离开了公司。幸运的是，她的助理愿意把我介绍给金星销售团队一位年轻的代理人，促成了我在这个销售团队的参与观察。这位年轻的代理人就是我在第四章中提到的"率真小妹"。后来，在她的帮助下，我联系到了白羊团队的几位寿险代理人。同时，总经理秘书为我安排了几次管理层员工的访谈。我进入 L 公司相对要容易些，它的管理层员工也非常愿意与我交谈。

在第一阶段的田野调查中，我听说了 P 公司的大名。不过，那时候我的关键受访者和 P 公司都没什么关联，所以 2000 年的夏天我并没有机会接触到 P 公司的代理人。在第二阶段的调查中，我花费了大量精力来认识这间中资公司的代理人。通过我的两个朋友间接介绍，我认识了两位 P 公司的代理人。其中一位当时计划出国留学，所以他也有兴趣认识我（因为我正在美国读书）。另外一位就是我在第四章提到过的"互帮互助的朋友戴红"，她是我的另一个关键受访者。她希望我能够成为她们销售小队的有益资源，并允许我到她的代理人办公室观察她们每天的日常工作。戴红并未征得其小队经理的同意，就让我在办公室里进行观察研究，这出乎我的意料。这和我在 A 公司的经历完全不同。在 P 公司的代理人办公室里，没有一个人在意我的出现。很多人可能认为我是一名新来的代理人，属于戴红的小组。戴红的小队经理很快就发现我不会讲上海话，显然也不是新来的代理人。再次出乎我意料的是，她甚至从不过问我在她的办公室里做什么。我不知道戴红是否告诉过她我的身份。为了避免被赶出办公室的风险，我还是避免正式向经理申请同意。她对我的出现保持沉默，我就权当她默许我的研究了。我来到办公室一个多月后，这位小队经理有一次找到我，请我帮忙阅读一份英文简报。从那以后，我逐渐放下心来，不再担心她反对我出现在办公室。

我在 P 公司的经历和我在 T 公司的经历一样，也没有办法通过保险代理人的介绍接触到管理层。不过，因为我经常参加他们培训的缘故，我访谈到了一位培训人员。再通过我在西北大学的朋友吴愈晓的介绍，我联系到 P 公司上海分公司的一位经理。这位经理介绍我认识了一位市场营销经理、一位代理人培训经理，以及一位保险精算师。我分别对他们进行了访谈。

我选择的这四家保险公司代表了不同的组织实践和企业文化。不过，我进行参与观察的代理人办公室的销售业绩，都要优于公司的平均水平。虽然我尝试去研究那些销售业绩平平的代理人办公室，但是只有那些"超过平均水平"的办公室经理愿意接纳我的研究。他们麾下的保险代理人更有信心，也更愿意接受我的观察和访谈。我分别在 L 公司和 T 公司定期参与观察两间代理人办公室。但是在 A 公司和 P 公司，我基本上只观察一间代理人办公室。我采用两种补救措施来处理抽样误差的问题。首先，只要一有机会，我就拜访其他代理人办公室，以验证我定期拜访办公室的"典型性"。其次，为了追求样本的多样性，我根据性别、年龄、资历和销售业绩来选择访谈对象。通过这样的处理方式，我能访问和观察最顶尖的保险代理人，发掘她们成功的秘诀；访问高级代理人可以了解他们工作的日常规律；访问新员工可以得知他们工作中的困境和社会化过程。

在每间代理人办公室，我每天都跟着同一个销售小组。对我来说，和代理人做访谈或是闲聊，以及观察他们的日常互动并不困难。困难的是观察代理人和客户或潜在客户的互动。代理人不喜欢我跟着他们去见客户。他们的抵触心理是完全可以理解的。当他们不断遭到拒绝的时候，如果有人在旁边盯着，这会让他们难堪。另外，他们可能会运用拟剧的互动策略来说服犹豫不决的潜在客户。如果我也在现场，他们可能会不好意思这么做。在我的请求下，几位代理人终于同意让我偶尔跟着去见客户。虽然男性代理人更愿意接受我的访谈，但是他们却不太愿意让我观察他们和客户的互动。P公司的一位男性代理人坦率地对我说，如果他在我面前遭到潜在客户拒绝，这会让他感到十分尴尬，而且我跟在旁边也会让他乱了方寸，不知道如何"对付"这些潜在客户。即使是那些愿意让我观察销售过程的人，也只会邀请我去会见比较配合的顾客。然而，我更希望见到他们如何应付比较棘手的客户。如果要会见的是这种客户，他们通常不太愿意带上我。幸好代理人会在早会、小组会议以及培训课程上分享他们如何对付所谓的困难客户。虽然他们在讲述的过程中涉及了回顾性的认知过程，可能会有记忆偏差，但是在倾听了各位代理人分享的许多故事之后，我从中归纳出他们处理困难客户的一些基本模式。我通过这种研究方法收集到了许多直接观察无法获得的资料。

访问购买人寿保险的客户和潜在客户要比访问保险代理人更困难，因为上海人早已经听腻了"保险"二字。一些保险代理人会伪装成研究人员接触潜在客户。因此，有些受访者在一开始会怀疑我访谈他们的动机，好在他们很快就发现我不是本地人，也不会向他们推销保险，他们也就放下心来和我分享他们的观点和顾虑。2000年—2002年间，我访问的客户和潜在客户主要有四种来源：一些是朋友介绍的；一些是保险代理人介绍的；一些是通过问卷邀请的；还有一些是我在上海新认识的朋友。不过大部分的受访者要么是通过朋友介绍认识,要么就是参与我问卷调查的人。我也更倾向于通过这两种方式寻找受访者。有些代理人往往把他们"最好的"客户推荐给我,还有些代理人会把"困难"客户介绍给我,期望我能转变客户的观念。后来,我发现代理人介绍的客户都太过特别,不够典型,就拒绝了他们的好意。2004年,我特别想要访问一些自己或者家人曾经获得保险公司赔付的客户。在海尔纽约人寿保险有限公司的副总经理(他是我的校友)和A公司的一名培训师(他一开始拒绝让我参加培训课程,但后来我们成了好朋友)的协助下,我拿到了两家公司的理赔客户名单。此外,P公司和L公司的关键受访者也都向我介绍了一些曾经获到赔付的客户。

按照帕特里夏·阿德勒和彼得·阿德勒(Adler and Adler, 1987)提出的成员身份分类模式,我在田野中的身份主要是边缘(peripheral)角色。我跟着保险代理人,但又不是他们中的一员。我和研究对象保持着一定距离,但又和他们互通有无,互相帮助。很多代理人想多了解一些美国和香港人寿保险市场的情况。我能做的一点微小贡献就是给他们答疑解惑,提供他们感兴趣的信息。很多保险公司告诉它们的员工,美国和香港的保险代理人不仅能赚大钱,社会地位也高。因此,他们经常问我,国外的代理人的社会地位怎么样。很多代理人向我咨询这个问题,这令我颇为惊讶。这多少反映出他们不太满意自己目前较低的社会地位,并希望这种状况在未来能够得到改善。因为我并没有观察到美国和香港的代理人享有特别高的社会地位,所以在回答他们的问题时,我感到很矛盾。我担心太直白的答案会让他们失望。因此，我常常回答得模棱两可。我不去讨论代理人的地位问题，而是告诉他们在保险业比较发达的地区，民众没有那么排斥人寿保险。A 公司的一位代理人曾经邀请我为她的新员工做一场讲演。我把讲演的重点放在美国人寿保险市场的演变和各个险种的发展上。我也不确定我的讲演对他们来说是否有用。

我以观察员的身份待在代理人办公室，而且我会向受访者公开我的博士研究生身份。不过，有时候我和其他代理人一起见客户的时候，我会假装成一位实习代理人。尤其是当代理人进行"陌生拜访"的时候，我通常会遵从他们的意愿来扮演我的角色。因为我很难用两三句话就向陌生人解释清楚我的研究和我的身份，所以我同意扮演实习代理人。另一方面，如果代理人和客户之间积累了足够的信任，他们更愿意向客户坦白我的身份。有一些代理人，特别是那些来自 P 公司的代理人，希望我能够运用美国和香港人寿保险市场的知识来说服客户，让他们知道人寿保险的重要性。在这种情况下，如果潜在客户向我提问，我会告诉他们人寿保险市场在国外的发展状况。但是，我拒绝帮助他们说服客户购买他们公司的产品或是贬低其他公司的产品。在保险代理人的请求下，我确实向潜在客户介绍了美国和香港的各个险种，以及顾客的特征和顾虑。总体上，我在销售过程中的参与保持在最低限度。

2002 年 2 月和 5 月，我暂时离开田野一段时间，到香港图书馆查阅相关资料。这两次短暂的休整对我的田野调查颇有帮助。在这段时间里，我不仅能够和田野拉开一定距离，保持理论分析的敏锐，而且修改了分析框架，并调整了下一个阶段资料收集的方向。为了发掘文化的运作方式，研究伊始我不得不忽略一些与文化无关的因素。伊维塔·泽鲁巴维尔（Zerubavel, 1991）指出，为了聚焦于特定的研究对象，研究者必须清楚自己要关注什么，忽略什么，以及两者之间的差别。在我田野调查的第一阶段，我关注文化发挥作用的方式，并在分析中将文化从制度或其他社会学因素中抽离出来。在第二阶段的调查中，我同时考察了文化因素、制度因素、经济因素以及文化和制度之间复杂的关联。它们共同塑造了我的研究对象及分析架构。

边缘成员的身份允许我在分析中保持相对客观。不过，我必须承认，在整个调查期间，我一直很同情寿险代理人的处境。保险公司总是把美国的代理人描绘成社会声望很高的职业，为员工们描绘了一场"美梦"。每当我看到这一幕，内心都在纠结要不要告诉他们什么才是"现实"——也就是奥克斯（Oakes, 1990）和莱德勒（Leidner, 1993）笔下的美国保险销售。在整个田野调查期间我都在挣扎中彷徨，但我为了在田野中保证最低程度的参与，还是决定谨言慎行，不去扰了他们的"美梦"。但是，正是出于这种同情心，当我在描写他们在市场竞争中的一些夸张手法时，总是感觉心有亏欠。在某种意义上，我感觉自己是在背叛他们。我希望这本书能够揭示出个体行为背后的结构性因素，这些结构性因素源于人寿保险行业的内在特质，而作为个体的代理人不应受到过多的指责。

田野调查综述与受访者的基本信息

表附1 田野调查综述（2000—2004）

		A公司	P公司	T公司	L公司	其他	总计
参与观察	时长（月份）	3	3	2	2	4	14
	培训（次数或天数）	10	9	4	3	2	28
	早会（每周）	1—2	5	2	2	有时	—
	团队会议或聚会	有时	每天	每天	有时	有时	—
	代理人–客户互动	18	16	4	3	2	43
访谈	销售代理人	20	21	18	17	23	99
	管理层员工	8	7	4	11	14	44
	客户*	35	40	8	7	23	96*
	潜在客户	—	—	—	—	—	35
	社区观察者	—	—	—	—	—	20
问卷	销售代理人	13	13	12	11	17	66
	客户*	21	27	3	2	19	63*
	潜在客户	—	—	—	—	—	50

＊本表中每一家公司的客户数量，加起来要多过参与访谈和问卷调查的客户总数，因为有些客户会同时在好几家公司购买保险。

表附2　受访的保险从业者的社会经济特征（样本为143人）

		销售代理人	管理层员工	总数
性别	男性	52	33	85
	女性	47	11	58
年龄	20—29	19	4	23
	30—39	46	19	65
	40—49	24	19	43
	50—59	10	2	12
资历＊	高年资	52	—	
	低年资	47	—	
部门	综合管理	—	8	—
	营销与代理人管理	—	18	—
	培训	—	7	—
	产品研发	—	8	—
	公共关系	—	3	—

＊"高年资"指的是那些已经在保险代理人岗位上工作两年及以上的员工；"低年资"指的是那些刚刚入职，工作年限不足

两年的员工。

表附 3　受访的客户与潜在客户的社会经济特征（样本为 131 人）

		客户	潜在客户	总数
性别	男性	46	16	62
	女性	50	19	69
年龄	20—29	20	8	28
	30—39	37	16	53
	40—49	28	6	34
	50—59	10	5	15
	60 及以上	1	—	1
年收入（元）	<18000	18	9	27
	18000—36000	28	12	40
	36000—84000	26	10	36
	84000—120000	14	3	17
	>120000	10	1	11
工作职业*	蓝领工人	10	13	23
	普通白领	40	10	50
	高级白领	34	9	43
	个体经营/自由职业	12	3	15

*"普通白领"指的是低级别的办公室职员，例如办事员、秘书、销售代表和低年资公务员；"高级白领"包括各种经理岗

位、政府高级官员和专业人士。

访谈提纲与问卷示例

访谈以半结构化的方式进行。我会根据研究进展修改分析框架，并根据新的分析框架来调整访谈中的问题。通常，在访问保险从业人员的时候，我会根据每个访谈对象的具体情况（诸如他们在行业内的资历、他们的专长和他们的过往工作经历）有针对性地提问。下面的示例展示的是我在各个调查阶段问得最频繁的一些问题。就算是同一类的受访者，他们被问到的问题也可能不完全相同。下面这些问题只是用于引导访谈方向，而不是逐字逐句套用在访谈中。

保险代理人的访谈问题

1. 选择这份工作的原因，工作的收获，工作的困难，工作经历和福利

    1.1 时间和原因

    - 您在什么时候成为了一名人寿保险的代理人？

    - 是什么促使您进入人寿保险业？

    - 您为什么会选择这家公司？

    1.2 工作性质、快乐和苦恼

- 这是您期望中的工作吗？

- 作为一名保险代理人，您工作中最有收获的地方是什么？

- 您在工作中遇到过什么样的困难？

- 您是如何应对这些困难的？

- 面对这样那样的困难，是什么让您坚守在这个行业？

1.3 过往工作经历

- 在成为保险代理人之前，您曾经做过什么工作？

- 现在的工作和以前的有什么不同？

1.4 福利和支持

- 除了佣金，您还有哪些其他的收入或福利？

- 您是否满意现在的收入和福利？

- 对您来说，以下哪种回报更重要：经济回报、职位晋升、职位级别、免费差旅、工作同事、会员身份等等。

2. 培训和早会：训练情况与实际应用

2.1 接受的培训

- 请您描述一下从您进入本公司到现在，曾接受过的所有培训。

2.2 应用及有用程度

- 在您的销售过程中，您在多大程度上遵循了培训中的指导？您觉得培训的有用程度如何？

- 您遵循的具体是哪些指导？您觉得哪一部分是有帮助的？

- 您觉得哪些培训是没用的？为什么没用？

2.3 早会

-（仅高年资代理人回答）早会制度是在什么时候引进的？

是谁引进的？

- 您对早会制度怎么看？

- 您喜欢参加早会吗？如果您不喜欢，您是如何应付早会的？

- 您觉得早会有用吗？如果有用，它是怎么个有用法？如果没有用，为什么您觉得没有用？

3. 观念与人寿保险的购买

3.1 功能

- 您是如何理解人寿保险的？
  - 您觉得人寿保险的主要功能是什么？（用于判断受访者是认同人身风险管理功能，理财功能，还是两者都有）
  - 如果受访者的回答倾向于人身风险管理功能：
  - 您觉得中国人面临的生活风险有哪些？
  - 您出售的产品能帮助客户应对这些风险吗？如何应对？
  - 在应对风险和不幸事故方面，人寿保险和慈善事业或社区互助有什么不同？
  - 如果受访者的回答倾向于理财功能：
  - 保险不同于储蓄以及股票投资的地方在哪里？
  - 您如何与银行或股票市场竞争？

- 从您成为一名代理人到现在，您对于人寿保险的理解有否发生过改变？

  - 如果有过改变，您的理解是如何改变的？

3.2 购买

- 在您公司提供的众多产品中，您最喜欢哪一款？

- 您自己购买人寿保险吗？
    - 如果购买 → 买了什么？什么时候买的？为什么？
    - 如果没有购买 → 为什么不购买？

4. 销售过程

4.1 保险销售

- 您能否描述一下您是如何卖出您的第一份保险的，比如，您接触了哪些客户？您是如何接触到他们的？您向他们说了些什么？

- 现在，您能向我描述一下您是如何卖出您的上一份保单的吗？

    -（如果和上一题的答案差别很大，请受访者解释其中的变化）

- 您上一次成功的销售是否典型？（如果不典型，追问一个典型的销售案例）

4.2 向不同类型关系的客户推销保险

- 当您分别接触朋友、经人介绍的客户和陌生人这三类客户，您觉得向他们推销保险产品的时候有什么不同的地方吗？（尤其是销售策略和个人感受）

- 如果潜在客户是您已经认识的人，他/她对您的推销一般是什么反应？

- 如果潜在客户是您不认识的人，他/她对您的推销一般是什么反应？

- 当您向朋友或亲戚推销产品的时候，一开始您是否会感觉不适应和尴尬？

- 如果是 → 是什么导致您有这种情绪？您是如何处理这种情绪的？

4.3 向不同社会群体推销保险

- 当您分别接触男性客户和女性客户，您觉得向他们推销保险产品的时候有什么不同的地方吗？（尤其是销售策略和个人感受）

　　- 如果有 → 是什么地方不一样？为什么？

- 当您接触各个年龄段的客户，您觉得向他们推销保险产品的时候有什么不同的地方吗？（尤其是销售策略和个人感受）

　　- 如果有 → 是什么地方不一样？为什么？

4.4 销售话语，印象管理，信任

- 您是否运用在培训和早会中学到的销售话语？

　　- 您觉得哪一套说法比较管用？哪一套说法不太好用？

- 您是如何应对信任的问题？

4.5 面对拒绝和抗拒

- 哪些人对购买保险毫无兴趣？

　　- 他们通常会怎么说？

　　- 您觉得他们不感兴趣的"真正"原因是什么？

- 面对这样的客户，您通常是怎么做的？

针对成功的案例 → 您是如何成功的？您对他们做了什么，说了什么？

针对失败的案例 → 您对他们做了什么，说了什么？

-（仅高级代理人回答）和您刚入行那时候相比，现在的客户面对保险推销的反应有没有什么变化？

- 如果有 → 您认为是什么导致了这些变化的发生？

- （如果客户一直都很抗拒保险）请代理人解释其原因。

- 当您在工作中一直遭到拒绝的时候，您的感觉如何？

- 如果是负面感受 → 您如何调节这种负面感受？

4.6 投保和不投保

- 谁会投保？谁不会？

- 您会如何描述以下三类人的差别：那些对人寿保险反应非常正面的客户；那些心存疑虑但最终还是购买了保险的客户；那些强烈排斥并拒绝购买任何保险的客户。

5. 受欢迎的产品与投保人的观念

5.1 受欢迎和不受欢迎的产品

- 哪些产品最受欢迎？

  - 为什么它们是最受欢迎的产品？

  - 通常购买者会将谁作为保险的受益人？

- 哪些产品最不受欢迎？

  - 为什么它们最不受欢迎？

- 上述情况在过去几年中发生过什么变化吗？

5.2 少儿险

- 少儿险现在是否畅销？为什么？

- 您是否同意将少儿作为被保险人？

  - 如果不同意 → 您会如何劝导家长们不要这么做？

5.3 投保人对保险的观念

- 在您的客户中，他们对于人寿保险最典型的理解/观念是什么？

- 如果您不同意他们的看法 → 您会如何看待和应对他们的观念?

6. 中国文化与保险

6.1 根据您的经验,您是否认为人寿保险与中国文化或中国人的生活习惯有所冲突?

- 如果有冲突 → 冲突发生在什么地方?您是如何得出这个判断的?这种冲突是如何影响您的潜在客户对人寿保险以及您出售的保险产品的态度的?您如何应对这些冲突?

6.2 人寿保险与中国文化或中国人的生活习惯有没有相互协调的地方?

- 如果有 → 是哪些地方相互协调?您是如何得出这个判断的?这些协调的地方是如何影响您的潜在客户对人寿保险以及您出售的保险产品的态度的?您的销售工作是否得益于此?

管理层员工的访谈问题

1. (仅外国保险公司的员工回答)地点选择和合作伙伴

1.1 为什么您的公司会选择在上海启动业务,而不是在广州或者其他欢迎外国人寿保险公司的大城市?

1.2 当要组建合资企业时,您的公司是如何选择本土的合作伙伴的?

2. 有利和不利条件

2.1 如果分别就中国的普遍情况和上海市的情况来说,人寿保险市场的发展有哪些有利和不利条件?

2.2 您是否认为中国文化中的某些内容阻碍了人寿保险市场的发展?

- 如果是 → 您的公司是如何应对这些阻碍的?

2.3 中国文化中是否有某些内容促进了人寿保险市场的发展?

- 如果是 → 您的公司是如何利用这些有利因素的?

3. 公众观念中的保险和人寿保险

3.1 您认为上海市民是如何看待和理解保险,特别是人寿保险的?

3.2 他们的观念和认识是否跟您或公司的期望有落差?

3.3 那么保险代理人是怎么想的呢?他们对于保险和人寿保险的理解是否与您或您公司的解释一致?

3.4 您的公司是如何教育人们关于保险和人寿保险的"正确"观念和知识?成效怎么样?

4. 产品开发

4.1 在设计和发布保险产品的时候,您的公司主要有哪些方面的考虑?

- 其中是否有专门针对中国市场的考虑?

4.2 您是否认为您的公司提供的产品正是上海市民想要购买的产品?

- 如果不是 → 为什么不提供他们想要购买的产品?

4.3 在上海,最受欢迎和最不受欢迎的产品分别是什么?

- 您觉得它们受欢迎或不受欢迎的原因是什么?

4.4 自您的公司在上海开业以来，各类产品的受欢迎程度有过什么样的变化吗？

- 如果有 → 变化在什么地方？您觉得是什么因素导致了变化的发生？这些变化对您的公司来说是好是坏？

4.5 您是否认为上海代表了一个典型的中国人寿保险市场？

- 如果不是 → 上海的特殊性在什么地方？

5. 代理人管理

5.1 代理人的基本情况

- 您手下大多数保险代理人的社会经济特征是什么样的？比如说他们的性别、年龄、教育程度、工作经验等等。

5.2 招聘

- 您的公司希望招募的就是具有这样特征的代理人吗？
- 您的公司采用什么方式来招募新的代理人？
- 您在招募代理人的过程中遇到过什么样的困难？

5.3 "楷模"和表现

- 从公司的角度来看，您觉得什么样的保险代理人可以成为"楷模"？
- 有多少员工（占多少百分比）的表现可以称得上是"楷模"？
- 这些"楷模"都是谁？为什么他们的表现比其他员工出色？

5.4 员工管理

- 您或您的部门如何激励保险代理人，让他们保持高昂的士气？
- 什么样的方法最有效？如金钱奖励、免费旅行、荣誉……
- 在管理员工方面，您遇到的难题主要有哪些？

-（仅在国内工作的外籍人士回答）跟您之前在其他国家或地区的经验相比，作为一名外籍经理，您在上海的公司管理保险代理人或是其他内部员工的时候，遇到了哪些困难？

-（仅在国内工作的外籍人士回答）跟您之前在其他国家或地区的经验相比，作为一名外籍经理，您在上海的公司管理销售代理人或是其他内部员工的时候，有哪些优势？

5.5 离职率

- 您手下的保险代理人和内部员工的离职率分别是多少？

- 从公司开始运营至今，这两类人的离职率就一直保持在这个水平吗？

- 如果不是 → 是什么导致了离职率的变化？

6. 企业形象与市场营销策略

6.1 您的公司致力于打造的企业形象是什么样的？为什么？

6.2 您能否向我描述一下公司采用的市场营销策略？

- 在您看来，这些策略是否有效？

  - 如果不太有效 → 您认为主要的原因是什么？

    → 您或您的公司是否打算改变市场营销策略？

  - 如果比较有效 → 这些策略是如何发挥效果的？

6.3（仅外国保险公司的员工回答）这些策略和您的总公司采用的市场营销策略相比，有什么相似或者不同的地方吗？

- 有没有哪些营销策略是针对中国市场的？

6.4（仅外国保险公司的员工回答）您认为您的公司和国内保险公司相比，最大的不同在哪里？

6.5（仅国内保险公司部的员工回答）您认为您的公司和国

外保险公司相比,最大的不同在哪里?

7. 国家的角色

7.1 中国政府或保监会以何种方式影响了您公司的产品开发、代理人管理、市场营销策略和投资实践的?

7.2(仅外国保险公司的员工回答)和您的公司在其他国家的经验相比,您如何评价中国政府在人寿保险市场中所扮演的角色?

对客户的访谈问题(2000—2002)

1. 购买的产品

1.1 最初是什么让您想要购买人寿保险?

-(如果原因不止一个)在所有这些因素中,您在考虑购买人寿保险的时候最关注的是哪一个因素?

1.2 您购买了什么产品?

- 为什么特别选择这一款产品?

- 为什么不考虑其他产品?(提出几种受访者没有购买的保险产品)

- 谁是保险的受益人?

2. 购买过程

2.1 您为什么要选择这家/这些保险公司的产品?

2.2 您为什么要选择向这位保险代理人购买保险?

- 您之前认识这位保险代理人吗?

- 是什么让您信任这位代理人？

2.3 您能否描述一下当时这位保险代理人是如何跟您接触的？

- 您最初的反应是什么？

- 如果您拒绝了代理人 → 这位代理人是如何说服您的？是什么促使您从不接受转变为接受？

3. 对人寿保险的功能认知

3.1 人寿保险主要有哪些作用？

（如果客户所理解的作用和他们所购买的产品的作用不一致，深入了解为什么会出现这种不一致。）

- 您购买的产品能发挥这些作用吗？

  - 如果不能 → 为什么您不买一份能发挥这些作用的保险？

- 这些作用能通过其他方式来实现吗？

- 您认为保险、储蓄和投资之间的差别在哪里？

3.2 您是否认为保险可以控制某些类型的风险？换句话说，保险是否可以减少突发事件的不良后果？

3.3 您会如何使用保险公司未来给您的那笔钱？

- 这笔钱对您来说有什么特殊的意义吗？

3.4 有一些保险代理人会说购买保险，体现的是一个人对家庭的责任和爱心。您是否同意这样的说法？为什么？

4. 风险种类和风险感知

4.1 工作和额外福利

- 您目前的工作是合同制的吗？

  - 如果是 → 您签了多久的合同？合同到期后续签容易吗？

- 您担心过会下岗失业吗？

- 除了工资收入以外，您还有哪些额外福利？

4.2 养老金计划

- 您能向我介绍一下您的养老金计划吗？
- 您在多大程度上确信在退休之后能够拿到养老金？

4.3 医疗保健

- 您目前属于哪一类的医疗保健计划？
- 您在多大程度上确信您可以享受到自己所需的医疗保险服务？

4.4 儿童照料

- 在您家，现在是谁在照顾孩子（经济上和生活上）？

4.5 您觉得生活中的哪一方面是最没有安全感的？

- 您会如何应对这种不安全感？

4.6 假设性的风险问题（"万一"）

-（仅单身人士回答）现在让我们来假想一种情况。假如有一些不好的事情发生，令您失去了经济能力，没办法再照顾自己，您会怎么做？您有办法通过某些渠道获得援助吗？

-（仅已婚未育人士回答）现在让我们来假想一种情况。假如有一些不好的事情发生，令您失去了经济能力，没办法再照顾自己和您的爱人，您的爱人该怎么办？您的爱人有办法通过某些渠道获得援助吗？

-（仅已婚已育人士回答）现在让我们来假想一种情况。假如有一些不好的事情发生，令您失去了经济能力，没办法再照顾自己和您的家庭，您会怎么做？您的家庭有办法通过某些渠道获得援助吗？谁可以帮忙照顾孩子？

-（仅家庭主妇回答）假如您的丈夫遇到什么不好的事情，失去了经济能力，您和您的家庭该怎么办？您的家庭有办法通过某些渠道获得援助吗？谁可以帮忙照顾孩子？

4.7 您是否曾经担忧过这些假想情景会发生？

- 如果有过 → 您是如何应对这些忧虑的？

- 如果没有 →（深入了解为什么没有？）其他人可能会有这样的忧虑，您觉得是什么使得您不同于其他人？

5. 对责任的感知

5.1 您认为自己对家庭需要承担哪些主要责任？

5.2 如果有人因为突发事件而面临经济困难，您是否认为他应该负起主要责任，来解决自己的经济困难？您是否认为政府或工作单位也应该承担一部分的责任？

5.3 您是否认为他的朋友、亲戚、邻居和同事也应该帮助那些身陷困境的人？

6. 对生活美满的定义

6.1 您感觉自己现在生活美满吗？

- 如果是 → 是生活中哪一个重要的方面让您觉得生活美满？

- 如果不是 → 您觉得最不满意的是生活中的哪些方面？什么能让您的生活变得更好？

- 如果您觉得过得一般般 → 您觉得什么能让您的生活变得更好或达到完美？

6.2 您觉得生活中最重要的事情是什么？

7. 需求和产品

7.1 现今保险市场上的产品在多大程度上能够满足您的需求？

7.2 关于纯粹人身风险管理型的定期寿险的假想性问题：

- 如果有这样一份保单，被保险人每年需要交纳 1000 元，一旦不幸身故或重度残疾则可以获得 500000 元的保金，您是否会购买这份保单？为什么？

8. 个人信息

- 年龄、婚姻状况、居住安排、子女年龄、职业、个人收入、家庭收入

客户的访谈问题（2004）

（说明：带有 * 号的问题仅针对那些曾经获得保险公司赔付的客户）

1. 背景信息

1.1 您购买了什么样的人寿保险产品？

1.2 您在什么时候购买的？向谁购买？

2. 购买原因和保险功能认知

2.1 您在一开始是怎么对这类人寿保险产生兴趣的？您选择购买这类产品的主要考虑是什么？

2.2 您在购买这些产品的时候，您觉得保险的主要作用是什么？这种作用能不能通过保险以外的其他方式来实现？如果可以，还有什么方式可以实现保险的作用？它们和保险的差别在哪里？

2.3 您是否担心过意外会发生在您或您的家人身上？您觉得人寿保险在多大程度上可以帮助您应对不幸事故？人寿保险以

何种方式来帮助您?

2.4 您认为购买人寿保险、把钱存进银行和买股票这三者之间有什么不同?

***3. 不幸事故带来的影响和赔付情况**

*3.1 当您收到保险公司的赔付以后,您觉得保险最主要的作用是什么?

*3.2 我理解人们往往很难接受悲剧/事故/疾病的发生。保险公司的赔偿金能够帮助您缓解部分的悲痛/伤感吗?当您收到保险公司的赔偿金的时候,您有什么感受?(您觉得保险公司的赔偿金和自己通过工作赚取的收入有什么不同之处?)

*3.3 当不幸事故发生后(无论是死亡、受伤还是疾病),您会更加担心意外会再次发生在您自己或家人身上吗?现在您会觉得人寿保险在多大程度上能帮助到您?人寿保险会以什么样的方式帮助到您?

*3.4 总的来说,您在收到赔偿金之后,对人寿保险的感受/想法发生了什么样的变化?

4. 风险、保险和责任

4.1 您如何看待我们生活的"风险社会"?(意外可能随时降临到任何人身上)

4.2 在去年非典疫情期间,您是否感觉生活没有以前那么安全了?

4.3 您认为人寿保险在多大程度上可以帮助我们应对现有的风险?购买人寿保险之后,您是否感觉自己更能掌控生活/掌控未来?持有保险是否能让您感觉更安全?

4.4 您认为购买人寿保险是您表达对自己家庭的爱与责任的一种方式吗?

潜在客户的访谈问题

1. 初涉保险

1.1 有人寿保险的代理人曾经接触过您吗?

- 什么时候?
- 这位保险代理人来自哪一家保险公司?
- 这位保险代理人对您说了些什么?
- 您当时是怎么回应的?
- 您对这位保险代理人的印象如何?

2. 拒绝的理由

2.1 您至今还没有购买任何人寿保险的主要原因是什么?

2.2 在近期您会考虑购买人寿保险吗?

- 如果会 → 什么时候?考虑什么产品?为什么?跟谁购买?谁会是保险受益人?

3. 人寿保险的作用

3.1 以您目前了解的人寿保险知识来说,您觉得人寿保险的主要作用是什么?

- 这个作用能不能通过其他方式来实现?
- 保险、储蓄和投资之间的差别在哪里?

3.2 您觉得保险可以控制某些类型的风险吗?换句话说,保险可以减少突发事件的不良后果吗？

3.3 有一些保险代理人会说购买保险体现的是一个人对家庭的责任和爱心。您同意这样的说法吗？为什么？

余下的所有问题都和"客户的访谈问题（2000—2002）"中的问题4—8一致。

保险代理人的调查问卷

您好！我叫陈纯菁，是来自美国西北大学社会学系的一名博士研究生。我正在进行一项关于中国人寿保险市场发展的研究。您的协助能够增进我对上海人寿保险客户的了解，将对我的研究颇有帮助。本人承诺将会对您的所有信息进行保密，您的信息仅用作学术研究用途。如果您想进一步了解研究的内容，或者有其他任何问题，请拨打6251-××××或138-××××-××××与我联系。非常感谢您的参与。

日期：___/___/____

1. 客户的基本特征

1.1 您有大约多少位客户？

1.2 您的客户在下面的各个分类中占据的比例分别是多少？

性别：男性_____ 女性_____

婚姻状况：单身_____ 已婚未育_____ 已婚已育_____ 分居/离异未育_____ 分居/离异已育_____

职业：蓝领工人_____ 普通白领（如办事员、秘书、办公室职员、销售代表）_____高级白领或专业人士（如经理、高管、医生、律师）_____私营业主或个体户_____

月收入（元）：1500以下_____1500—2999_____3000—4999_____5000—6999_____7000—9999_____10000及以上_____

1.3 您的客户大多数来自哪几个年龄段？请按客户人数从多到少排序，列出客户最多的三个年龄段。

_____

_____

_____

2. 受益人

2.1 大多数客户选择谁做他们的保单的受益人？

配偶____子女____父母____法人____

3. 产品热度

3.1 请按产品热度从高到低排序，列出您最畅销的三款产品。

_____

3.2 请按产品热度从低到高排序，列出最不畅销的两款产品。

_____

4. 产品和客户特征之间的关系

4.1 在下列群体中最畅销的产品是（可以填写多个）：

男性：

_____

女性：

_____

单身人士：

_____

已婚未育：

_____

已婚已育：_____

分居 / 离异未育：_____

分居 / 离异已育：_____

20—29 岁的人：_____

30—39 岁的人：_____

40—49 的人：_____

50—59 岁的人：_____

60 岁及以上的人：_____

蓝领工人：_____

普通白领（低级别）：_____

高级白领（高级别）：_____

私营业主或个体户：_____

5. 工作经验

5.1 您成为一名人寿保险的代理人多长时间了？____

5.2 您现在在公司的头衔是：_____

5.3 您之前有在其他人寿保险公司工作过吗？

有____（哪一家公司？_____）

没有____

6. 您的个人信息

6.1 性别：男性＿＿＿女性＿＿＿

6.2 年龄：20 岁以下＿＿＿20—29 岁＿＿＿30—39 岁＿＿＿40—49 岁＿＿＿50—59 岁＿＿＿59 岁以上＿＿＿

6.3 教育程度：小学＿＿＿初中＿＿＿高中＿＿＿中专/大专＿＿＿大学＿＿＿

6.4 月收入（元）：500 以下＿＿＿500—999＿＿＿1000—1999＿＿＿2000—2999＿＿＿3000—3999＿＿＿4000—5999＿＿＿6000—7999＿＿＿8000—9999＿＿＿10000 及以上＿＿＿

7. 如果您不介意，请在下面留下您的电话号码，以便我在日后联系您，进一步了解上述问题的答案。

姓名：＿＿＿＿＿＿＿＿＿＿＿＿＿＿＿＿＿＿

联络电话：＿＿＿＿＿＿＿＿＿＿＿＿＿＿＿＿＿

我已经采访了一些保险代理人，询问了他们的销售经验和销售时遇到的困难。如果您愿意参加我的访谈，请在下面合适的位置打钩。访谈时间约为 30—45 分钟。

我愿意接受访谈：＿＿＿

我不愿意接受访谈：＿＿＿

非常感谢您填写这张问卷。祝愿您工作顺利！

客户的调查问卷

您好!我叫陈纯菁,是来自美国西北大学社会学系的一名博士研究生。我正在进行一项关于中国人寿保险市场发展的研究。您的协助能够帮助我了解客户在购买人寿保险时的需求和顾虑,将对我的研究颇有帮助。本人承诺将会对您的所有信息进行保密,您的信息仅用作学术研究用途。如果您想进一步了解研究的内容,或者有其他任何问题,请拨打 6251-×××× 或 138-××××-×××× 与我联系。非常感谢您的参与。

日期:____/____/____

1. 您从哪家/哪几家公司购买了人寿保险?

中国人寿____中国平安____太平洋保险____友邦保险____金盛保险____中宏保险____安联大众____太平洋安泰____其他(请指明保险公司的名称)_____

2. 您购买保险的时间、产品名称和产品保费(如果您购买多于一种保险产品,请按照时间顺序依次填写):

购买时间(年):____产品名称:____保费:____

购买时间(年):____产品名称:____保费:____

购买时间(年):____产品名称:____保费:____

购买时间(年):____产品名称:____保费:____

3. 您当时购买上述的保险产品的主要原因是(如果您的原因不止一个,请标明它们的重要程度:1表示最重要,2表示第二重要,3表示第三重要,以此类推):

代理人的推荐____

这件产品符合我的需求____

我的家人认为这件产品不错____

我的朋友或同事认为这件产品不错____

我更信任这家保险公司____

其他（请具体说明）_____

4. 对您来说，人寿保险最重要的功能是（如果您的答案不止一个，请标明它们的重要程度：1表示最重要，2表示第二重要，3表示第三重要，以此类推）：

为我自己的养老储蓄____

在意外发生时为家庭提供保障____

在罹患重大疾病时支付医疗费用____

为了投资赚钱____

为子女教育存钱____

其他（请说明具体的作用）_____

5. 最初是什么促使您考虑购买人寿保险？

在代理人接触我之前我已经有购买保险的想法____

我觉得代理人对我说的话很有道理____

我的家人想要我买____

代理人是我的朋友或亲戚____

我被代理人诚恳的态度感动了____

其他（请说明具体原因）_____

6. 对您来说，保险公司的名声有多重要？（1表示非常重要；2表示重要；3表示有点重要；4表示不太重要；5表示不重要）

7. 当您在考虑从哪家公司购买保险的时候，以下哪个因素对您来说更重要？

保险公司的名声____保险代理人的素质____

8. 到目前为止，您对提供服务的保险公司和保险代理人是否满意？（1 表示非常满意；2 表示满意；3 表示有点满意；4 表示有点不满意；5 表示不满意；6 表示非常不满意）____（如果您选择了 4、5 或 6，请说明具体原因：_____

9. 保费在您的年收入中占比多大？____

10. 您的个人信息

性别：男性____女性____

年龄：20 岁以下____20—29 岁____30—39 岁____40—49 岁____50 岁及以上____

月收入（元）：1500 以下____1500—2999____3000—4999____5000—6999____7000—9999____10000 及以上____

教育程度：小学____初中____高中____中专/大专____大学____

婚姻状况：单身____已婚未育____已婚已育____其他____

工作及职务：_____

工作单位性质：国有企业____中资私营企业____合资企业____外资企业____其他（请具体说明）_____

11. 如果您不介意，请在下面留下您的电话号码，以便我在日后联系您，进一步了解上述问题的答案。

姓名：____

联络电话：＿＿＿＿＿＿＿＿＿＿＿＿＿＿＿＿＿＿＿

我已经采访了一些保险客户，询问了他们购买保险的经历和他们对保险业的看法。如果您愿意参加我的访谈，请在下面合适的位置打钩。访谈时间约为30—45分钟。

我愿意接受访谈：＿＿＿

我不愿意接受访谈：＿＿＿

非常感谢您填写这张问卷！

潜在客户的调查问卷

您好！我叫陈纯菁，是来自美国西北大学社会学系的一名博士研究生。我正在进行一项关于中国人寿保险市场发展的研究。您的协助能够帮助我了解潜在客户在购买人寿保险时的需求和顾虑，将对我的研究颇有帮助。本人承诺将会对您的所有信息进行保密，您的信息仅用作学术研究用途。如果您想进一步了解研究的内容，或者有其他任何问题，请拨打6251-×××或138-××××-××××与我联系。非常感谢您的参与。

＿＿＿＿＿＿＿＿＿＿＿＿＿＿＿＿＿＿＿＿＿＿＿

日期：＿＿＿/＿＿＿/＿＿＿

1. 您是否曾经与人寿保险的代理人有过接触？

有＿＿＿（请跳到问题1.1）

没有＿＿＿（请跳到问题1.2）

1.1 您接触的销售代理人来自哪些公司？您对他们的印象如何？（1表示非常好；2表示好；3表示一般；4表示不太好；5表示非常差）

中国人寿____中国平安____太平洋保险____友邦保险____中宏保险____太平洋安泰____金盛保险____安联大众____其他（请具体说明）____

1.2 您是否听说过下面这些公司？您对它们的印象如何？（1表示非常好；2表示好；3表示一般；4表示不太好；5表示非常差）

中国人寿____中国平安____太平洋保险____友邦保险____中宏保险____太平洋安泰____金盛保险____安联大众____其他（请具体说明）____

2. 您尚未购买人寿保险的主要原因是什么？（如果您的答案不止一个，请标明它们的重要程度：1表示最重要，2表示第二重要，3表示第三重要，以此类推）

我不需要保险_____

现有的产品无法满足我的需求_____

现有的产品不够划算_____

我的爱人/家人不感兴趣_____

我不信任人寿保险公司_____

我不信任保险代理人_____

我没有钱交保费_____

我过去购买人寿保险有过不愉快的经历_____

其他（请具体说明）_____

3. 对您来说，人寿保险最重要的功能是（如果您的答案不止一个，请标明它们的重要性程度：1 表示最重要，2 表示第二重要，3 表示第三重要，以此类推）：

为我自己的养老储蓄____

在意外发生时为家庭提供保障____

在罹患重大疾病时支付医疗费用____

为了投资赚钱____

为子女教育存钱____

没有什么具体的作用____

其他（请具体说明）_____

4. 您认为您在近期内有可能购买人寿保险吗？

有可能____（请跳到问题 4.1）

不可能____（请跳到问题 5）

4.1 您会购买什么产品？

传统终身险____定期寿险____个人意外险____年金保险____医疗保险____投资保险____少儿保险____

5. 对您来说，保险公司的名声有多重要？（1 表示非常重要；2 表示重要；3 表示有点重要；4 表示不太重要；5 表示不重要）

6. 当您在考虑从哪家公司购买保险的时候，以下哪个因素对您来说更重要？

保险公司的名声_____保险代理人的素质_____

7. 您的个人信息

性别：男性____女性____

年龄：20 岁以下____20—29 岁____30—39 岁____40—49

岁＿＿50 岁及以上＿＿

月收入（元）：1500 以下＿＿ 1500—2999 ＿＿ 3000—4999 ＿＿ 5000—6999 ＿＿ 7000—9999 ＿＿ 10000 及以上＿＿

教育程度：小学＿＿初中＿＿高中＿＿中专/大专＿＿大学＿＿

婚姻状况：单身＿＿已婚未育＿＿已婚已育＿＿其他＿＿

工作及职称：＿＿＿＿＿＿＿＿＿＿＿＿＿＿＿

工作单位的性质：国有企业＿＿中资私营企业＿＿合资企业＿＿外资企业＿＿其他（请具体说明）＿＿＿＿＿＿＿＿

8. 如果您不介意，请在下面留下您的电话号码，以便我在日后联系您，进一步了解上述问题的答案。

姓名：＿＿＿

联络电话：＿＿＿＿＿＿＿＿＿＿＿＿＿＿

我已经采访了一些潜在客户，询问了他们对于人寿保险的看法。如果您愿意参加我的访谈，请在下面合适的位置打钩。访谈时间约为 30—45 分钟。

我愿意接受访谈：＿＿＿＿

我不愿意接受访谈：＿＿＿＿

非常感谢您填写这张问卷！

资料分析的编码示例

人寿保险的理财作用

- 我非常注重理财的问题。我购买这些保险主要就是为了储蓄和投资。
- 保险公司提供的回报率比银行存款利率要高……所以我从银行取出一半的钱投资到保险上。
- 这些保单能拿到些分红……我们可以把红利存在他们公司,让它们利滚利。我们觉得这个方法挺好的,可以给我们女儿存下一大笔钱。

人寿保险的人身风险管理作用

- 我觉得买保险就是为了未来的保障。当我以后不能工作了,它就会发挥作用。
- 买保险就是"以防万一"。保险的意义就是避免一些事情发生,比如意外事故或重大疾病。
- 现在去医院看病太贵了……保险可以在我生病住院的时候帮我缓解一部分的财务负担。聊胜于无嘛。

人寿保险的人情作用

- 我之所以跟她买了一份保险是因为我想要帮助她……（但是）其实我并不知道我买了什么。我也不在乎我买的是啥。我就是想帮帮她而已。
- 要跟他说"不"是一件很难的事情。他是我的侄子。我要给他还有我的姐姐一点面子。
- 我总是感觉自己亏欠他很多……这次他跑来找我卖保险。我才不关心什么保险不保险的。不过跟他买一点东西还是可以的……这也算是我报答他的一种方式吧。

强调理财的销售话语

- 现在银行存款的利率已经跌破 2% 了……这是买人寿保险的最佳时机……我们的这个产品能保证你至少 2.5% 的回报率。此外，我们还会根据公司的盈利情况向客户分红。买我们的产品真的是很划算的。
- 孩子的教育费用一直在攀升。不要以为您可以很轻松地为您唯一的孩子提供最好的教育。如果您现在还不为他筹集一笔教育经费，未来您有可能要用自己的退休养老钱来供他读书上学。
- 保险就是为您这样的人提供的。您有闲钱，但是又不知道怎么去投资，因为您没有时间去钻研股票市场。我们保险公司可以帮助你建立起一个能赚钱的投资计划。

强调人身风险管理的销售话语

- 保险的道理很简单。您只需要花一小笔钱，就可以把的风险转移给保险公司。
- 我们都希望自己的孩子能享受优质的教育。但是假如我们遭遇不测，没有能力再养家糊口了，那我们要怎么办呢？保险就是给我们挚爱的家庭一份保障。它能让我们和我们爱的人过上有尊严的生活。
- 保护家人，您准备好了吗？现在购买人寿保险就像是出门的时候带上一把伞。无论外面的天气多么糟糕，保险总是能保护您。

专业主义的培训话语

- 想要变得更专业，你得时刻注意自己的着装。男人应该穿西装，打领带。女人应该穿短裙和夹克……你同样应该时刻注意自己的仪态，比如怎么样递上名片……怎样握手……怎样道别……
- 当你遭到拒绝的时候不要感到气馁。你是保险方面的专家。你的潜在客户之所以拒绝你是因为他们无知。你的工作就是要教育他们保险的重要性。一开始他们可能并不能理解这一点。但是你要慢慢地改变他们的观念。

宣扬仁善的培训话语

- 不要认为你是在向客户们乞讨。相反，你要时刻牢记在心，你是在赠予他们金钱。保险就是一门赠人钱财的生意……保险就是爱，就是帮助他人。
- 你爱不爱你的家庭？你爱不爱你的朋友？如果你发现了一个特别好的东西，这样东西可以为你的朋友和他们的家人提供一把保护伞，抵御各种各样的风险，那么你会不会把这样东西介绍给他们？作为一名保险代理人，你的任务就是要把保险这把保护伞传递出去，不光是要传递给你爱的人，也要传递给你不认识的人……做一个保险代理人就好像做一个慈善家一样。

诉诸经济回报的培训话语

- 要是你的家人不同意让你做一名保险代理人，你会怎么做？你能做的唯一一件事情就是向他们证明他们错了。怎么证明呢？赚很多很多的钱！如果你成功地建立起自己的事业，难道他们还会继续反对你？
- 国外很多保险代理人都开着奔驰和宝马去拜访潜在客户。你觉得潜在客户会不会尊重他们？当然尊重！当他们看到代理人都是成功人士，他们自然会尊重代理人……别抱怨你的潜在客户不够尊重你。如果你能向他们证明你比他们赚得更多，他们自然会尊重你。

诉诸商业的培训话语

- 你就是老板。其他任何人都不是你的老板。我们都是商业伙伴。你帮我，我帮你。
- 你想不想做老板？你想不想拥有属于自己的生意？在这里，我们为你搭好平台，供你组建自己的团队。你将是你自己的老板。我们提供平台，而你负责经营自己的事业。

诉诸家庭的培训话语

- 欢迎来到我们这个大家庭！……其他公司会有一些新入职的代理人抱怨说他们感觉自己就像孤儿一样，没有人跟他们一起外出，也没有人教他们怎么接触陌生人。可是这里不一样！你的"父母"会照顾好你们的。
- 我们正在投身的是一项关乎全人类的事业。我们要从人本主义的角度来对待自己的员工……我们都是兄弟姐妹，我们要互帮互助。

附录二 2009年在中国的人寿保险公司名录

根据各家保险公司的成立时间或进入中国的时间顺序，我制作了下面的表格，反映中国人寿保险市场的形成。

2009年的公司名称	公司创建或进入中国的年份	所有权	中国总部地点
China Life Insurance (Group) Company* 中国人寿保险（集团）有限公司	1949 (1996)	中资	北京
Ping An Insurance (Group) Company of China, Ltd.** 中国平安保险（集团）股份有限公司	1988	中资	深圳
China Pacific Insurance (Group) Company, Ltd. 中国太平洋（集团）股份有限公司	1991	中资	上海
American International Assurance Company, Ltd. 美国友邦保险有限公司	1992	美资	上海
Union Life Insurance Company, Ltd. 合众人寿保险股份有限公司	1993	中资	武汉

续表

2009 年的公司名称	公司创建或进入中国的年份	所有权	中国总部地点
New China Life Insurance Company, Ltd. 新华保险股份有限公司	1996	中资	北京
Manulife-Sinochem Life Insurance Company, Ltd. 中宏人寿保险有限公司	1996	中加合资	上海
Taikang Life Insurance Company, Ltd. 泰康人寿保险股份有限公司	1996	中资	北京
Pacific-Antai Life Insurance Company, Ltd. (formerly Pacific-Aetna Life Insurance Company, Ltd.) 太平洋安泰人寿保险有限公司	1998	中荷合资（前身为中美合资）	上海
Allianz China Life Insurance Company, Ltd. (formerly Allianz-Dazhong Life Insurance Company, Ltd.) 中德安联人寿保险有限公司（前身为安联大众人寿保险有限公司）	1999	中德合资	上海
AXA-Minmetals Assurance Company, Ltd. 金盛人寿保险有限公司	1999	中法合资	上海

续表

2009年的公司名称	公司创建或进入中国的年份	所有权	中国总部地点
BoCommLife Insurance Company, Ltd. (formerly China Life CMG Life Insurance Company, Ltd.) 交银康联人寿保险有限公司（前身为中保康联人寿保险有限公司）	2000	中澳合资	上海
CITIC Prudential Life Insurance Company, Ltd. 信诚人寿保险有限公司	2000	中英合资	广州
Sino Life Insurance Company, Ltd. 生命人寿保险股份有限公司	2001	中资	深圳（前身在上海）
Taiping Life Insurance Company, Ltd. 太平人寿保险有限公司	2001	中资	上海
Tianan Life Insurance Company, Ltd. (formerly John Hancock Tianan Life Insurance Company, Ltd.) 天安人寿保险股份有限公司（前身为恒康天安人寿保险公司）	2001	中资（前身为中美合资）	上海
Generali China Life Insurance Company, Ltd. 中意人寿保险有限公司	2002	中意合资	北京

续表

2009年的公司名称	公司创建或进入中国的年份	所有权	中国总部地点
Haier New York Life Insurance Company, Ltd. 海尔纽约人寿保险有限公司	2002	中美合资	上海
ING Capital Life Insurance Company, Ltd. 首创安泰人寿保险有限公司	2002	中荷合资	大连
Minsheng Life Insurance Company, Ltd. 民生人寿保险有限公司	2002	中资	北京
Sun Life Ever Bright Life Insurance Company, Ltd. 光大永明人寿保险有限公司	2002	中加合资	天津
Aegon-CNOOC Life Insurance Company, Ltd. 海康人寿保险有限公司	2003	中荷合资	上海
Aviva-COFCO Life Insurance Company, Ltd. 中英人寿保险有限公司	2003	中英合资	北京
CIGNA & CMC Life Insurance Company, Ltd. 招商信诺人寿保险有限公司	2003	中美合资	深圳

续表

2009年的公司名称	公司创建或进入中国的年份	所有权	中国总部地点
Heng An Standard Life Insurance Company, Ltd. 恒安标准人寿保险有限公司	2003	中英合资	天津
Nissay-Greatwall Life Insurance Company, Ltd. (formerly Nissay-SVA Life Insurance Company, Ltd.) 长生人寿保险有限公司（前身为广电日生人寿保险有限公司）	2003	中日合资	上海
Cathay Life Insurance Company, Ltd. 国泰人寿保险股份有限公司	2004	大陆台湾合资	上海
Greatwall Life Insurance Company, Ltd. 长城人寿保险股份有限公司	2004	中资	北京
Jiahe Life Insurance Company, Ltd. 嘉禾人寿保险股份有限公司	2004	中资	北京
Sino-US MetLife Insurance Company, Ltd. 中美大都会人寿保险公司	2004	中美合资	北京

续表

2009 年的公司名称	公司创建或进入中国的年份	所有权	中国总部地点
Skandia-BSAM Life Insurance Company, Ltd. 瑞泰人寿保险有限公司	2004	中英合资	北京
Huatai Life Insurance Company, Ltd. 华泰人寿保险公司	2005	中资	北京
PICC Life Insurance Company, Ltd.* 中国人保寿险有限公司	2005	中资	北京
Samsung Air China Life Insurance Company, Ltd. 中航三星人寿保险有限公司	2005	中韩合资	北京
Sino-French Life Insurance Company, Ltd. 中法人寿保险有限责任公司	2005	中法合资	北京
United MetLife Insurance Company, Ltd. (formerly Citiinsurance Life Insurance Company, Ltd.) 联泰大都会人寿保险有限公司（前身为花旗人寿保险有限公司）	2005	中美合资	上海
Dragon Life Insurance Company, Ltd. 正德人寿保险有限公司	2006	中资	北京

续表

2009 年的公司名称	公司创建或进入中国的年份	所有权	中国总部地点
Great Eastern Life Assurance (China) Company, Ltd. 中新大东方人寿保险有限公司	2006	中新合资	重庆
Huaxia Life Insurance Company, Ltd. 华夏人寿保险有限公司	2006	中资	北京
Guo Hua Life Insurance Company, Ltd. 国华人寿保险股份有限公司	2007	中资	上海
Happy Life Insurance Company, Ltd. 幸福人寿保险公司	2007	中资	北京
Sinatay Life Insurance Company, Ltd. 信泰人寿保险股份有限公司	2007	中资	杭州
Sunshine Life Insurance Corporation Ltd. 阳光人寿保险股份有限公司	2007	中资	北京
Yingda Taihe Life Insurance Company, Ltd. 英大泰和人寿保险有限公司	2007	中资	北京

续表

2009 年的公司名称	公司创建或进入中国的年份	所有权	中国总部地点
King Dragon Life Insurance Company, Ltd. 君龙人寿保险有限公司	2008	大陆台湾合资	厦门
Aeon Life Insurance Company, Ltd. 百年人寿保险股份有限公司	2009	中资	大连
China Post Life Insurance Company, Ltd. 中邮人寿保险股份有限公司	2009	中资	北京
HSBC Life Insurance Company, Ltd. 汇丰人寿保险有限公司	2009	中英合资	上海
Shin Kong-HNA Life Insurance Company, Ltd. 新光海航人寿保险责任有限公司	2009	大陆台湾合资	北京

数据来源：《中国保险年鉴 1999—2010》。

*1996 年，成立于 1949 年的国有企业中国人民保险公司重组为中国人民保险（集团）公司。同年，人保集团将业务分给三家独立控股公司：中国人寿保险有限公司、人保集团财产保险有限公司和中国再保险有限公司。其中，人保集团财产保险有限公司随后扩展业务版图，建立分公司，包括 2005 年成立的人保集团人寿保险有限公司。人保集团财产保险有限公司多次更名。2007年，人保集团进行最新一次更名，重新采用人保集团保险（集团）公司作为公司名称。

* 中国平安也曾多次更名。1998年成立的时候，名为平安保险公司。1992年，中国平安的商业版图扩大到全国范围，更名为中国平安保险公司。1997年，中国平安重组所有权结构，建立股份制，并再次更名为中国平安保险有限公司。2003年，平安保险转型为控股公司，准备公开上市，成为中国平安保险（集团）有限公司。2002年12月，中国平安人寿保险有限公司成立，这家隶属于集团的分公司主要负责集团的人寿保险业务。

术语表

年金险：保险公司在期满日后，依照固定回报率，按年或按月向被保险人给付固定保险金额的险种。

保单现金价值（解约退还金）：被保险人在保险期满日前要求解约或退保时，保险公司应该返还的金额。保险公司通常会扣除手续费作为惩罚。

储蓄险：保险公司在期满日后，依照固定回报率，向被保险人一次性给付保险金额的险种。

投保金额：在保单期满日后或赔付条件满足时，保险公司依据保单需要赔付的金额。

分红保单（分红险）：被保险人能够获得公司收益分红的险种。

主险：可单独投保的险种。

附加保险：不能单独投保，必须附加于主险投保的险种。

定期寿险：若被保险人在约定期限内身故，保险公司给付保费；若保险期限届满被保险人健在，则保险合同自然终止的险种。

投连险：每一个单位的保费赔付额度取决于投资回报的险种，是一种变额寿险，常见于英国。

变额寿险：在保险期间内赔付金额随保费投资回报变动的险种。

终身寿险：保险公司在被保险人身故后给付保险金的险种。

注　释

导论

1. "East Meets West: The Insurance Industry in China," Life Association News, Washington, April 1996.
2. "Cracking the Iron Rice Bowl," Best's Review, November 1998.
3. *Newsweek*, October 9, 2006, and *Time*, September 25, 2006. 同样可见 *Newsweek* September 15, 2003, September 4, 2006, and September 18, 2006。
4. 在中国，保险分为两大类：人寿保险和财产保险。人寿保险包括定期寿险、终身寿险、变额险、红利险、个人意外险、住院险、年金险和养老险。财产保险泛指所有非人寿保险的险种，例如汽车保险、住宅保险以及与生产有关的保险。
5. 作者通过现有的数据计算出这些数字。除非另加说明，本书中关于中国和上海市的保险业的数据来源如下：1997 年以前中国的数据来自 Wang, Fei, and Li, 2003；1997 年以前上海市的数据来自海尔纽约人寿保险有限公司上海分公司（因为 1993 年—1994 年的数据缺失，海尔纽约人寿保险有限公司通过插值估算法来计算这两年的数据）；1997 年以后中国的数据来自《中国保险年鉴 1998—2010》；1997 年以后上海市的数据来自《上海市保险年鉴 2001—2010》。任何熟悉中国的统计数据的学者都会发现不同年份的数据采用的分类系统常常是不一样的。这些年鉴中的统计数据也有同样的缺陷。因此，本书采纳的数据是我在穷尽所有可能的数据源后给出的最佳估算。我主要用这些数据来阐明事例。
6. 许多重要文献继承了韦伯的理论遗产。它们都强调系统性的文化取向在塑造人类行动中的重要作用。其中，最有名的当属塔尔科特·帕森斯（Talcott Parsons）的行动理论（参见 Parsons and Shils, 1951）。其他代表性的韦伯主义理论包括罗伯特·默顿（Robert Merton）的清教主义和科学、罗伯特·贝拉（Robert Bellah）的宗教社会学和克利福德·格尔茨（Clifford Geertz）对文化的解释（参见 Wuthnow, 1987）。同时可以参见斯蒂芬·卡尔伯格（Stephen Kalberg）（2009）关于新教伦理与美国民主的讨论。

7. 一小部分经济学家已经开始承认文化对经济行动的塑造作用。诺贝尔经济学奖获得者加里·贝克尔（Gary Becker）在《口味的经济学分析》（*Accounting for Tastes*）（1996）一书中坚持认为偏好和价值取向对经济个体的决策具有关键性影响。贝克尔引入了这个经济学家未曾关注过的主题（或变量）。制度经济学家阿瑟·邓祖和道格拉斯·诺斯坚决批判理性选择模型（Denzau and North, 1994）。他们认为共享的心智模式、意识形态，以及信仰结构都在引导人们做出选择，同时它们还为决策过程设立了重要的约束条件。不过，正如迪马乔观察到的那样（DiMaggio, 1994），就算经济学家承认了文化的重要性，他们也只把注意力集中在文化的调控功能上，他们关心的是文化如何限制个体对经济利益的追求。在这个层面下，文化和经济利益互相冲突，文化的作用在于遏制纯粹的经济导向的行为。

8. 通常，雇主会购买团体人寿保险作为一项员工福利。在 2005 年以前，只有中资保险公司出售团体人寿保险。本书不讨论团体人寿保险。

9. 有一些经典的社会学研究考察了文化是如何控制或构建了经济交换并推动市场的形成。请参见 Zelizer, 1979，1985，2005a、Dobbin, 1994 和 Mukerji, 1983。

10. 我遵从中文姓名的书写常规将姓放在名的前面。对于那些认同英文姓名的受访者，我按照英文姓名的书写常规将他们的名放在姓的前面。

第一章　人寿保险发展的一方乐土？

1. 《中国保险业二百年（1805—2005）》，中国保险学会、中国保险报编著，北京：当代世界出版社，2005 年，第 23 页。

2. 同上，第 169 页。

3. 同上，第 205 页。
4. 笔者根据《中国统计年鉴 1995》的数据计算得出。
5.《中国统计年鉴 1995》。本书中的美元估值是根据 1998 年—2004 年期间的汇率计算的。1 美元等于 8.277 人民币。
6. 例如，1986 年，安德鲁·沃尔德（Walder, 1992）在上海和天津发现 55% 的国有企业和私营企业会为职工提供医疗门诊服务。到 1993 年，一项针对这两个城市的问卷调查发现，仅有 28% 的企业仍在提供这类服务（Kwok, 1999）。
7. 人类学家发现到 20 世纪 90 年代，即便是农村地区的居民也开始更多地向朋友求助，而不是找亲戚帮忙。参见 Yan, 2003。
8. 防盗铁门在上海和北京十分常见，这令我感到震惊。虽然香港的犯罪率要高于上海和北京，但是我从来没有在香港的居民楼里看到过类似的像狱门一样的防盗门。2002 年，香港总人口为 650 万，全年通报犯罪 75877 例。相比之下，北京人口超过 1400 万，全年犯罪只有 40000 例；而上海的人口超过 1300 万，全年犯罪数要少于北京，只有 35785 例（数据来源：香港警察局主页的犯罪数据统计 [www.police.gov.hk]；上海日报，2004 年 9 月 9 日；人民日报，2002 年 12 月 18 日）。我认为安装防盗铁门不仅仅是为了保障安全，同时也是为了划清公私空间的界限，表达保护私人财产和隐私的需求。
9. 访谈，上海，2001 年 1 月。
10. 这本宣传册很可能改写了公务人员说过的话，不应该被解读为直接引用公务人员原话。
11. 有很多 50 多岁的下岗工人来上课，学习如何投资股票市场。一周通常有两到三个晚上有课。
12.《新民晚报》，2001 年 7 月 15 日。
13. 香港和台湾很多流行电视剧把"十八层地狱"视为对罪孽深重的死者的惩罚。那里阴森黑暗，鬼怪横行。一个人可以想象到的最残酷的折磨莫过于地狱里的刑罚：上刀山、下油锅、割舌头、躺针床等等。20 世纪七八十年代，我在香港看过此类电视剧。台湾的情况参见 McCreery, 1990。
14. Geoffrey Fowler, "SARS: Dying Alone," *Far East Economic Review*, June 5, 2003. 这篇文章谈到中国文化的生死观念，引自对香港中文大学人类学系林舟（Joseph Bosco）教授的一篇访谈。
15. 死亡的文化禁忌在香港同样普遍存在。香港大学行为健康中心启动了一个为期三年的项目（2007—2010），用于帮助香港民众消除对死亡的恐惧。这个项目由社会工作系的陈丽云（Cecilia Chan）教授发起，她目睹太多人还未留下遗嘱就匆匆离世，没来得及交代家属他们希望葬礼怎么办，遗产怎么处置。根据陈丽云的说法，很多终末期病人从来不和家人讨论死亡的话题，写遗嘱并不常见。这个项目旨在打破禁忌，公开讨论死亡，向民众传授沟通技巧，帮助他们和家人讨论后事安排。欲了解死亡的文化禁忌在香港的情况，参见 Chan and Chow, 2006。

16. 读者还可以参见本书在导论的第三个注释中引用的《新闻周刊》广告。直到今天，美国社会还有这样一种说法：一个人在去世前还清所有债务才是死得有尊严。美国社会的市场化发展和消费主义建构出了这种"善终"（good death）的独特含义。参见奎因（Quinn, 2008）关于上世纪末"善终"意义变迁的制度解释。

17. 2009 年 4 月，我到潮州市去做田野调查。潮州市是广东省东部的一个县级市，人口 250 万。在那里，我目睹了人们是如何应对一个老年妇女的逝世，以及这个过程如何放大生者和死者之间不可动摇的义务关系。死者是一位 80 多岁的寡妇，她有六个孩子（三个儿子和三个女儿），还有十多个孙子孙女和曾孙子女。老妇罹患老年痴呆症，两年多来卧床不起，直到呼吸系统出现严重问题，难以呼吸，不得不住院治疗。她住院住了差不多三个礼拜，一直借助气管给氧呼吸，维持生命。她的孩子从医生那里得知，母亲的呼吸问题无法治愈。他们觉得插管对母亲来说实在太过折磨，于是决定放手让她离开。通常来说，人们更愿意在家里离世，而不是在医院里。老妇的三个儿子在准备后事的时候发生争执，他们争论到底应该让母亲到谁的家里去，他们三个人都希望母亲能够在自己的家里终了。后来我才明白，人们认为，老人寿终正寝的地方是有福气的。为了公平起见，三个儿子决定带她回到脏乱的老屋，回到他们长大的地方。他们把其中一个房间重新装修，在装修好的当天把卧病不起的老妇带到那里。所有的六个孩子，连同几位女婿和儿媳妇，还有几个孙子孙女聚在她的床边。老妇的女儿和孙女在啜泣。此时此刻，这位老妇开始被她的后辈当作祖先和圣人。她最小的儿子是办厂的，他对老妇说："妈，我有一个小小的请求。你不需要专门费心帮我，但是万一你遇到那些欠我钱的人……嗯，万一你路过他们的住处，能不能请你友善地提醒他们还钱给我？"这个请求表明，这位即将过世的母亲将会具备某种超自然能力，能够帮助她的子孙后辈解决一些世俗困扰。小儿子在说话的时候，老妇看着他，但是没有任何反应。没人知道她是否答应了小儿子的请求。老妇死后的头七，一个十多年没有联系的债务人主动给小儿子打电话。虽然这位债务人不是来还钱的，但是他给小儿子说了他的生意计划。小儿子非常高兴，他觉得一定是他刚刚过世的母亲在帮助他。

18. "A Survey of the World Economy," The *Economist*, September 24–30, 2005.
19. 《中国统计年鉴2005》。1995年，消费者价格指数增长率为17.1%。因为货币贬值的缘故，这个数字1996年降到8.3%。
20. 我根据上海市有效保单和人口总数计算出这些数字。数据来源包括《上海市保险年鉴2003》和《上海市人口与计划生育年鉴2003》，但《中国保险年鉴》中全国的现行保单数并不完整，所以全国范围的情况尚不清楚。
21. 例如，可以参见Headey, Law, and Zhang, 2002；Hwang, 2003；以及Wang, Fei, and Li, 2003。
22. 《平安公司马明哲当选人寿保险营销调研协会（LIMRA）董事》，《服务快讯》，2001年第24期，销售代理服务部，中国平安保险有限公司上海分公司（人寿保险），第2页。
23. 《平安招股，中间定价》，星岛日报，香港，2004年6月18日；《平安面向散户发行的股票获得50倍的认购》，中国日报，2004年6月18日；《平安A股首天升38%；H股背驰》，香港经济周刊，2007年3月2日。
24. 比较所有的理财产品的销售额和所有的人身风险管理产品的销售额是一种更有效的方法。前者包括养老险、年金险、少儿储蓄险、投连险和分红险；后者则包括定期寿险、个人意外险、终身险、住院治疗和重大疾病险。然而，没有这样的数据可以采用。因为在正式的保险年鉴中，除了投连险、分红险和个人意外险之外，其他产品的保费收入都合并计算。
25. 我所接触的客户购买人身意外保险的年均保费支出是495元；购买分红保险的年均保费支出是2950元；购买投连险的年均保费支出是3267元。虽然这些数字不是来自随机抽样的样本，它们还是具有较大代表性的，因为我样本中的客户较为多元。

第二章　定义人寿保险及产品开发：迥异的制度逻辑

1. 泽利泽（Zelizer, 1979）提到，殡葬保险的流行早于储蓄型保险与投资型保险，在美国19世纪中期已被广为接受。据墨菲（Murphy, 2010）记录，由互助保险公司发行的股息保单在19世纪中期的美国大为畅销，但它们畅销是由于面值增长或者预期保费更低。这些产品主要针对受抚养人。一旦家庭劳动力意外早逝，他们能够获得经济保障。英国人寿保险市场有四次风靡浪潮：（1）18世纪前中期，唐提式养老保险因投机而兴起（Clark, 1999）；（2）18世纪后期，人们为了分得利益、为早逝提供经济保障，分红保险兴起（Alborn, 2002）；（3）19世纪上半叶，为了预防由意外早逝带来的风险，保障家庭、债权人与借贷方的利益，定期寿险与其他利益险开始发展（Pearson, 1990; Alborn, 2009）；（4）19世纪下半叶，附带养老金的定期寿险开始兴起。其主要功能是保障家庭劳动力意外早逝后的生活，储蓄为次要功能（Alborn, 2002, 2009）。
2. 例如，1998年，传统的终身寿险和定期寿险占当年美国人寿保险总销量的74.7%。参见美国人寿保险委员会（American Council of Life Insurance）编著的《人寿保险数据集1999》（*Life Insurance Fact Book 1999*）。
3. P公司在香港公开上市的章程，2004年6月，第131条。
4. 访谈，上海，2002年1月。
5. 访谈，上海，2002年8月。
6. 这也许不适用于近20年的欧美市场。传统的风险管理产品带来的利润已在不断下滑，因为市场已经饱和，且财富管理产品收益更好——它们拥有更多的投资渠道和相对稳定的收入（在2008年—2009年美国引发的全球经济危机之前）。
7. 访谈，上海，2002年8月。
8. 与一名中国人寿保险公司前代理人的访谈，上海，2001年10月。
9. 访谈，上海，2000年8月。
10. 访谈，上海，2002年3月。
11. 《P公司的国际化"深化"》，《南风窗》，2002年2月。
12. 学者胜雅律（von Senger, 2000）、陈建富（Chen, 2000）和斯托克曼（Stock-

man, 2000）指出，中国的"法"或"法律"与西方语境中的"law"有本质不同。"法"在传统上和出于保持社会稳定和控制社会目的的惩罚相连。它常常与"理"进行区分。"理"是指合乎情理的行为举止，它指人们在社会关系中合适的行为方式。通过"理"，人们知道如何成为一名君子；而"法"是通过各种惩戒对越轨的行为进行规范，它适用于"小人"。因此，法本身没有道德。

13. 访谈，上海，2002 年 4 月。
14. 访谈，上海，2002 年 2 月。
15. 访谈，上海，2002 年 3 月。
16. "Insurers Lose on Rate Cuts," *South China Morning Post*, September 13, 2000.
17. 访谈，上海，2002 年 3 月。
18. 《P 公司保费收入增长》，《金融时报》，2002 年 1 月 17 日。
19. 分别来自笔者对 L 公司和中宏保险总经理的访谈。他们两位都在访谈中为人寿保险传统的风险管理观念进行了辩护。
20. 在 T 公司保险代理人办公室进行的参与观察，上海，2001 年 10 月。
21. 信息来自太平洋保险的一位部门经理。他向我展示了 2001 年上海保险协会发布的数据表格。
22. 数据来自上海股票交易统计表（1993—2003），参见 www.chinainfobank.com。
23. P 公司的一些员工中间流传着这样的传言：南方周末被 A 公司收买；那篇文章就是 A 公司某个员工写来泼 P 公司脏水的。我的确观察到许多 A 公司的代理人跟他们的潜在客户展示那篇文章，说他们被 P 公司骗了。南方周末总部位于广州，属于南方日报报业集团，该集团之后更名为南方报业传媒集团。该集团虽以大胆的报道著称，却是广东一家国有企业。
24. 《P 公司投资连结福州遇险》，《工商时报》，2002 年 2 月 25 日。从墨菲（Murphy, 2010）和埃里克森等人（Ericson et al., 2003）的研究中可知，保险代理人通过夸大投资产品的收益误导客人，在英美市场形成早期也是常见的现象。
25. 在一家裁缝店对几位客人交谈的观察，上海，2002 年 3 月。
26. 这些访谈在美国完成，2002 年 10 月和 2003 年 10 月。
27. 对 P 公司一位高级代理人的电话访谈，上海，2004 年 1 月。
28. "P Company Retail Portion Sees 50 Times Booking," China Daily, June 18,

2004。

29. 港币兑美元的汇率是由 7.75 比 1 这一比例估算的。
30. 《P 公司 A 股首天升 38%；H 股背驰》，《信报财经新闻》，2007 年 3 月 2 日。
31. "China Life Shares Soar at Start of Hong Kong Debut," China Daily, December 18, 2003. 中国人寿同时在香港和纽约上市，在纽约的挂牌日期为 2003 年 12 月 17 日。但是几个月后，中国人寿被指隐报信息，引发美国安全机构审查。参见《花旗集团只提供虚假数据》，《信报财经新闻》，2004 年 6 月 25 日。
32. 《国寿 A 股今挂牌；估价料涨八成》，《信报财经新闻》，2007 年 1 月 9 日。

第三章　打造寿险代理人：文化资本与管理策略

1. 杰弗里（Jeffery, 2001）在她关于中国直销公司的研究中，报告了他们在分销商培训中类似的心态和话语。
2. 访谈，上海，2002 年 1 月。
3. 访谈，上海，2002 年 1 月。
4. 访谈，上海，2001 年 10 月。
5. 关于上海人寿保险公司组织实践的趋同性机制，参见 Chan, 2011。
6. 今天的 A 公司大厦以前是华北日报大厦。这一大厦是为了纪念一家英国报纸华北先驱报 60 周年而建立的，于 1924 年正式投用。大厦在 1941 年—1945 年占领期由日本人接管。日本人败退后不久，华北日报和友邦保险再次入驻该大厦，一直待到 1950 年。上海市政府接管以后，它更名为桂林大厦。1996 年，A 公司和上海市政府达成一个双边协定，将 A 公司办公室搬回该大厦。1998 年，该大厦再次更名为 A 公司大厦。
7. 台湾没有统一的系统把姓名转化成罗马拼音，因为台湾本地人和大陆移民之间以及不同世代之间存在差异。本书的罗马拼音姓名采用普通话系统，还参考了台湾的标准。因此，这些名字可能和受访者正式的罗马拼音名字有所不同。
8. 访谈，上海，2002 年 2 月。
9. 访谈，上海，2002 年 1 月。
10. 访谈，上海，2002 年 2 月。

11.《战上海》,《21世纪经济报道》,2002年1月7日。
12. 我观察到有一小部分的保险代理人能自由进出大厦,因为他们赢得了一场特殊的销售竞赛,获得"通行证"作为奖励,有效期为一年。这个通行证是给那些高级保险代理人的礼物。
13. 关于"素质"这一概念,参见 Hai-rong Yan, 2003;关于运用"素质"话语讨论阶级分化,参见 Amy Hanser, 2005。
14.《南风窗》,2002年2月,第43页。
15. 访谈,上海,2002年8月。
16. 访谈,上海,2002年2月。
17. 对 P 公司一些培训过程的参与观察,2002年3月—4月。
18. 早会在我 2004 年的第二次拜访变得更加集中。例会不再由团队经理自己组织,而是通过安装在每一间房的电视直播。这样上海所有代理人办公室的所有代理人都能够收看。
19. 然而,我在 P 公司另外一间代理人办公室观察到公司内部的培训经理对代理人非常友好。这间办公室的少数几位代理人告诉我,他们感觉非常幸运,也非常感恩有这样一位经理,可见这样友好的管理不太常见。
20. 在 P 公司代理人办公室的参与观察,上海,2002年3月。
21. 参见 Li, 2001。
22. 周华健是一名颇有名气的歌手,他的出场费一直都很高。
23. 我没有机会参加这个大会,但我观看了整个大会的录像,并且采访了那些参加了大会的代理人。
24. 在 T 公司代理人办公室的参与观察,上海,2002年7月。
25. 在 T 公司代理人办公室的参与观察,上海,2000年8月。
26. 另外一家中美合资企业恒康天安人寿保险有限公司,在 2001 年 1 月成立于上海,公司老板是一个美国人。2009 年,恒康国际将合资企业 50% 的股份分别卖给了其他四家中国公司,从而使得恒康国际的所有权完全变成了中资所有。之后,它更名为天安人寿保险有限公司。
27. L 公司总经理在公司内部刊物中阐述了他的观点,这是一份 L 公司的季刊。
28. 访谈,上海,2000年9月。
29. 本章中销售团队的名字也是虚构的。
30. 尽管没有官方资料,这一信息来源于金星团队经理。销售效率用第一年总保费收入除以代理人人数得出。
31. 在 L 公司代理人办公室的参与观察，上海，2002 年 4 月。
32. 访谈，上海，2002 年 4 月。
33. 访谈，上海，2002 年 4 月。
34. 访谈，上海，2000 年 9 月。
35. 访谈，上海，2002 年 4 月。

第四章 促成业务：销售策略与销售话语

1. 访谈，上海，2002 年 2 月。
2. 《通向成功之路：人寿保险专业指南》，《A 公司培训手册》，第 22 页。
3. 埃里克森、道尔和巴里（Ericson, Doyle and Barry, 2003）发现如今美国的一些人寿保险公司也要求他们的代理人利用关系网络扩展销路。
4. 关于文化图示如何影响妇女在家庭和事业之间选择，参见 Blair-Loy, 2003；关于文化图示如何影响政策结果，参见 Steensland, 2006。
5. 访谈，上海，2002 年 5 月。
6. 访谈，上海，2000 年 9 月。
7. 改革开放前，国有企业也有销售职位，但售货员拿的是固定工资。即使有佣金，也是在固定工资的基础上，以奖金的方式发放。
8. 访谈，上海，2000 年 9 月。
9. 访谈，上海，2002 年 8 月。
10. P 公司代理人办公室的参与观察，上海，2002 年 3 月。
11. 达尔（Darr, 2006）在研究美国科技销售的过程中发现了不同的现象。美国的销售人员会给潜在客户送礼，促使他们投桃报李；此外，前者还会施予后者恩惠，模糊友谊跟商业关系的界线。
12. 在潜在客户工作单位的参与观察，上海，2002 年 3 月。
13. 在 P 公司代理人办公室的参与观察，上海，2002 年 4 月。在某次晨会上，常馨跟同事们分享了自己跟客户和潜在客户建立关系的经验。
14. 在 P 公司代理人办公室的参与观察，上海，2002 年 4 月。
15. 2002 年 5 月，在 L 公司的代理人办公室里召开了一个小组会议，张莹在会上跟同事们分享她的成功故事。这份保单的年金高达 3625 美元，是当时上海大多数保单年金的十倍。
16. 访谈，上海，2002 年 7 月。
17. 在 P 公司代理人办公室的参与观察，上海，2001 年 11 月。
18. 在客户店内的参与观察，上海，2002 年 1 月。
19. "丈"是中国古代使用的丈量单位，新中国成立后废止了这一丈量单位。一丈约为 3.33 米。
20. 在潜在客户家中的参与观察，上海，2002 年 1 月。
21. 在潜在客户工作单位的参与观察，上海，2001 年 11 月。
22. 在潜在客户家中的参与观察，上海，2002 年 3 月。
23. 访谈，上海，2002 年 8 月。
24. 访谈，上海，2002 年 3 月。
25. 在客户工作单位的参与观察，上海，2001 年 10 月。
26. 在客户家中的参与式观察，上海，2002 年 1 月。
27. 关于哪种文化素材更容易被调动起来，参见 Fine, 1979 和 Schudson, 1989。

第五章　购买人寿保险：一致的偏好和多样的动机

1. 关于动机、理性和意义概念以及它们之间的关系的经典讨论，参见 Schutz,（1932）1967。
2. 某人要是在一个人的姓氏前加上"小"或者"老"，意味着他认为这个人是他非常亲密的朋友。"小"主要用于比他年轻或者与他同龄的朋友，"老"用于形容比他年长的朋友。
3. 访谈，上海，2000 年 8 月。
4. 访谈，上海，2002 年 4 月。
5. 访谈，上海，2004 年 12 月。
6. 访谈，上海，2004 年 12 月。
7. 访谈，上海，2002 年 4 月。
8. 父母和已婚的叔叔阿姨给孩子（和未婚成年人）"压岁钱"是中国传统。"压岁钱"被放在红色的袋子中，象征着"财富和好运"。香港把"压岁钱"叫作

"利是"。这个传统仍旧是所有华人社会的惯例，包括香港和台湾。
9. 数字 9 对中国人来说是幸运数字，因为它的发音和"久"相同，在普通话和粤语中都是"长久"的意思。
10. 访谈，上海，2004 年 12 月。
11. 访谈，上海，2001 年 10 月。
12. 根据《上海市统计年鉴 2003》和《上海市统计年鉴 2004》，上海市居民 2001 年—2002 年的平均年收入为 24000 元。
13. 访谈，上海，2001 年 10 月。
14. 在许多报道中，中宏保险是上海第一家提供分红产品的人寿保险公司。中国人寿 1996 年推出的分红产品事实上可能并不能算作分红产品，它似乎只是简单地将利息称作"分红"，使得它们的产品看起来有吸引力。
15. 访谈，上海，2001 年 10 月。
16. 访谈，上海，2001 年 10 月。
17. 访谈，上海，2002 年 3 月。
18. 访谈，上海，2002 年 3 月。
19. 访谈，上海，2002 年 8 月。
20. 访谈，上海，2002 年 1 月。
21. 数据源于上海证券交易统计表（1993—2003）。来源于 www.chinainfobank.com。
22. 关于俄罗斯和东欧后社会主义时期社会文化的变化，分别参见 Guseva, 2008 和 Bandelj, 2008。
23. 直到 2004 年追踪研究期间我才看到中国平安和中国人寿开始提供本地人想要的那种健康保险。
24. 访谈，上海，2002 年 7 月。
25. 数据源于 128 名客户：63 名来源于问卷调查，65 名来源于 2000 年—2002 年的访谈。2004 年访谈的客户并没有包括进来，因为我并没有让他们列举他们所购买的所有产品。
26. Guojian Han, "Insurance Boom," Beijing Review, June 1996.
27. 调查由 TC 市场研究与咨询有限公司在 2003 年 3 月于上海完成。受访者储蓄原因的分布如下：51%"应付意外事故"，49%"子女教育"，36%"买房"，13%"暂时存放银行"，9%"做生意"，9%"照顾老人"和 9%"赚利息"。

28. 事实上，本世纪早期，上海的肺癌发病率全国最高。参见《本市肺癌发病率居全国榜首》，《大众卫生报》，2003年3月21日。
29. 访谈，上海，2000年9月。
30. 在非正式聚会上的谈话，上海，2001年11月。
31. 访谈，上海，2002年1月。
32. 朱利安·郭（Go, 2008）对美国殖民时期的菲律宾和波多黎各政治文化的分析见解深刻，他在这一分析中也表达了类似立场：文化系统限制了文化图示使用的可能性。

第六章　文化如何影响经济：文化，市场与全球化

1. 拉蒙（Lamont, 1992, 2000）持相似立场。
2. bricoler 这个词还可以表示球类游戏以及台球、打猎、射击和骑行等运动。但是，这个词的使用总和某些外力运动有关，比如说反弹的球，走失的小狗，调整直道方向来避开障碍的马等。参见 Levi-Strauss（1966，特别是第16页）。
3. 在发展制度与文化关系的理论时，很多见解深刻的研究作品将制度处理为变量。参见 Fourcade-Gourinchas and Babb, 2002; Eliasoph and Lichterman, 2003; Zhou, 2005; Healy, 2000, 2006; Dobbin, 1994; Steensland, 2006; Fligstein and Mara-Drita, 1996; Binder, 2007; Hallett and Ventresca, 2006; Guseva and Rona-Tas, 2001; Quinn, 2008。
4. 关于使用文化框架赋予新行为合法性的讨论，参见以下代表性著作：斯诺等（Snow, 1986）关于社会运动动员的研究；多宾（Dobbin, 1994）关于工业政策形成的研究；Binder（2002）关于教育课程的研究，以及 Hirsch（1986）和 Fiss and Zajac（2006）关于商业和管理策略的研究。关于共享的文化框架如何引发个人对某个文化实物的兴趣的理论阐述，参见 Schudson（1989）。
5. 他们分别是海尔纽约人寿、A公司、L公司、P公司或者中宏保险的客户。
6. 我小心翼翼，尽量不去触动他们痛苦的记忆，因此在深入了解他们的感觉方面限制重重。
7. 除非特别注明，本段落中的数据都是依据已有资料计算得出。台湾案例中的数据来源于《中国保险年鉴》（1997, 2002, 2007）。香港案例中的数据来源于

香港保险业监理处 1992 年—2007 年的年报。
8. 2004 年 6 月，花旗集团旗下的旅行者保险公司获准与中资伙伴上海联合投资有限公司共同成立一家合资人寿保险公司，命名为花旗人寿保险有限公司。然而，2005 年 1 月，花旗人寿将它的保险业务出让给纽约大都会人寿保险公司。2005 年 10 月，花旗人寿成立，这一名称一直沿用至 2006 年 1 月，直到它更名为联泰大都会人寿保险有限公司。参见 "Banking Giants extend China Rivalry to Insurance," *South China Morning Post*, June 5, 2004;《花旗人寿沪上开张，银行保险为其主要营销模式》,《国际金融报》, 2005 年 10 月 19 日。
9. 这一信息来源于 2008 年 2 月 L 公司的官方网站，以及我与 L 公司上海分公司的一名保险代理人的邮件往来。
10. 这一部分关于上海和中国大陆其他地区的人寿保险业务的数据根据以下数据计算得出：《上海保险年鉴》(2002—2003，2007—2010)、《中国保险年鉴》(2002，2008—2010)、《上海统计年鉴》(2007—2010) 和《中国统计年鉴》(2008—2010)。
11. 数据源于《台湾保险年鉴》(1991，2004)。
12. 数据源于香港保险业监理处 2000 年和 2007 年年报。
13. *Changes in Life Insurance Products in Japan*, Life Insurance Association of Japan, 2006.

参考文献

Adler, Patricia, and Peter Adler. 1987. *Membership Roles in Field Research*. Thousand Oaks, CA: Sage Publications.

Alborn, Timothy. 2002. "The First Fund Managers: Life Insurance Bonuses in Victorian Britain." *Victorian Studies* 45(1):65–92.

Alborn, Timothy. 2009. *Regulated Lives: Life Insurance and British Society 1800–1914*.Toronto: University of Toronto Press.

Annual Report 1992. Hong Kong: Office of the Commissioner of Insurance.

Annual Report 1993. Hong Kong: Office of the Commissioner of Insurance.

Annual Report 1994. Hong Kong: Office of the Commissioner of Insurance.

Annual Report 1995. Hong Kong: Office of the Commissioner of Insurance.

Annual Report 1996. Hong Kong: Office of the Commissioner of Insurance.

Annual Report 1997. Hong Kong: Office of the Commissioner of Insurance.

Annual Report 1998. Hong Kong: Office of the Commissioner of Insurance.

Annual Report 1999. Hong Kong: Office of the Commissioner of Insurance.

Annual Report 2000. Hong Kong: Office of the Commissioner of Insurance.

Annual Report 2001. Hong Kong: Office of the Commissioner of Insurance.

Annual Report 2002. Hong Kong: Office of the Commissioner of Insurance.

Annual Report 2003. Hong Kong: Office of the Commissioner of Insurance.

Annual Report 2004. Hong Kong: Office of the Commissioner of Insurance.

Annual Report 2005. Hong Kong: Office of the Commissioner of Insurance.

Annual Report 2006. Hong Kong: Office of the Commissioner of Insurance.

Annual Report 2007. Hong Kong: Office of the Commissioner of Insurance.

Appadurai, Arjun (ed.). 1986. *The Social Life of Things: Commodities in Cultural Perspective*. New York: Cambridge University Press.

Aries, Philippe. 1974. "The Reversal of Death: Changes in Attitudes toward Death in Western Societies." *American Quarterly* 26(5):536–60.

Aries, Philippe. 1976. "Forbidden Death." Pp. 77–82 in *Death: Current Perspectives*, edited by Edwin Shneidman. Palo Alto, CA: mayfield.

Arrow, Kenneth. 1971. *Essays in the Theory of Risk-Bearing*. Chicago: Markham.

Aspers, Patrik. 2009. "Knowledge and Valuation in Markets." *Theory and Society* 38:111–31.

Axelrod, Robert. 1984. *The Evolution of Cooperation*. New York: Basic Books.

Baker, Tom. 2000. "Insuring morality." *Economy and Society* 29(4):559–77.

Baker, Tom. 2002. "Risk, Insurance, and the Social Construction." Pp. 33–51 in *Embracing Risk: The Changing Culture of Insurance and Responsibility*, edited by Tom Baker and Jonathan Simon. Chicago and London: University of Chicago Press.

Baker, Tom, and Peter Siegelman. 2010. "Tontines for the Invincibles: Enticing Low Risks into the Health-Insurance Pool with an Idea from Insurance History and Behavioral Economics." *Wisconsin Law Review* (1):79–120.

Bandelj, Nina. 2008. *From Communists to Foreign Capitalists: The Social Foundations of Foreign Direct Investment in Postsocialist Europe*. Princeton, NJ: Princeton University Press.

Becker, Gary. 1996. *Accounting for Tastes*. Cambridge, MA: Harvard University Press.

Beckert, Jens. 2002. *Beyond the Market: The Social Foundations of Economic Efficiency*. Princeton, NJ: Princeton University Press.

Beckert, Jens. 2009. "The Social Order of Markets." *Theory and Society* 38(3):245–69.

Berger, Bennett. 1991. "Structure and Choice in the Sociology of Culture." *Theory and Society* 20:1–19.

Berger, Bennett. 1995. *An Essay on Culture*. Berkeley: University of California Press.

Bian, Yanjie. 1997. "Bringing Strong Ties Back In: Indirect Ties, Network Bridges, and Job Searches in China." *American Sociological Review* 62:366–85.

Bian, Yanjie. 2002. "Chinese Social Stratification and Social Mobility." *Annual Review of Sociology* 28:91–116.

Bicentenary Chinese Insurance 1805–2005. Beijing: The Contemporary World

Publishing House.

Biernacki, Richard. 1995. *The Fabrication of Labor: Germany and Britain, 1640–1914*. Berkeley: University of California Press.

Biggart, Nicole. 1989. *Charismatic Capitalism: Direct Selling Organizations in America*. Chicago: University of Chicago Press.

Biggart, Nicole, and Richard Castanias. 2001. "Collateralized Social Relations: The Social in Economic Calculation." *American Journal of Economics and Sociology* 60:471–500.

Biggart, Nicole, and Mauro Guillen. 1999. "Developing Difference: Social Organization and the Rise of the Auto Industries of South Korea, Taiwan, Spain, and Argentina." *American Sociological Review* 64:722–47.

Binder, Amy. 2002. *Contentious Curricula: Afrocentrism and Creationism in American Public Schools*. Princeton, NJ: Princeton University Press.

Binder, Amy. 2007. "For Love and Money: Organizations' Creative Responses to Multiple Environmental Logics." *Theory and Society* 36:547–71.

Blair-Loy, Mary. 2003. *Competing Devotions: Career and Family among Women Executives*. Cambridge, MA: Harvard University Press.

Blumer, Herbert. 1969. *Symbolic Interactionism*. Berkeley: University of California Press.

Bourdieu, Pierre. 1977. *Outline of a Theory of Practice*. Cambridge: Cambridge University Press

Bourdieu, Pierre. 1984. *Distinction*. Translated by Richard Nice. Cambridge, MA: Harvard University Press.

Bourdieu, Pierre. 1986. "The Forms of Capital." Pp. 241–58 in *Handbook of Theory and Research for the Sociology of Education*, edited by John Richardson. New York: Greenwood Press.

Bourdieu, Pierre. 1993. *The Field of Cultural Production*. New York: Columbia University Press.

Burawoy, Michael. 2008. "Multi-case Ethnography: Reflections on 20 Years Fieldwork in Socialism." Paper presented at Global Fellows Seminar, International Institute, UCLA, January 30.

Calhoun, Craig. 1994. *Neither Gods nor Emperors: Students and the Struggle for Democracy in China*. Berkeley: University of California Press.

Campbell, John. 1998. "Institutional Analysis and the Role of Ideas in Political Economy." *Theory and Society* 27:377–409.

Carruthers, Bruce. 2005. "The Sociology of Money and Credit." Pp. 355–78 in *Handbook of Economic Sociology*, vol. 2, edited by Neil Smelser and Richard Swedberg. Princeton, NJ: Princeton University Press.

Carruthers, Bruce, and Sarah Babb. 1996. "The Color of Money and the Nature of Value: Greenbacks and Gold in Postbellum America." *American Journal of Sociology* 101:1556–91.

Casper, Steven. 2001. "The Legal Framework for Corporate Governance: The Influence of Contract Law on Company Strategies in Germany and the United States." Pp. 387–416 in *Varieties of Capitalism: The Institutional Foundations of Compara tive Advantage*, edited by Peter Hall and David Soskice. Oxford: Oxford University Press.

Cerulo, Karen. 2002. *Culture in Mind: Toward a Sociology of Culture and Cognition*. New York: Routledge.

Chan, Cecilia Lai Wan, and Amy Yin Man Chow. 2006. *Death, Dying and Bereavement: A Hong Kong Chinese Experience*. Hong Kong: Hong Kong University Press.

Chan, Cheris Shun-ching. 2007. "Honing the Desired Attitude: Ideological Work on Insurance Sales Agents." Pp. 229–46 in *Working In China: Ethnograhies of Labor and Workplace Transformation*, edited by Ching Kwan Lee. New York: Routledge Curzon.

Chan, Cheris Shun-ching. 2009a. "Creating a Market in the Presence of Cultural Resistance." *Theory and Society* 38:271–305.

Chan, Cheris Shun-ching. 2009b. "Invigorating the Content in Social Embeddedness: An Ethnography of Life Insurance Transactions in China." *American Journal of Sociology* 115(3):712–54.

Chan, Cheris Shun-ching. 2011. "Divorcing Localization from the Divergent Paradigm: Localization of Chinese Life Insurance Practice and Its Implications."

International Sociology 26(3):346–63.

Chan, Cheris Shun-ching. 2012. "Culture, State, and Varieties of Capitalism: A Comparative Study of Life Insurance Markets in Hong Kong and Taiwan." *British Journal of Sociology* 63(1).

Changes in Life Insurance Products in Japan. 2006. Life Insurance Association of Japan.

Chen, Jianfu. 2000. "Coming Full Circle: Law-making in the PRC from a Historical Perspective." Pp. 19–40 in *Law-Making in the People's Republic of China*, edited by Jan Michiel Otto, Maurice V. Polak, Yuwen Li, and Jianfu Chen. London: Kluwer Law International.

Chew, Matthew. 2007. "Contemporary Re-emergence of the Qipao: Political Nationalism, Cultural Production, and Popular Consumption of a Traditional Chinese Dress." *China Quarterly* 189:144–61.

China Statistical Yearbook 1995. Beijing: China Statistical Information and Consultancy Service Centre.

China Statistical Yearbook 2005. Beijing: China Statistical Information and Consultancy Service Centre.

China Statistical Yearbook 2010. Beijing: China Statistical Information and Consultancy Service Centre.

Clark, Geoffrey. 1999. *Betting on Lives: The Culture of Life Insurance in England, 1695–1775.* New York: Manchester University Press.

Clark, Geoffrey. 2002. "Embracing Fatality through Life Insurance in Eighteenth Century England." Pp. 80–96 in *Embracing Risk: The Changing Culture of Insurance and Responsibility*, edited by Tom Baker and Jonathan Simon. Chicago and London: University of Chicago Press.

Croll, Elisabeth. 1999. "Social Welfare Reform: Trends and Tensions." *China Quarterly* 159:684–99.

Dai, Jinhua. 1999. "Invisible Writing: The Politics of Chinese Mass Culture in the 1990s." *Modern Chinese Literature and Culture* 11:31–60.

Darr, Asaf. 2006. *Selling Technology: The Changing Shape of Sales in an Information Economy.* Ithaca, NY: Cornell University Press.

Davis, Deborah. 1993. "Urban Households: Supplicants to a Socialist State." Pp. 50–76 in *Chinese Families in the Post-Mao Era*, edited by Deborah Davis and Stevan Harrell. Berkeley: University of California Press.

Davis, Deborah. 1999. "Self-employment in Shanghai: A Research Note." *China Quarterly* 157:22–43.

Davis, Deborah. 2000. "Introduction: A Revolution in Consumption." Pp. 1–22 in *The Consumer Revolution in Urban China*, edited by Deborah Davis. Berkeley: University of California Press.

Davis, Deborah, and Stevan Harrell. 1993. "Introduction: The Impact of Post-Mao Reforms on Family Life." Pp. 1–22 in *Chinese Families in the Post-Mao Era*, edited by Deborah Davis and Stevan Harrell. Berkeley: University of California Press.

Davis, Deborah, and Julia Sensenbrenner. 2000. "Commercializing Childhood: Parental Purchases for Shanghai's Only Child." Pp. 54–79 in *The Consumer Revolution in Urban China*, edited by Deborah Davis. Berkeley: University of California Press.

Denzau, Arthur, and Douglass North. 1994. "Shared mental Models: Ideologies and Institutions." *Kyklos* 47:3–31.

DiMaggio, Paul. 1988. "Interest and Agency in Institutional Theory." Pp. 3–21 in *Institutional Patterns and Organizations: Culture and Environment*, edited by Lynne Zucker. Cambridge, MA: Ballinger.

DiMaggio, Paul. 1994. "Culture and Economy." Pp. 27–57 in *The Handbook of Economic Sociology*, edited by Neil Smelser and Richard Swedberg. Princeton, NJ: Princeton University Press.

DiMaggio, Paul. 1997. "Culture and Cognition." *Annual Review of Sociology* 23:263–87.

DiMaggio, Paul, and Walter Powell. 1983. "The Iron Cage Revisited: Institutional Isomorphism and Collective Rationality in Organizational Fields." *American Sociological Review* 48:147–60.

Dobbin, Frank. 1994. *Forging Industrial Policy: The United States, Britain, and France in the Railway Age*. New York: Cambridge University Press.

Dore, Ronald. 1983. "Goodwill and the Spirit of Market Capitalism." *British Journal of Sociology* 34(4):459–82.

Dore, Ronald. 2000. *Stock Market Capitalism: Welfare Capitalism: Japan and Germany versus the Anglo-Saxons*. Oxford: Oxford University Press.

Douglas, Mary. 1985. *Risk Acceptability According to the Social Sciences*. New York: Russell Sage Foundation.

Douglas, Mary. 1986. *How Institutions Think*. New York: Syracuse University Press.

Douglas, Mary, and Baron Isherwood. 1982. *The World of Goods: Towards an Anthropology of Consumption*. London: Routledge.

Drew Shirley, Melanie Mills, and Bob Gassaway (eds.). 2007. *Dirty Work: The Social Construction of Taint*. Waco, TX: Baylor University Press.

Durkheim, Emile. [1915] 1965. *The Elementary Forms of the Religious Life*. Translated by Joseph Ward Swain. New York: Free Press.

Eliasoph, Nina, and Paul Lichterman. 2003. "Culture in Interaction." *American Journal of Sociology* 108:735–94.

Emirbayer, Mustafa, and Jeff Goodwin. 1994. "Network Analysis, Culture, and the Problem of Agency." *American Journal of Sociology* 99:1411–54.

Ericson, Richard, and Aaron Doyle. 2004. *Uncertain Business: Risk, Insurance and the Limits of Knowledge*. Toronto: University of Toronto Press.

Ericson, Richard, Aaron Doyle, and Dean Barry. 2003. *Insurance as Governance*. Toronto: University of Toronto Press.

Espeland, Wendy Nelson, and Mitchell Stevens. 1998. "Commensuration as a Social Process." *Annual Review of Sociology* 24:313–43.

Evans, Harriet. 1997. *Women and Sexuality in China*. Cambridge: Polity Press.

Farrer, James. 2000. "Dancing through the Market Transition: Disco and Dance Hall Sociability in Shanghai." Pp. 226–49 in *The Consumer Revolution in Urban China*, edited by Deborah Davis. Berkeley: University of California Press.

Farrer, James. 2002. *Opening Up: Youth Sex Culture and Market Reform in Shanghai*. Chicago: University of Chicago Press.

Fei, Xiaotong. [1947] 1992. *From the Soil: The Foundations of Chinese Society* [Xiangtu Zhongguo]. Berkeley: University of California Press.

Fine, Gary. 1979. "Small Groups and Culture Creation: The Idioculture of Little League Baseball Teams." *American Sociological Review* 44:733–45.

Fine, Gary. 1984. "Negotiated Orders and Organizational Cultures." *Annual Review of Sociology* 10:239–62.

Fine, Gary. 1995. "Public Narration and Group Culture: Discerning Discourse in Social Movements." Pp. 127–43 in *Social Movements and Culture*, edited by Hank Johnston and Bert Klandermans. Minneapolis: University of Minnesota Press.

Fiss, Peer, and Edward Zajac. 2006. "The Symbolic Management of Strategic Change: Sensegiving via Framing and Decoupling." *Academy of Management Journal* 49(4):1173–93.

Fligstein, Neil. 1990. *The Transformation of Corporate Control*. Cambridge, MA: Harvard University Press.

Fligstein, Neil. 1996. "Markets as Politics: A Political-Cultural Approach to Market Institutions." *American Sociological Review* 61:656–73.

Fligstein, Neil. 1997. "Social Skills and Institutional Theory." *American Behavioral Scientist* 40:397–405.

Fligstein, Neil. 2001. *The Architecture of Markets: An Economic Sociology of Twenty-First-Century Capitalist Societies*. Princeton, NJ: Princeton University Press.

Fligstein, Neil, and Peter Brantley. 1992. "Bank Control, Owner Control, or Organizational Dynamics: Who Controls the Large Modern Corporations?" *American Journal of Sociology* 98:280–307.

Fligstein, Neil, and Iona Mara-Drita. 1996. "How to Make a Market: Reflections on the Attempt to Create a Single Market in the European Union." *American Journal of Sociology* 102:1–33.

Fourcade, Marion, and Kieran Healy. 2007. "Moral Views of Market Society." *Annual Review of Sociology* 33:285–311.

Fourcade-Gourinchas, Marion, and Sarah Babb. 2002. "The Rebirth of the Liberal Creed: Paths to Neoliberalism in Four Countries." *American Journal of Sociology* 103:533–79.

Friedland, Roger, and Robert R. Alford. 1991. "Bringing Society Back In: Symbols, Practices, and Institutional Contradictions." Pp. 232–63 in *The New Institutional-*

ism in Organizational Analysis, edited by Walter Powell and Paul DiMaggio. Chicago: University of Chicago Press.

Geertz, Clifford. 1973. *The Interpretation of Cultures*. New York: Basic Books.

Go, Julian. 2008. *American Empire and the Politics of Meaning: Elite Political Cultures in the Philippines and Pureto Rico during U.S. Colonialism*. Durham and London: Duke University Press.

Goffman, Erving. 1959. *The Presentation of Self in Everyday Life*. New York: Anchor Books, Doubleday.

Goffman, Erving. 1967. *Interaction Ritual: Essays on Face-to-Face Behavior*. New York: Pantheon Books.

Gold, Thomas. 1985. "After Comradeship: Personal Relations in China since the Cultural Revolution." *China Quarterly* 104:657–75.

Gold, Thomas. 1989. "Guerilla Interviewing Among the Getihu." Pp. 175–92 in *Unofficial China: Popular Culture and Thought in the People's Republic*, edited by Perry Link, Richard Madsen, and Paul Pickowicz. Boulder, CO: Westview Press.

Gold, Thomas, Doug Guthrie, and David Wank. 2002. "An Introduction to the Study of *Guanxi*." Pp. 3–20 in *Social Connections in China: Institutions, Culture, and the Changing Nature of Guanxi*, edited by Thomas Gold, Doug Guthrie, and David Wank. New York: Cambridge University Press.

Gorer, Geoffrey. [1965] 1976. "The Pornography of Death." Pp. 71–76 in *Death: Current Perspectives*, edited by Edwin Shneidman. Palo Alto, CA: Mayfield.

Gouldner, Alvin. 1960. "The Norm of Reciprocity: A Preliminary Statement." *American Sociological Review* 25:161–78.

Granovetter, Mark. 1985. "Economic Action and Social Structure: The Problem of Embeddedness." *American Journal of Sociology* 91:481–510.

Griswold, Wendy. 1987. "A Methodological Framework for the Sociology of Culture." *Sociological Methodology* 17:1–35.

Griswold, Wendy. 1994. *Culture and Societies in a Changing World*. Thousand Oaks, CA: Pine Forge Press.

Guillen, Mauro. 1994. *Models of Management: Work, Authority, and Organization in a Comparative Perspective*. Chicago: University of Chicago Press.

Guillen, Mauro. 1998. "International Management and the Circulation of Ideas." Pp. 47–63 in *Trends in Organizational Behavior*, vol. 5, edited by C.L.Cooper and D. M. Rousseau.

Guillen, Mauro. 2001. *The Limits of Convergence: Globalization and Organizational Change in Argentina, South Korea, and Spain*, Princeton, NJ: Princeton University Press.

Guo, Baogang. 2003. "Transforming China's Urban Health-Care System." *Asian Survey* 43(2):385–403.

Guseva, Alya. 2008. *Into the Red: The Birth of the Credit Card Market in Post-communist Russia*. Stanford, CA: Stanford University Press.

Guseva, Alya, and Akos Rona-Tas. 2001. "Uncertainty, Risk, and Trust: Russian and American Credit Card Markets Compared." *American Sociological Review* 66:623–46.

Guthrie, Douglas. 1999. *Dragon in a Three-Piece Suit: The Emergence of Capitalism in China*. Princeton, NJ: Princeton University Press.

Hall, Peter, and David Soskice (eds.). 2001. *Varieties of Capitalism: The Institutional Foundations of Comparative Advantage*. New York: Oxford University Press.

Hallett, Tim, and Marc Ventresca. 2006. "Inhabited Institutions: Social Interactions and Organizational Forms in Gouldner's *Patterns of Industrial Bureaucracy*." *Theory and Society* 35:213–36.

Hamilton, Gary. 1985. "Why No Capitalism in China? Negative Questions in Historical, Comparative Research." *Journal of Developing Societies* 1:187–211.

Hamilton, Gary. 1996a. "The Organizational Foundations of Western and Chinese Commerce: A Historical and Comparative Analysis." Pp. 43–57 in *Asian Business Networks*, edited by Gary Hamilton. New York: Walter de Gruyter.

Hamilton, Gary. 1996b. "The Theoretical Significance of Asian Business Networks." Pp. 283–98 in *Asian Business Networks*, edited by Gary Hamilton. New York: Walter de Gruyter.

Hamilton, Gary. 1998. "Patterns of Asian Network Capitalism: The Cases of Taiwan and South Korea." Pp. 181–99 in *Networks, Markets, and the Pacific Rim: Studies in Strategy*, edited by Markt Fruin. New York: Oxford University Press.

Hamilton, Gary, and Nicole Biggart. 1988. "Market, Culture, and Authority: A Comparative Analysis of Management and Organization in the Far East." *American Journal of Sociology* 94(supplement):S52–S94.

Hanser, Amy. 2005. "The Gendered Rice Bowl: The Sexual Politics of Service Work in Urban China." *Gender and Society* 19(5):581–600.

Headey, Paul, John Law, and Carol Zhang. 2002. "China Life Insurance Market: Opportunities for Foreign Entrants." *Milliman Global Insurance* August 2002: 1–16.

Healy, Kieran. 2000. "Embeddedness Altruism: Blood Collection Regimes and the European Union's Donor Population." *American Journal of Sociology* 105: 1633–57.

Healy, Kieran. 2006. *Last Best Gifts: Altruism and the Market for Human Blood and Organs*. Chicago: University of Chicago Press.

Heimer, Carol. 1985. *Reactive Risk and Rational Action*. Berkeley: University of California Press.

Hertz, Ellen. 1998. *The Trading Crowd: An Ethnography of the Shanghai Stock Market*. London: Cambridge University Press.

Hertz, Ellen. 2001. "Face in the Crowd: The Cultural Construction of Anonymity in Urban China." Pp. 274–93 in *China Urban: Ethnographies of Contemporary Culture*, edited by Nancy Chen, Constance Clark, Suzanne Gottschang, and Lyn Jeffery. Durham, NC: Duke University Press.

Hirsch, Paul. 1986. "From Ambushes to Golden Parachutes: Corporate Takeovers as an Instance of Cultural Framing an Institutional Integration." *American Journal of Sociology* 91:800–37.

Hochschild, Arlie Russell. 1979. "Emotion Work, Feeling Rules, and Social Structure." *American Journal of Sociology* 85:551–75.

Horioka, Charles Yuji, and Junmin Wan. 2007. "The Determinants of Household Saving in China: A Dynamic Panel Analysis of Provincial Data." *Journal of Money, Credit and Banking* 39(8):2077–96.

Hou, Jie, and Li-zhu Fan. 2001. *Shisu yu Shenxing: Zhongguo Minzhong Zongjiao Yishi*［Secular and Sacred: Religious Consciousness of the Chinese People］.

Tianjin: Tianjin People's Press.

Huebner, Soloman. 1930. "Insurance in China." *Annals of the American Academy of Political and Social Science* 152:105–108.

Hui, Edwin, and Zongliang Xu. 2000. *Zhongxi Wenhua de Shengsiguan*［The Concepts of Life and Death in Chinese and Western Cultures］. Shanghai: Shanghai Medicine University Publisher.

Hwang, Kwang-kuo. 1987. "Face and Favor: The Chinese Power Game." *American Journal of Sociology* 92:944–74.

Hwang, Tienyu. 2001. *Critical Determinants of Demand for Life Insurance in Developing Countries*. PhD dissertation, Glasgow Caledonian University.

Hwang, Tienyu. 2003. "The Determinants of the Demand for Life Insurance in an Emerging Economy—The Case of China." *Managerial Finance* 29(5/6): 82–96.

Insurance Yearbook, the Republic of China, 1991. Taipei: Baoxian Yewu Fazhan Jijin Guanli Weiyuanhui［Insurance Development Funds Management Committee］.

Insurance Yearbook, the Republic of China, 1997. Taipei: Baoxian Yewu Fazhan Jijin Guanli Weiyuanhui［Insurance Development Funds Management Committee］.

Insurance Yearbook, the Republic of China, 2002. Taipei: Baoxian Yewu Fazhan Jijin Guanli Weiyuanhui［Insurance Development Funds Management Committee］.

Insurance Yearbook, the Republic of China, 2004. Taipei: Baoxian Yewu Fazhan Jijin Guanli Weiyuanhui［Insurance Development Funds Management Committee］.

Insurance Yearbook, the Republic of China, 2007. Taipei: Baoxian Yewu Fazhan Jijin Guanli Weiyuanhui［Insurance Development Funds Management Committee］.

Jeffery, Lyn. 2001. "Placing Practices: Transnational Network Marketing in Mainland China." Pp. 23–42 in *China Urban: Ethnographies of Contemporary Culture*, edited by Nancy Chen, Constance Clark, Suzanne Gottschang, and Lyn Jeffery. Durham, NC: Duke University Press.

Jepperson, Ronald, and Ann Swidler. 1994. "What Properties of Culture Should We Measure?" *Poetics* 22:359–71.

Kahneman, Daniel, and Amos Tversky. 1979. "Prospect Theory: An Analysis of Refer to corrections Decision under Risk." *Econometrica* 47(2):263–91.

Kalberg, Stephen. 2009. "Max Weber's Analysis of the Unique American Civic Sphere: Its Origins, Expansion, and Oscillations." *Journal of Classical Sociology* 9(1): 117–41.

Katz, Jack. 2001. "From How to Why: On Luminous Description and Causal Inference in Ethnography (Part 1)." *Ethnography* 2:443–73.

Katz, Jack. 2002. "From How to Why: On Luminous Description and Causal Inference in Ethnography (Part 2)." *Ethnography* 3:63–90.

King, Ambrose Yeo-chi. 1991. "The Transformation of Confucianism in the Post-Confucian Era: The Emergence of Rationalistic Traditionalism in Hong Kong." Pp. 203–28 in *The Triadic Chord: Confucian Ethics, Industrial East Asia and Max Weber*, edited by Wei-ming Tu. Singapore: Institute of East Asias Philosophies.

King, Ambrose Yeo-chi. 1994. "Kuan-hsi and Network Building: A Sociological Interpretation." Pp. 109–26 in *The Living Tree: The Changing Meaning of Being Chinese Today*, edited by Wei-ming Tu. Stanford, CA: Stanford University Press.

Komter, Aafke. 2007. "Gifts and Social Relations: The Mechanisms of Reciprocity." *International Sociology* 22(1):93–107.

Kraay, Aart. 2000. "Household Saving in China." *World Bank Economic Review* 14(3):545–70.

Krippner, Greta. 2001. "The Elusive Market: Embeddedness and the Paradigm of Economic Sociology." *Theory and Society* 30:775–810.

Kuijs, Louis. 2005. "Investment and Saving in China." World Bank Policy Research Working Paper No. 3633. Beijing: World Bank.

Kunda, Gideon. 1992. *Engineering Culture: Control and Commitment in a High-Tech Corporation*. Philadelphia: Temple University Press.

Kwok, Man-shan. 1999. "From Hierarchies to Bargaining: Employment Benefit Practices in China's Workplaces." Unpublished paper.

Lai, Stanley Philip. 1991. *The Liberalization of the Taiwanese Life Insurance Market Implications for U.S. Life Insurance Companies*. BA thesis, Department of East Asian Languages and Civilizations, Harvard College.

Lamont, Michele. 1992. *Money, Morals, and Manners: The Culture of the French and the American Upper-Middle Class*. Chicago: University of Chicago Press.

Lamont, Michele. 2000. *The Dignity of Working Men: Morality and the Boundaries of Race, Class, and Immigration.* Cambridge, MA: Harvard University Press.

Lamont, Michele, and Laurent Thevenot. 2000. "Introduction: Toward a Renewed Comparative Cultural Sociology." Pp. 1–22 in *Rethinking Comparative Cultural Sociology: Repertoires of Evaluation in France and the United States*, edited by Michele Lamont and Laurent Thevenot. Cambridge: Cambridge University Press.

Lan, Pei-chia. 2006. *Global Cinderellas.* Durham, NC: Duke University Press.

Lane, Christel. 1992. "European Business Systems: Britain and Germany Compared." Pp. 64–97 in *European Business Systems: Firms and Markets in their National Contexts*, edited by Richard Whitley. London: Sage.

Lane, Christel. 2000. "Globalization and the German Model of Capitalism—Erosion or Survival?" *British Journal of Sociology* 51(2):207–34.

Lau, Siu-Kai. 1982. *Society and Politics.* Hong Kong: Chinese University Press.

Lee, Ching Kwan. 2002. "From the Specter of Mao to the Spirit of Law: Labor Insurgency in China." *Theory and Society* 31:189–228.

Lee, Ching Kwan. 2007. *Against the Law: Labor Protests in China's Rustbelt and Sunbelt.* Berkeley, CA: University of California Press.

Lehrer, Mark. 2001. "Macro-varieties of Capitalism and Micro-varieties of Strategic Management in European Airlines." Pp. 361–86 in *Varieties of Capitalism: The Institutional Foundations of Comparative Advantage*, edited by Peter Hall and David Soskice. Oxford: Oxford University Press.

Lehrman, William. 1994 "Diversity in Decline: Institutional Environment and Organizational Failure in the American Life Insurance Industry." *Social Forces* 73(2):605–35.

Leidner, Robin. 1993. *Fast Food, Fast Talk: Services Work and the Routinization of Everyday Life.* Berkeley: University of California Press.

Levi-Strauss, Claude. 1966. *The Savage Mind.* Chicago: University of Chicago Press.

Li, Bin. 1993. "Danwei Culture as Urban Culture in Modern China: The Case of Beijing from 1949–1979." Pp. 345–52 in *Urban Anthropology in China*, edited by Greg Guldin and Aidan Southall. New York: E.J. Brill.

Li, Fang. 2001. *Yingde Haoxian*. [Winning Good Insurance], Aetna Insurance Research Series. Beijing: Economic Science Press.

Li, Hongmei. 2006. *Advertising and Consumption in Post-Mao China: Between the Local and the Global*. PhD dissertation, Department of Communication, University of Southern California.

Li, Rose Marie, Laura Duberstein-Lindberg, and Hui-Sheng Lin. 1996. "An Exploration of Life Insurance among the Elderly in Taiwan." *Journal of Cross-Cultural Gerontology* 11:81–108.

Life Insurance Fact Book 1999. Washington, DC: American Council of Life Insurance.

Life Insurers Fact Book 2009. Washington, DC: American Council of Life Insurers.

Lin, Nan. 2001. "Guanxi: A Conceptual Analysis." Pp. 153–66 in *The Chinese Triangle of Mainland China, Taiwan, and Hong Kong*, edited by Alvin So, Nan Lin, and Dudley Poston. Westport, CT: Greenwood Press.

Loayza, Norman, Klaus Schmidt-Hebbel, and Luis Serven. 2000. "Saving in Development Countries: An Overview." *World Bank Economic Review* 14(3):393–414.

Logan, John. 1999. "The Urban Neighborhood in the Lives and Its Residents: The Case of Shanghai." Paper presented at the International Conference on Urban Development in China: Last Half Century and into the Next Millennium, Zhongshan, China, December.

Long, Susan Orpett. 2004. "Cultural Scripts for a Good Death in Japan and the United States: Similarities and Differences." *Social Science and Medicine* 58:913–28.

Lu, Feng. 1989. "Danwei—A Special Form of Social Organization." *Social Sciences in China* 3:100–22.

Lu, Hanglong. 2000. "To Be Relatively Comfortable in an Egalitarian Society" Pp. 124–41 in *The Consumer Revolution in Urban China*, edited by Deborah Davis. Berkeley: University of California Press.

Lui, Tai-lok. 1998. "Trust and Chinese Business Behavior." *Competition and Change* 3:335–57.

MacKenzie, Donald, and Yuval Millo. 2003. "Constructing a Market, Performing

Theory: The Historical Sociology of a Financial Derivatives Exchange." *American Journal of Sociology* 109:107–45.

Martin, Joanne. 1992. *Cultures in Organizations: Three Perspectives*. New York: Oxford University Press.

Marx, Karl, and Friedrich Engels. [1848] 1978. "Manifesto of the Communist Party." Pp. 469–500 in *The Marx/Engels Reader*, edited by Robert Tucker. New York:W.W. Norton.

Mauss, Marcel. [1950] 1990. *The Gift: The Form and Reasons for Exchange in Archaic Societies*. Translated by W.D. Halls. New York: W.W. Norton.

McCreery, John. 1990. "Why Don't We See Real Money Here? Offerings in Chinese Religion." *Journal of Chinese Religions* 18:1–24.

Meyer, John, and Brian Rowan. 1991. "Institutionalized Organizations: Formal Structure as Myth and Ceremony." Pp. 41–62 in *The New Institutionalism in Organizational Analysis*, edited by Walter Powell and Paul DiMaggio. Chicago: University of Chicago Press.

Michelson, Ethan. 2007a. "The Practice of Law as an Obstacle to Justice: Chinese Lawyers at Work." Pp. 169–87 in *Working in China: Ethnograhies of Labor and Workplace Transformation*, edited by Ching Kwan Lee. New York: Routledge Curzon.

Michelson, Ethan. 2007b. "Lawyers, Political Embeddedness, and Institutional Continuity in China's Transition from Socialism." *American Journal of Sociology* 113(2):352–414.

Mukerji, Chandra. 1983. *From Graven Images: Patterns of Modern Materialism*. New York: Columbia University Press.

Murphy, Sharon. 2010. *Investing in Life: Insurance in Antebellum America*. Baltimore: Johns Hopkins University Press.

North, Douglass. 1952. "Capital Accumulation in Life Insurance between the Civil War and the Investigation of 1905." Pp. 238–53 in *Men in Business: Essays in the History of Entrepreneurship*, edited by William Miller. Cambridge, MA: Harvard University Press.

Oakes, Guy. 1990. *The Soul of the Salesman: The Moral Ethos of Personal Sales*.

Atlantic Highlands, NJ: Humanities Press International.

O'Malley, Pat. 2002. "Imagining Insurance: Risk, Thrift, and Life Insurance in Britain." Pp. 97–115 in *Embracing Risk: The Changing Culture of Insurance and Responsibility*, edited by Tom Baker and Jonathan Simon. Chicago and London: University of Chicago Press.

Orru, Marco, Nicole Biggart, and Gary Hamilton. 1991. "Organizational Isomorphism in East Asia." Pp. 361–89 in *The New Institutionalism in Organizational Analysis*, edited by Walter Powell and Paul DiMaggio. Chicago: University of Chicago Press.

Ownby, David. 2001. "'Heterodoxy' in Late Socialist China: The Chinese State's Case against Falun Gong." Paper presented at East Asian Workshop, University of Chicago, March 27.

Palmer, David. 2007. *Qigong Fever: Body, Science, and Utopia in China*. New York: Columbia University Press.

Parsons, Talcott, and Edward Shils. 1951. "Values, Motives, and Systems of Action." Pp. 47–275 in *Toward a General Theory of Action*, edited by Talcott Parsons and Edward Shils. Cambridge, MA: Harvard University Press.

Pearson, Robin. 1990. "Thrift or Dissipation? The Business of Life Assurance in the Early Nineteenth Century." *Economic History Review* 43:236–54.

Pellow, Deborah. 1993. "No Place to Live, No Place to Love: Coping in Shanghai." Pp. 396–425 in *Urban Anthropology in China*, edited by Greg Guldin and Aidan Southall. New York: E.J. Brill.

Peng, Yusheng. 2004. "Kinship Networks and Entrepreneurs in China's Transitional Economy." *American Journal of Sociology* 109:1045–74.

Post, James. 1976. *Risk and Response: Management and Social Change in the American Insurance Industry*. Lexington, MA: Lexington Books.

Quinn, Sarah. 2008. "The Transformation of Morals in Markets: Death, Benefits, and the Exchange of Life Insurance Policies." *American Journal of Sociology* 114(3):738–80.

Ransom, Roger, and Richard Sutch. 1987. "Tontine Insurance and the Armstrong Investigation: A Case of Stifled Innovation, 1868–1905." *Journal of Economic*

History 47(2):379–90.

Rawski, Thomas. 1995. "The PRC's Industrial System: Reform, Obstacles, and Opportunities." Pp. 25–43 in *The Economy of the PRC: Analysis and Forecasts*. New York: Studies by the Salomon Brothers'Panel of PRC Experts, Report No. 1 (November).

Sahlins, Marshall. 1976. *Culture and Practical Reason*. Chicago: University of Chicago Press.

Sako, Mari. 1992. *Price, Quality and Trust: Inter-firm Relations in Britain and Japan*. Cambridge: Cambridge University Press.

Schneiberg, Marc, and Elisabeth Clemens. 2006. "The Typical Tools for the Job: Research Strategies in Institutional Analysis." *Sociological Theory* 24:195–227.

Schudson, Michael. 1989. "How Culture Works: Perspective from Media Studies on the Efficacy of Symbols." *Theory and Society* 18:153–80.

Schutz, Alfred. [1932] 1967. *The Phenomenology of the Social World*. Evanston, IL: Northwestern University Press.

Sewell, William. 1992. "A Theory of Structure: Duality, Agency, and Transformation." *American Journal of Sociology* 98:1–29.

Sewell, William. 1999. "The Concept(s) of Culture." Pp. 35–61 in *Beyond the Cultural Turn: New Directions in the Study of Society and Culture*, edited by Victoria Bonnell and Lynn Hunt. Berkeley: University of California Press.

Shanghai Almanac of Population and Family Planning 2003. Shanghai: Shanghai Kexue Jishu Wenxian Chubanshe [Shanghai Science and Technology Literature Publisher].

Shanghai Baoxian Nianjian 2001 [Almanac of Shanghai Insurance 2001]. Shanghai: Shanghai Baoxian Nianjian Bianjibu [The Editorial House of Shanghai Insurance Yearbook].

Shanghai Baoxian Nianjian 2002 [Almanac of Shanghai Insurance 2002]. Shanghai: Shanghai Baoxian Nianjian Bianjibu [The Editorial House of Shanghai Insurance Yearbook].

Shanghai Baoxian Nianjian 2003 [Almanac of Shanghai Insurance 2003]. Shanghai: Shanghai Baoxian Nianjian Bianjibu [The Editorial House of Shanghai Insurance

Yearbook].

Shanghai Baoxian Nianjian 2004 [Almanac of Shanghai Insurance 2004]. Shanghai: Shanghai Baoxian Nianjian Bianjibu [The Editorial House of Shanghai Insurance Yearbook].

Shanghai Baoxian Nianjian 2005 [Almanac of Shanghai Insurance 2005]. Shanghai: Shanghai Baoxian Nianjian Bianjibu [The Editorial House of Shanghai Insurance Yearbook].

Shanghai Baoxian Nianjian 2006 [Almanac of Shanghai Insurance 2006]. Shanghai: Shanghai Baoxian Nianjian Bianjibu [The Editorial House of Shanghai Insurance Yearbook].

Shanghai Baoxian Nianjian 2007 [Almanac of Shanghai Insurance 2007]. Shanghai: Shanghai Baoxian Nianjian Bianjibu [The Editorial House of Shanghai Insurance Yearbook].

Shanghai Baoxian Nianjian 2008 [Almanac of Shanghai Insurance 2008]. Shanghai: Shanghai Baoxian Nianjian Bianjibu [The Editorial House of Shanghai Insurance Yearbook].

Shanghai Baoxian Nianjian 2009 [Almanac of Shanghai Insurance 2009]. Shanghai: Shanghai Baoxian Nianjian Bianjibu [The Editorial House of Shanghai Insurance Yearbook].

Shanghai Baoxian Nianjian 2010 [Almanac of Shanghai Insurance 2010]. Shanghai: Shanghai Baoxian Nianjian Bianjibu [The Editorial House of Shanghai Insurance Yearbook].

Shanghai Statistical Yearbook 2002. Beijing: China Statistics Press.

Shanghai Statistical Yearbook 2003. Beijing: China Statistics Press.

Shanghai Statistical Yearbook 2005. Beijing: China Statistics Press.

Shanghai Statistical Yearbook 2010. Beijing: China Statistics Press.

Shen, Chonglin, Shenhua Yang, and Dongshan Li. 1999. *Shijizhijiao de Chengxiang Jiating* [Urban and Rural Families at the Turn of the Century]. Beijing: Zhongguo Shehui Kexue Chubanshe [China Social Science Publisher].

Simmel, Georg. [1903] 1971. *On Individuality and Social Forms*. Edited and introduced by Donald Levine. Chicago: University of Chicago Press.

Simmel, Georg. 1950. *The Sociology of Georg Simmel*. Translated, edited, and introduced by Kurt H. Wolff. New York: Free Press.

Smith, Vicki. 1990. *Managing in the Corporate Interest: Control and Resistance in an American Bank*. Berkeley: University of California Press.

Snow, David, Burke Rochford, Steve Worden, and Robert Benford. 1986. "Frame Alignment Processes, Micromobilization, and Movement Participation." *American Sociological Review* 51:464–81.

Stacey, Judith. 1983. *Patriarchy and Socialist Revolution in China*. Berkeley: University of California Press.

Steensland, Brian. 2006. "Cultural Categories and the American Welfare State: The Case of Guaranteed Income Policy." *American Journal of Sociology* 111:1273–326.

Stockman, Norman. 2000. *Understanding Chinese Society*. Cambridge: Polity Press.

Strauss, Anselm, Leonard Schatzman, Danuta Ehrlich, Rue Bucher, and Melvin Sabshin. 1963. "The Hospital and Its Negotiation Order." Pp. 147–69 in *The Hospital in Modern Society*, edited by Eliot Freidson. New York: Free Press.

Sun, Qi Xiang. 2001. "Rushi—Dui Zhongguo Baoxianye Yiwei zhe Shenme"［What are the Implications for the Insurance Industry in China after Entering WTO］. *Zhongguo Baoxian Bao*［China Insurance News］, November 28.

Swedberg, Richard. 1994. "Markets as Social Structures." Pp. 255–82 in *The Handbook of Economic Sociology*, edited by Neil J. Smelser and Richard Swedberg. Princeton, NJ: Princeton University Press.

Swidler, Ann. 1986. "Culture in Action: Symbols and Strategies." *American Sociological Review* 51:273–86.

Swidler, Ann. 2001. *Talk of Love: How Culture Matters*. Chicago: University of Chicago Press.

Tang, Wenfang. 2005. "Interpersonal Trust and Socio-political Change." Pp. 101–17 in *Public Opinion and Political Change in China*, edited by Wenfang Tang. Palo Alto, CA: Stanford University Press.

Thornton, Patricia, and William Ocasio. 1999. "Institutional Logics and the Historical Contingency of Power in Organizations: Executive Succession in the Higher Education Publishing Industry, 1958–1990." *American Journal of Sociology*

105(3):801–43.

Tomba, Lvigi, and Luigi Tomba. 2002. *Paradoxes of Labour Reform: Chinese Labour Theory and Practice from Socialism to Market*. Honolulu: University of Hawaii Press.

Uzzi, Brian, and Ryon Lancaster. 2003. "Relational Embeddedness and Learning: The Case of Bank Loan Managers and Their Clients." *Management Science* 49(4):383–99.

Vaisey, Stephen. 2009. "Motivation and Justification: A Dual-Process Model of Culture in Action." *American Journal of Sociology* 114(6):1675–715.

Van Maanen, John, and Gideon Kunda. 1989. "'Real Feelings': Emotional Expression and Organizational Culture," *Research in Organizational Behavior* 11:43–103.

Veblen, Thorstein. [1899] 1953. *The Theory of the Leisure Class*. New York: Mentor.

von Senger, Harro. 2000. "Ideology and Law-making." Pp. 41–54 in *Law-Making in the People's Republic of China*, edited by Jan Michiel Otto, Maurice V. Polak, Yuwen Li, and Jianfu Chen. London and Boston: Kluwer Law International.

Walder, Andrew. 1992. "Property Rights and Stratification in Socialist Redistributive Economies." *American Sociological Review* 57:524–39.

Wang, Xujin, Anling Fei, and Na Li. 2003. "The China Insurance Market: From 1980 to Now." Risk and Insurance Management Association of Singapore website. Accessed December 2004. http://www.rimas.org.sg.

Wank, David. 1996. "The Institutional Process of Market Clientalism: Guanxi and Private Business in a South China City." *China Quarterly* 147:820–38.

Weber, Max [1904–5] 1991. *The Protestant Ethic and the Spirit of Capitalism*. Translated by Talcott Parsons, introduced by Anthony Giddens. London: HarperCollins Academic.

Weber, Max [1922–23] 1946. "The Social Psychology of the World Religions." Pp. 267–301 in *From Max Weber*, edited by H.H. Gerth and C. Wright. New York: Oxford University Press.

Weber, Max. 1951. *The Religion of China: Confucianism and Taoism*. Translated and edited by Hans H. Gerth. Glencoe, IL: Free Press.

White, Harrison. 1981. "Where Do Markets Come From?" *American Journal of Sociology* 87(3):517–47.

White, Harrison. 2002. *Markets from Networks: Socioeconomic Models of Production.* Princeton, NJ: Princeton University Press.

Whitley, Richard. 1994. "Dominant Forms of Organization in Market Economies." *Organization Studies* 15(2):153–82.

Whyte, Martin. 1974. *Small Groups and Political Rituals in China.* Berkeley: University of California Press.

Whyte, Martin. 1988. "Death in the People's Republic." Pp. 289–316 in *Death Ritual in Late Imperial and Modern China*, edited by James Watson and Evelyn Rawski. Berkeley: University of California Press.

Whyte, Martin, and William Parish. 1984. *Urban Life in Contemporary China.* Chicago: University of Chicago Press.

Wolf, Arthur. 1974. "Gods, Ghosts, and Ancestors." Pp. 131–82 in *Religion and Ritual in Chinese Society*, edited by Arthur Wolf. Taipei: Rainbow-Bridge.

Wong, Siu Lun. 1996. "Chinese Entrepreneurs and Business Trust." Pp. 13–26 in *Asian Business Networks*, edited by Gary Hamilton. New York: Walter de Gruyter.

Wu, Dingfu. 2004. *Zhongguo Baoxianye Fazhan Gaige Baogao 1979–2003*［The Report on the Development and Reform of China's Insurance Industry 1979-2003］. Beijing: Zhongguo Jingji Chubanshe［China Economic Publishing House］.

Wu, Duo, and Taibin Li. 2002. "The Present Situation and Prospective Development of Shanghai Urban Community." Pp. 22–36 in *The New Chinese City: Globalization and Market Reform*, edited by John Logan. Oxford, UK; Malden, MA: Blackwell.

Wu, Shenyuan, and Wenyu Zheng. 1993. *Zhongguo Baoxian Shihua*［Talking about the History of Insurance in China］. Beijing: Economics Management.

Wuthnow, Robert. 1987. *Meaning and Moral Order.* Berkeley: University of California Press.

Xu, Airong. 2002. "Lun Baoxianye de Zhengquanhua Fazhan Qushi"［Discussing the Developmental Tendency of the Insurance Industry's Associating with

Securities］. *Shanghai Baoxian*［Shanghai Insurance］1:30–32.

Xu, Ben. 1999. "Contesting Memory for Intellectual Self-Positioning: The 1990s' New Cultural Conservatism in China." *Modern Chinese Literature and Culture* 11(1):157–92.

Xu, Wen-hu, Heng-chun Cao and Jian-zhong Zhou. 2001. *Baoxian Xue*［Insurance］. Shanghai: People's Publisher.

Yan, Hairong. 2003. "Neoliberal Governmentality and Neohumanism: Organizing Suzhi/Value Flow through Labor Recruitment Networks." *Cultural Anthropology* 18(4):493–523.

Yan, Xiaopei, Li Fia, Fianping Li, and Fizhuan Weng. 2002. "The Development of the Chinese Metropolis in the Period of Transition." Pp. 37–55 in *The New Chinese City: Globalization and Market Reform*, edited by John Logan. Cambridge, MA: Blackwell.

Yan, Yunxiang. 1996. *The Flow of Gifts: Reciprocity and Social Networks in a Chinese Village*. Stanford, CA: Stanford University Press.

Yan, Yunxiang. 1997. "McDonald's in Beijing: the Localization of Americana." Pp. 39–76 in *Golden Arches East: McDonald's in East Asia*, edited by James Watson. Stanford, CA: Stanford University Press.

Yan, Yunxiang. 2003. *Private Life under Socialism: Love, Intimacy, and Family Change in a Chinese Village 1949–1999*. Stanford, CA: Stanford University Press.

Yan, Yunxiang. 2008. "Introduction: Understanding the Rise of the Individual in China." *European Journal of East Asian Studies* 7(1):1–9.

Yang, Der-Ruey. 2005. "The Changing Economy of Temple Daoism in Shanghai." Pp. 113–48 in *State, Market, and Religions in Chinese Societies*, edited by Fenggang Yang and Joseph Tamney. Boston: Brill.

Yang, Mayfair Mei-hui. 1994. *Gifts, Favors, and Banquets: The Art of Social Relationships in China*. New York: Cornell University Press.

Yang, Qing, and Wenfang Tang. 2006. "Exploring Institutional Trust in China." Paper presented at the annual meeting of the Midwest Political Science Association, Chicago, April.

Yoneyama, Takau. 1995. "The Industrial Organization of Japanese Life Insurance:

Historical Aspects." Pp. 167–90 in *Japanese Business Success: The Evolution of a Strategy*, edited by Takeshi Yuzawa. London: Routledge.

Zaloom, Caitlin. 2006. *Out of the Pits: Traders and Technology from Chicago to London*. Chicago: University of Chicago Press.

Zbaracki, Mark. 1998. "The Rhetoric and Reality of Total Quality Management." *Administrative Science Quarterly* 43:602–36.

Zelizer, Viviana. 1979. *Morals and Markets: The Development of Life Insurance in the United States*. New York: Columbia University Press.

Zelizer, Viviana. 1985. *Pricing the Priceless Child: The Changing Social Value of Children*. New York: Basic Books.

Zelizer, Viviana. 1988. "Beyond the Polemics on the Market: Establishing a Theoretical and Empirical Agenda." *Sociological Forum* 3:614–34.

Zelizer, Viviana. 1994. *The Social Meaning of Money*. New York: Basic Books.

Zelizer, Viviana. 1996. "Payments and Social Ties." *Sociological Forum* 11:481–95.

Zelizer, Viviana. 2002. "Enter Culture." Pp. 101–25 in *The New Economic Sociology*, edited by Mauro Guillen, Randall Collins, Paula England, and Marshall Meyer. New York: Russell Sage Foundation.

Zelizer, Viviana. 2005a. *The Purchase of Intimacy*. Princeton, NJ: Princeton University Press.

Zelizer, Viviana. 2005b. "Culture and Consumption." Pp. 331–54 in *The Handbook of Economic Sociology, Second Edition*, edited by Neil Smelser and Richard Swedberg. Princeton, NJ: Princeton University Press.

Zelizer, Viviana. 2007. "Pasts and Futures of Economic Sociology." *American Behavioral Scientist* 50(8):1056–69.

Zerubavel, Eviatar. 1991. *The Fine Line: Making Distinction in Everyday Life*. Chicago: University of Chicago Press.

Zhao, Yaohui, and Jianguo Xu. 2002. "China's Urban Pension System: Reforms and Problems." *Cato Journal* 21(3):395–414.

Zhongguo Baoxian Nianjian 1998〔Almanac of China's Insurance 1998〕. Beijing: Zhongguo Baoxian Nianjian Bianjibu〔The Editorial House of China Insurance Yearbook〕.

Zhongguo Baoxian Nianjian 1999［Almanac of China's Insurance 1999］. Beijing: Zhongguo Baoxian Nianjian Bianjibu［The Editorial House of China Insurance Yearbook］.

Zhongguo Baoxian Nianjian 2000［Almanac of China's Insurance 2000］. Beijing: Zhongguo Baoxian Nianjian Bianjibu［The Editorial House of China Insurance Yearbook］.

Zhongguo Baoxian Nianjian 2001［Almanac of China's Insurance 2001］. Beijing: Zhongguo Baoxian Nianjian Bianjibu［The Editorial House of China Insurance Yearbook］.

Zhongguo Baoxian Nianjian 2002［Almanac of China's Insurance 2002］. Beijing: Zhongguo Baoxian Nianjian Bianjibu［The Editorial House of China Insurance Yearbook］.

Zhongguo Baoxian Nianjian 2003［Almanac of China's Insurance 2003］. Beijing: Zhongguo Baoxian Nianjian Bianjibu［The Editorial House of China Insurance Yearbook］.

Zhongguo Baoxian Nianjian 2004［Almanac of China's Insurance 2004］. Beijing: Zhongguo Baoxian Nianjian Bianjibu［The Editorial House of China Insurance Yearbook］.

Zhongguo Baoxian Nianjian 2005［Almanac of China's Insurance 2005］. Beijing: Zhongguo Baoxian Nianjian Bianjibu［The Editorial House of China Insurance Yearbook］.

Zhongguo Baoxian Nianjian 2006［Almanac of China's Insurance 2006］. Beijing: Zhongguo Baoxian Nianjian Bianjibu［The Editorial House of China Insurance Yearbook］.

Zhongguo Baoxian Nianjian 2007［Almanac of China's Insurance 2007］. Beijing: Zhongguo Baoxian Nianjian Bianjibu［The Editorial House of China Insurance Yearbook］.

Zhongguo Baoxian Nianjian 2008［Almanac of China's Insurance 2008］. Beijing: Zhongguo Baoxian Nianjian Bianjibu［The Editorial House of China Insurance Yearbook］.

Zhongguo Baoxian Nianjian 2009［Almanac of China's Insurance 2009］. Beijing:

Zhongguo Baoxian Nianjian Bianjibu [The Editorial House of China Insurance Yearbook].

Zhongguo Baoxian Nianjian 2010 [Almanac of China's Insurance 2010]. Beijing: Zhongguo Baoxian Nianjian Bianjibu [The Editorial House of China Insurance Yearbook].

Zhou, Xueguang. 2005. "The Institutional Logic of Occupational Prestige Ranking: Reconceptualization and Reanalyses." *American Journal of Sociology* 111:90–140.

图书在版编目（CIP）数据

生老病死的生意：文化与中国人寿保险市场的形成/陈纯菁著；—上海：华东师范大学出版社，2020
 ISBN 978-7-5760-0846-3
 Ⅰ.①生… Ⅱ.①陈… Ⅲ.①人寿保险—保险市场—研究—中国 Ⅳ.① F842.62
 中国版本图书馆 CIP 数据核字（2020）第 169849 号

生老病死的生意：文化与中国人寿保险市场的形成

著　者	陈纯菁
译　者	魏海涛　符隆文
责任编辑	顾晓清
审读编辑	李泽坤
责任校对	李琳琳
封面设计	周伟伟
出版发行	华东师范大学出版社
社　址	上海市中山北路 3663 号　邮编　200062
网　址	www.ecnupress.com.cn
邮购电话	021-62869887
网　店	http://hdsdcbs.tmall.com/
印刷者	苏州工业园区美柯乐制版印务有限公司
开　本	890×1240　32 开
印　张	12.75
字　数	265 千字
版　次	2020 年 10 月第 1 版
印　次	2020 年 10 月第 1 次
书　号	ISBN 978-7-5760-0846-3
定　价	79.80 元
出版人	王焰

（如发现本版图书有印订质量问题，请寄回本社市场部调换或电话 021-62865537 联系）

MARKETING DEATH: Culture and the Making of a Life Insurance Market in China by Cheris Shun-ching Chan Copyright © 2012 by Oxford University Press, Inc.

Simplified Chinese translation copyright © (year) by East China Normal University Press Ltd.

MARKETING DEATH: Culture and the Making of a Life Insurance Market in China was originally published in English in 2012. This translation is published by arrangement with Oxford University Press. East China Normal University Press Ltd. is solely responsible for this translation from the original work and Oxford University Press shall have no liability for any errors, omissions or inaccuracies or ambiguities in such translation or for any losses caused by reliance thereon.

ALL RIGHTS RESERVED

上海市版权局著作权合同登记 图字：09-2018-232 号